佛山历史文化丛书

第三辑

吴趼人评传

任百强 著

《佛山历史文化丛书》编委会 编

SPM 南方传媒 广东人民出版社

·广州·

图书在版编目（CIP）数据

吴趼人评传 / 任百强著. —广州：广东人民出版社，2018.11（2023.7重印）
（佛山历史文化丛书. 第三辑）
ISBN 978-7-218-13252-5

Ⅰ. ①吴… Ⅱ. ①任… Ⅲ. ①吴趼人（1866-1910）—评传 Ⅳ. ①K825.6

中国版本图书馆CIP数据核字（2018）第252375号

WU JIANREN PINGZHUAN
吴趼人评传
任百强　著

出 版 人：肖风华

责任编辑：施　勇　皮亚军
责任技编：吴彦斌
封面设计：集力书装
装帧设计：友间文化

出版发行：广东人民出版社
地　　址：广州市越秀区大沙头四马路10号（邮政编码：510199）
电　　话：（020）85716809（总编室）
传　　真：（020）83289585
网　　址：http: //www. gdpph. com
印　　刷：三河市华东印刷有限公司
开　　本：787毫米×1092毫米　1/16
印　　张：21.5　　　字　　数：268千
版　　次：2018年11月第1版
印　　次：2018年11月第1次印刷　　2023年7月第2次印刷
定　　价：78.00元

如发现印装质量问题，影响阅读，请与出版社（020-85716849）联系调换。
售书热线：（020）85716833

总序一 Preface

抚摸历史肌肤　沐浴佛山阳光

鲁　毅

文化立世，文化兴邦。一个国家、一个民族的强盛，总是以文化兴盛为支撑的。

党的十八大以来，以习近平同志为核心的党中央对文化工作高度重视。习近平总书记明确指出，没有文明的继承和发展，没有文化的弘扬和繁荣，就没有中国梦的实现。他高度重视中华优秀传统文化的传承和弘扬，专程到曲阜孔庙考察，讲儒学对中国传统文化、对当代中国的作用；专门召开中央政治局会议集体学习传统文化，提出要认真汲取中华优秀传统文化的思想精华和道德精髓，使中华优秀传统文化成为涵养社会主义核心价值观的重要源泉；召开文艺工作座谈会，对文艺事业繁荣发展提出殷切期望。在庆祝建党95周年的重要讲话中，习近平总书记更是要求全党坚定道路自信、理论自信、制度自信、文化自信，坚定不移开辟新天地、创造新奇迹。

未来的城市竞争以文化论输赢。有了文化的积累和支撑，城市才会有活力、有生气，才能在中华文明总谱系中留下独特的文化基因。

佛山肇迹于晋、得名于唐、盛于明清，历史悠久、文化底蕴深厚，是国家历史文化名城，至今仍保留着“佛山初地”“牧唱遗风”的碑刻，文化脉络更是延绵至今，且在延续传承过程中愈加丰富、饱满，成为城市弥足珍贵的财富：南风古灶、祖庙等古迹历久弥新，陶艺、剪纸、武术、醒狮、秋色、粤剧等文化艺术至今仍熠熠生辉。

佛山历届市委、市政府都高度重视文化的传承与建设，下大气力挖掘、保护和传承城市历史文化：将弘扬优秀传统文化与文明创建有机融合，赋予“创文”新内涵；制定实施《佛山市历史文化街区和历史建筑保护条例》，使之成为佛山获得地方立法权之后出台的首部地方性法规；将传承历史文脉作为城市可持续发展的重要基底，在由城市升级向城市升值再向城市治理现代化跨越的发展历程中，始终坚持文化引领，着力建设文化导向型城市。

这种传承，这种精神，正是成就一座城市价值最宝贵的富矿。

正是这样的一脉相承，敢为人先，回响着历史上打铁手工业叮当声的土地，使佛山成为全国乃至全球重要的制造业基地。

正是这样的一脉相承，崇文务实，飘荡着书香粤韵的历史名镇，历来讲究实事求是、善于变通，注重创实业、办实事，这让佛山的综合竞争力位居全国城市前列。

正是这样的一脉相承，通济和谐，昔日河涌码头、商铺会馆熙熙攘攘的市井繁华之地，如今已是超700万市民的现代化特大城市。

对于生活在佛山的人而言，了解这些，就是了解佛山的城市自我；对外来人而言，了解这些，就是接触这座城市的“地气”。

“人事有代谢，往来成古今。江山留胜迹，我辈复登临。”观照今时此地的时空坐标，我们当以何种作为，来承接历史和未来，才能挑起时代赋予的重任？在这个命题面前，我们任重道远。

抚摸历史肌肤，沐浴佛山阳光。此次，我们编撰《佛山历史文化丛书》，深望能借此更加全面和系统地反映佛山的历史文化，使之成为佛山对外展示城市个性和人文特色的窗口；也希望能在出版推广中，进一步传承和发扬佛山发展的人文基因，凝聚共识，使城市更扬帆奋进。

《佛山历史文化丛书》由中共佛山市委宣传部牵头，佛山日报社组织编撰。本丛书非史书，而是集记。以历史文化发展为脉络，全面展示佛山的丰富历史文化，力求以科学性、学术性与通俗性为本，融人物传记与历史记载为一体，讲历史故事，叙文化传统，说佛山古今，可谓雅俗共赏。

《佛山历史文化丛书》应该说是佛山厚重历史文化积淀的一个全面展现，是近年来佛山文化建设蓬勃发展的一个生动写照。希望本丛书能引发全社会对文化佛山的了解和认同，激发上下一心、干事创业的精气神；推动建立文化自觉、文化自信，让优秀的文化基因成为佛山经济社会健康发展、提升佛山城市竞争力的重要力量。

（作者系中共佛山市委书记）

总序二 Preface

佛山——站在文明续谱的桥头堡上

罗一星

假如把两千年来的岭南历史文化比喻为一串人文项链，那么在这串人文项链上就有几颗耀眼的明珠，秦汉时期的南越国文明、隋唐时期的广州贡舶贸易、宋元时期的珠玑巷南迁、明清时期的佛山崛起和珠江三角洲的开发、清代的广州中西贸易、近代中华民国政府的建立，都是既有地方特色也有全国意义的“和璧隋珠”。

“未有佛山，先有塔坡”的谚语，浓缩了“佛山”之名的渊源故事。据说东晋时有西域僧到塔坡冈结茅讲经，不久西还。唐贞观二年（公元628年），乡人见塔坡冈夜放金光，掘地得铜佛像三尊和圆顶石碑一块，碑有联云：“胜地骤开，一千年前青山我是佛；莲花极顶，五百载后说法起何人。”乡人十分诧异，遂建塔崇奉，并因此名其乡曰“佛山”。唐宋时期，中国的经济重心不断南移。尤其是北宋末年以来，建炎南渡、元兵入主，大批的士民渡岭南来。佛山也在此时形成聚落，史称“乡之成聚相传肇于汴宋”。明清时期佛山迅速崛起，成为举世闻名的“天下四大镇”和“天下四大聚”之一，以出产精美的“广锅”而誉满天下。时人“春风走马满街红，打铁炉过接打铜”的诗句，就是对佛山冶铁业盛况的生动写照。佛山在制造业上的成就和中心市场功能，决定了她在中国城市发展史上的重要地位。然而，佛山所具有的价值还不仅在于此。佛山是明清时期因经济因素发展起来的中心城市，不同于传统的郡县城市。在其兴起发展的过程中，传统社会结构与新兴经济因素之间相互调适，兼容发展，透射着理性之光。因此，研究佛山都市化的过程与社会结构的互动变迁，有助于我们对传统中国城市发展多样性的把握，有助于我们摒弃概念化的中国城市发展形态的认知模式。此外，佛山还集中了岭南传统社会的各种文化现象，它们五色杂陈，大放异彩，其典型性远胜于广州，这又使研究佛山的文化现象具有非同一般的意义。

纵观佛山的历史地位和文化价值，每一点都离不开岭南独特地缘人文的滋养，每一页都关联着中华悠久文化的传承。如此既有结构性因素又有精致性内容的文明篇章，值得每一位热爱佛山历史文化的人士投身书写、共同编织。笔者在此仅发其端要，以就教于方家。

佛山是“广佛周期”的双主角之一

历史是时间和空间发展次序的结合体。自17世纪初至19世纪末，岭南区域出现了一个经济发展的高峰期——广佛周期。在广佛周期存在的时间内，以广州、佛山为中心的城市体系得到空间的迅速布局和层级的系统发展，其城市化的程度居全国领先地位。广州、佛山两大中心城市外贸和内贸互补功能的发挥，使因地理和人文环境差异而形成的岭南独特的三种市镇空间结构整合为一体。此时佛山扮演着双重城市角色，既是岭南二元中心市场体系的中心城市，承担广货与北货宏大交流的商贸枢纽；又是国内最大的综合型民生日用品生产基地，提供满足国内及海外的多样性产品需求。从佛山运出的精美广货及其丰厚利润，吸引了十八省商人和四远来谋生的手工业者。“走广”成为全国商人的时髦行动和共同追求。当时“汾江船满客匆匆，若个西来若个东”的大规模商品流转的盛况，常年不辍。

在广佛周期，佛山商业繁荣远胜于广州的情景见诸中外史籍。法国传教士道塔·塔鲁塔鲁和道·冯塔耐，分别于1701年和1703年到过佛山，他们都描述佛山是一个约有100万人口的巨大聚落，并称佛山既没有城墙也没有特别长官，在汾江河上的大船有5000艘以上（而英国散商船长汉密尔顿于1703年报告称广州城内住有90万人）。康熙时人吴震方《岭南杂记》记载："佛山镇……天下商贾皆家焉。烟火万家，百货骈集，会城百不及一也。"《南越游记》的作者陈徽言也说："俗称天下四大镇，粤之佛山与焉。镇属南海，商贾辐辏，百货汇集，夹岸楼阁参差，绵亘数十里。南中富饶繁会之区，无逾此者。"徐珂的《清稗类钞》也说：佛山的"汾水旧槟榔街，为最繁盛之区。商贾丛集，阛阓殷厚，冲天招牌，较京师尤大，万家灯火，百货充盈，省垣不及也"。清代到佛山的徽州商人也记载："佛山，居天下四镇之一，生意比省城大。"这里说的"会城""省垣""省城"均指广州。在此举例说明清代佛山商业规模比广州大的历史事实，并不是刻意夸大佛山的历史地位，而是指出，佛山城市的历史地位显然被长期低估，应该给予应有的重视和正确评价。

只要对广州、佛山两个市场的商品结构、商人组织和市场网络进行比较研究，就可知广州市场上各省运来的货物绝大多数是清朝允许出口的商品；各省运回的商品更是清一色的洋货，这说明广州商品与对外贸易相联系。佛山市场上，洋货寥寥，广货（或称南货）充斥，生产用品和民生日用品占主导地位，这表明佛山市场的商品与国内、省内贸易相联系。各省商人运来的"北货"（或称外江货）在佛山市场与广货大规模交流。佛山林立的外省商人会馆和形成的外省商人聚居区，都表明佛山与广州是两个功能不同的中心市场。

广佛周期开始于17世纪初的明朝末年，迄于19世纪末的清朝末年，历时三百年左右。这一周期以广州、佛山为中心形成一个地跨两广、河海相连的岭南市场体系。如果把岭南中心市场比喻成一座巨大的中外贸易桥梁，那么，广州和佛山，就犹如这座桥梁的两个桥头堡，一头连接海外市场，一头连接国内市场，它们功能各异，自成一体，然又互相联系、互相配合。这种二元中心市场模式，是以佛山城市地位的迅速上升并成为双主角之一而确立的。

佛山是中华铸造文明的重要支点

冶铁业是明清时期佛山的支柱产业，带动了佛山众多制造行业的共同发展。但是佛山冶铁业的真正贡献，却是对中华铸造文明的传承和支撑。人类从史前时代进入文明时代，是以金属的发现、金属工具的制作使用为标志的。有了对冶金术的规律性把握和持续控制的技能，人类才能从自在走向自为。世界文明史上，古埃及、古巴比伦、古印度和中国是四大铸造文明古国，也是东方铸造文明的典型代表。他们以其先进的铸造技术成为所在区域的核心国家，并依靠铸造技术优势与周边国家进行交流或挑战。中国在夏代开始进入青铜时代，史载“夏禹铸九鼎，九牧贡九金”。铸造技术支撑了礼仪大国的呈现，西周铸造的大型礼器作为镇国之宝，把礼仪文字和刑法文字铸在鼎上，形成了中华独特的铸造文明。中国在战国时期进入铁器时代，锐利的刀剑和犁耙、高大的铁塔和钟鼎，每一件铸铁品，都记录了华夏文明的历程。西汉时中国的生铁冶铸技术传到中亚地区，东汉三国时中国的刀剑制作技术传到日本并发展为倭刀锻造技术。日本、越南的铸钟、铸镜、失蜡法、生铁冶铸等技艺也是从中国传入的。正如华觉明先生指出：“中国以生铁铸造为基础的整个钢铁生产，产生了焕发异彩的钢铁文化，在世界文化史上，青铜礼器制作和两千年的铁水长流，均为中国所独有。所以说，中国的文明是铜和铁浇灌的文明。”

唐代以后冶铁技术不断南移，南汉时广州光孝寺的东西两铁塔的铸造技术已臻完美，塔身铸有上千个佛像，称为千佛塔。南宋著名学者洪咨夔的《大冶赋》这样讴歌了南方冶铸产品运输的盛况：“铜往铁来，锡至铅续，川浮舳舻之御尾，陆走车担之属，出岭峤，下荆蜀，绝彭蠡洞庭而星驰，沂重淮大江而电逐。”这里所说的“岭峤”，指的就是五岭山脉。明代后起的广铁誉满天下，佛山承接了中华传统失蜡法铸造技术，又独创了“红模铸造法”，成为与遵化齐名的两大冶铁中心之一。遵化冶铁业在正德八年（1513年）被明王朝停办后，佛山更是后来居上，一枝独秀。祖庙现存的大型铜铁礼器中，有明景泰年间铸造的北帝铜像，重2.5吨，是明代国内最大的青铜造像；有明嘉靖年间的铜镜，铜质坚光，形制巨大，为祖庙重器，是明代国内最大的铜镜；有明成化年间的铜钟，重约1吨，钮钟设计为精细的龙身造型，独具匠心，造型精美；有铸于嘉庆年间的大铁鼎，该鼎通高2.6米，以镂空金钱图案装饰，铭文工整古朴，全鼎浑然一体，气势非凡。明清两代，中国铁钟为东南亚诸国所追求。作为庙宇的镇庙之宝，佛山铸造的铁钟尤为当地寺庙首选，占据了东南亚诸国寺庙梵钟的主导地位。佛山的大铁锅更是备受欢迎。明中叶生活在淮安运河边上的吴承恩，也看到了满载广锅的货船北上的情景。于是在《西游记》里，有了钻进魔王肚子里的孙悟空大喊“我拿广锅把你这妖怪煮成杂碎”的精彩对话。明清时期，广锅出口日本，获大盈利，大者一口价银一两。雍正年间，佛山铁锅大量销往外洋，洋船每船所载多者两万斤，少者五六百斤。“其不买铁锅之船，十不过一二。”清中叶后，出国谋生的广府华侨群体，也把广锅传入美国旧金山、澳大利亚墨尔本。两广总督张之洞就曾在给光绪皇帝的奏折中称：佛山铁锅每年出口新加坡、新旧金山约五十万口。从此英语出现了“WOK”（粤语“镬”音）一词，专指圆形尖底的中国锅（Chinese Wok）。

《左传》有云：“国之大事，在祀与戎。”除了礼器、民生用品和生产器具外，佛山铸造还担负起了皇朝的国防任务。明清两朝均用佛山铸造的铁炮在全国布防，从辽东到宣大边塞，从虎门到广州城防，从水师战船到海关缉私艇，比比皆然。佛山生产的铁炮从五百斤到一万斤皆有，清代道光年间，佛山成为国内供应海防大炮的最大军火基地，广东官府曾一次性订购铜铁炮2400余门。作为支柱产业，佛山铸造业带动了佛山手工业体系的其他上百个金属加工业的发展。佛山的铜铁铅锡金等锻造行业，门类齐全，制造精细，所出产品涵盖了建筑装饰、民生日用的各个方面。入清以后，佛山的手工业进入全面发展阶段，以冶铁业为主干，以陶瓷业和纺织业为辅助，带动了造纸业、成药业、颜料业、爆竹业、衣帽业、扎作门神业的百业兴旺。多样性、派生性、互补性，构成了此时佛山手工业体系的有机结合形态。

世界科技史泰斗李约瑟认为，欧洲的生铁铸造技术是从中国传入的。因为在中世纪，只有中国能提供庞大数量的铁和钢。由此可见，中国的铸铁技术在古代和中世纪曾长期处于领先地位。而自16世纪至19世纪持续兴旺的佛山制造业，既是中国铸造技术和产品输出的高地，更是中华铸造文明的重要支点。它支撑着几千年来中华铸造文明的光荣延续，支撑着中国作为东方铸造文明大国地位的世代辉煌。

佛山既是岭南文化的核心基地，也是中华传统文化的宝库所在

岭南文化有四大内容在佛山诞生发展，它们是明儒心学、状元文化、祖庙文化和粤剧文化。

明儒心学发端于江门，而传播于西樵。明儒心学为明代广东新会学者陈献章（号白沙）所创，陈白沙提倡“道心合一”，以静坐体认天理为宗旨。湛若水（号甘泉）师从陈献章十余年，成为白沙先生最有成就的学生。弘治十八年（1505年）湛若水会试第二，授官翰林院编修，当时王守仁（号阳明）在吏部讲学，湛若水“与相应和”。其后各立宗旨。“守仁以致良知为宗，若水以随处体认天理为宗。”时称“王湛之学”，分执明中叶理学之牛耳。正德年间，湛若水到西樵山筑舍讲学。当时致仕归家的方献夫、霍韬也相继进入西樵山与湛若水切磋砥砺，日研经书，讲学授徒。湛若水建大科书院、方献夫建石泉书院、霍韬建四

峰书院。西樵山中三院鼎峙，藏修讲学，四方士子入山求学者甚众。霍韬在此时撰著了《诗经注解》《象山学辨》《程朱训释》等书，后刊行于世。当时方献夫致信王阳明说：“西樵山中近来士类渐集，亦颇知向方……甘泉大有倡率讲明之意。近构学舍数十于山，以延学者，将来必有成就，此亦一盛事也。”王阳明对此嘉许，称“英贤之生，同时共地，良不易得。乘此机会，毋虚岁月，是所望也”。西樵山中的书院，培养出一批像霍与瑕这样的佛山子弟。湛若水在嘉靖初年复回朝，历任礼、吏、兵三部尚书。方献夫、霍韬亦踵其后，于嘉靖年间分别继任吏部、礼部尚书。此时的南海士大夫均以理学相高，如梁焯（曾任兵部职方司员外郎）成进士后，即游学于王阳明处，并录有《阳明先生问答传习录》传世；庞嵩（曾任应天通判）早年亦游学王阳明门下，以后复从湛若水游。湛若水曾说“北有吕泾野，南有庞弼唐，江门之学遂不坠”，庞后成为南海有名的理学大师。何维柏（曾任南京礼部尚书）年轻时负笈于西樵山，与湛若水、霍韬论学“多所默契”，致仕后创立天山书院，“阐发陈白沙绪论，四方从游者甚众”。冼桂奇（曾任南京刑部主事）登第前即“师事湛甘泉”，致仕归家后筑精舍讲学，遂“以一代理学为世儒宗”。南海士大夫在西樵山研讨理学的学术圈子，还吸引了当时当政的两广官员。例如广东巡按御史洪垣，嘉靖十一年（1532年）进士，湛若水在京师讲学时，“垣受业其门”，后出按广东，经常到西樵山求学。这样，湛若水、方献夫、霍韬以及南海士大夫群体，以西樵山为平台，传播易理，弘扬白沙心学，并以其理学上的学问和为官实践，深刻地影响了中国的儒家文化。五百年来，西樵山一直作为中华士子见贤思齐的文化名山而存在。正如明代学者方豪所言：“西樵者，天下之西樵，非岭南之西樵也。”

状元文化不属佛山独有，但以佛山最为杰出。佛山自古科甲鼎盛，南汉的状元简文会和南宋的状元张镇孙名节自持，是佛山士子中初露头角者；而明代不断涌现的状元和会元，则令佛山科名雄视岭南。明成化年间石硝乡的梁储考中会元（官至内阁首辅），明弘治年间黎涌乡的伦文叙状元及第，明正德年间石头乡的霍韬亦夺魁会元。其后，伦文叙之子伦以训亦中会元。黎涌、石硝、石头相隔不到五里，人称“五里四会元”。而伦文叙一家父子四人，文叙连捷会元、状元，以训连捷会元、榜眼，以谅为解元、进士，以诜亦为进士，因而又有“父子四元双进士”之誉，人称“海内科名之盛，无出其右，所谓南伦北许也”。还有明万历年间状元黄士俊亦蟾宫折桂，清末时状元梁耀枢也独占鳌头。明清两代，佛山一共出了五个状元、三个会元。清代佛山科名依然头角峥嵘，时人有“广郡科第之盛甲于粤中，南海科第之盛甲于广郡，佛山科第之盛又甲于南海”之说。以科举出仕的有湖南巡抚吴荣光，四川总督骆秉章，咸丰探花李文田（礼部右侍郎），梁僧宝（鸿胪寺少卿兼军机），戴鸿慈（协办大学士、法部尚书、出洋五大臣之一），张荫桓（户部左侍郎、驻美国公使）。还有在三湖书院就读的康有为和在佛山书院就读的梁启超、署理邮传部大臣梁士诒等。这些人才的出现，使佛山成为名副其实的“气标两广的人文之邦”。为什么佛山状元、会元在明代中叶呈群体性涌现？为什么明代佛山籍大吏在嘉靖朝宠命优渥？状元文化留下了何种文化基因？要回答这些问题，就要对科举制度进行探讨、对皇权体制进行分析、对中华传统文化进行整体把握。唯其如此，研究佛山的状元文化，就具有了特殊的价值。

祖庙文化为佛山所独有。在中国城市发展史上，如果说有一座庙宇与一座城市的命运休戚相关，那就是佛山祖庙。明清时期的祖庙，是当时佛山人的信仰高地和心灵归宿。可以这样形容两者之间的关系：祖庙之于佛山镇，事事相关；祖庙之于佛山人，代代相系。明正统十四年（1449年）发生的一场长达半年的佛山保卫战，把祖庙和北帝深植在佛山先民心中。当时为了保卫佛山自明初以来积累的劳动成果，佛山先民有二十二老以祖庙为指挥部，罄其财产，分铺防卫。万人一心，众志成城，终于保住佛山不受掠夺。事平之后，明王朝敕赐祖庙为灵应祠，列入官府谕祭。佛山先民遂把佛山全境分为二十四铺，分区管理，从此佛山脱离乡村形态，走上了城市化的发展之路。祖庙也成为珠江三角洲最大的北帝庙，并诞生了出秋色、烧大爆、北帝坐祠堂等民俗庆会和祖庙建筑群。明清时期，祖庙还是佛山士绅议事决事的中心，佛山民间自治组织明代的“嘉会堂”和清代的“大魁堂”均设于此。至今悬挂于祖庙大殿外的“廿七铺奉此为祖，亿万年惟我独尊”的对联，就是对祖庙在佛山地位的精辟写照。千百年来，祖庙以其独特的人文之光滋养着佛山这片土地，也给这片土地留下了享誉千年的人文瑰宝和古建华章。因此，研究祖庙千百年来亦庙亦祠的发展脉络，可以发现岭南人文的精彩篇章。从这个意义上说，解读了祖庙的文化内涵，就可以理解佛山的民间信仰；解读了佛山的民间信仰，就可以理解中华文化之博大。

粤剧文化的诞生和发展与佛山有直接的关系。粤剧行语有云：“未有吉庆，先有琼花。”“吉庆”是指同治年间设在广州的粤剧吉庆公所，“琼花”是指雍正年间设在佛山的琼花会馆，两个都是粤剧的行会组织。琼花会馆在前，吉庆公所在后，二者有明显的承继关系，然时间相差上百年。粤剧在佛山的诞生，并不是偶然的。戏剧的发展与社会经济发展密切相关。首先，佛山神庙和宗族祠堂众多，需要大量的神功戏酬神；其次，商人和侨寓的大量涌入，使会馆以及单身汉的数量迅速增加，需要演剧酬谢行业神和丰富业余生活；再者，数量庞大的手工业者常常要庆贺师傅诞和满师礼。土著的祭祀需要、侨寓的文化生活需要和工商业者的行业惯例需要三者相结合，为粤剧的诞生培养了深厚土壤。雍正年间，北京名伶张五，号称“摊手五”，南来佛山，寄居佛山镇大基尾。张五以京戏昆曲授诸红船子弟，变其组织，张其规模，创立琼花会馆。琼花会馆建立于雍正年代的事实，可以在1752年陈炎宗修《佛山忠义乡志》之《佛山总图》中标出的“琼花会馆”一建筑得到证实。琼花会馆建立后，规范了粤剧剧种和十行角色，培养了大批粤剧人才，从而使粤剧走向蓬勃发展的阶段。粤剧宛如逾淮之橘、出谷之莺，从而独树一帜，向广州、向珠江三角洲乃至向广西东南部迅速发展。张五从此被粤剧艺人尊奉为“张师傅”。咸丰四年（1854年），因琼花会馆戏班参加红巾军起义，清军平毁了琼花会馆。此后粤剧班子均散向四乡及流集于广州谋生，同治年间遂在广州设立吉庆公所。由此可见，佛山是粤剧诞生的地方，又是粤剧发展的基地。粤剧与佛山社会生活息息相关，互相依存，共同发展，并成为中华传统戏剧的重要剧种。

上述岭南文化的四大内容都在佛山诞生或发展，其成长过程中的“佛山”烙印固然明显，而其对中华文化的影响也是显而易见的。此外佛山收藏的木鱼书、木版年画、扎作工艺品、石湾瓦脊、石湾公仔等文物作品，现存的祠堂和锅耳形建筑以及北帝巡游、出秋色、行通济等习俗庆会和武术、中药、传统广府菜肴等，都具有典型的岭南特色，其中不少属于非物质文化遗产，所以说佛山既是岭南文化的核心基地，也是中华传统文化的宝库所在。

唯书有华，赠人如锦。《佛山历史文化丛书》将以各位著者多年的研究成果和独特视角，为您展开丰富多彩、颇具价值的佛山历史文化长卷，让海内外朋友捧如甘饴，感受佛山的内涵与精彩；让生于斯长于斯的老佛山人重拾瑰宝，不忘初衷；让来自他乡的新佛山人感受传统，仰之爱之。笔者身非佛山公，却心萦佛山乡，35年来对佛山历史文化持续关注与爱护，情有独钟，从未释怀。因为笔者深深地知道，从古到今，佛山一直站在文明续谱的桥头堡上。

（作者系历史学博士、中国社会经济史学者、佛山史专家、广州市东方实录研究院院长，著有《明清佛山的经济发展与社会变迁》）

前言 Preface

撰写《吴趼人评传》经过了多年的酝酿，但是真正动笔的时候发现有关吴趼人研究的资料过于稀少，若认真写起来，困难不少：

一、没有长篇评传或传记（直到今天还无一本专业性的《吴趼人评传》出版）。

二、没有年谱（1985年才有王俊年先生所写《吴趼人年谱》的连载），首先要自撰一本长篇资料性质自用的《吴趼人年谱》。

三、没有吴趼人研究的专门论文集出版，只能自己收集。

四、收集晚清小报和晚清小说期刊（影印）不容易。六本一套《中国近代期刊篇目汇录》多年也收不齐。

五、吴趼人十七八岁从家乡佛山到上海谋生之前的资料，几乎空白。

六、寻找吴趼人佛山家世的文献，如家谱、族谱、房谱之类如大海捞针，只好在佛山开始漫长的寻找《吴氏族谱》的历程。

七、研究中发觉，吴趼人一生身负三种过渡。从近代到现代社会的过渡；从晚清专制到民国共和制度的过渡；从中国古典文学（包括从古典小说、文言小说文体过渡到近代小说、近代白话文体式）到近代文学的过渡。

这三种过渡在上海几乎都呈现中心地位的意义。整个吴趼人研究不能不加上这三重过渡色彩的滤光片，笔者不得不多次前往上海，寻找晚清的时空感觉，《上海商会史》《上海地方资料丛刊》《洋务运动史料丛刊》《上海文学史》《中西文化交会》等文献书籍，开始逐渐爬上我的书架。

在吴趼人晚年思想研究过程中，发觉曾祖父吴荣光的思想文化对吴趼人晚年影响十分大，吴荣光诗文集又成为不能不阅读的必修古诗文，此其一面；另一面是吴趼人在1903—1904年开始向国粹思潮靠拢，向老同乡邓实、黄节所主持的国粹杂志《国粹学报》《政艺通报》寻找解压解脱的思想工具，而引为同道。这样晚清文化思潮便成为吴氏研究的一个重镇。

上述只是举几个例子而已，类似吴趼人研究专题重镇有二十多个。尽管困难重重，但是人生的兴奋和愉快，不也正是来自重大的挑战、来自没有涉猎过的知识领域和境界吗？

笔者向来不会让人理解这个连自己也说不明的人生。唯有以研究中的境界和终极彼岸的升华，自我愉悦，自我取暖；把地方文化和中华本土文化的传承和发展，作为一个普通知识分子生命存在的价值和动力，作为彼此精神生命的认同和生存的终极关怀。

终极关怀与一般关怀不同。一般关怀产生于人的具体需要，呈现出一个直接而明确的判断；它要求单独地占有对象，即今天所说的具体利益——衣食住行、名利。而终极关怀则从有限的存在中寻找和发现无限。这种关怀常常表现为一种悖论关系。它永远拥有终极性的目标，而又不能占有终极。像一个人在阳光下追逐自己的影子，也类似于中国文人的一个悖论性的命题：文章憎命达。

吴趼人的伟大之处，不在于他小说写作方法借鉴中外，也不在于他的小说对社会认识的具体价值，而在于他对晚清现实社会的关注，在于他对中华传统文化与西方文化交会和碰撞过程中的深度关怀，在于这种终极关怀意义上不断探索的勇气，以及至死方休的过程。

目录

目录

目录

第一章

道光佛山第一家族
——大树堂吴氏

第一节　降生“分宜故第”

清同治五年四月十六日（1866年5月29日），吴趼人降生于北京宣武门外丞相胡同已故祖父吴尚志的寓所“分宜故第”[①]。吴趼人原族名宝震（乳名宝大），又学名沃尧，从其父名允吉取字小允。到上海后，初号茧人，后改趼人。虽继有戊寅人、茧园居士、岭南将叟、抽丝主人，老上海、趼、佛、偈、茧叟、趼尘、趼尘主人、趼阍、趼人氏、检尘子、老少年、中国老少年等众多笔名、别号行世，但蜚声海内的是发表《二十年目睹之怪现状》小说时的署名——我佛山人，意为我是佛山人。

吴趼人之父升福，生于道光二十一年闰三月三十日（1841年5月20日），以监生驰赠奉政大夫钦加五品衔浙江候补巡政厅候用[②]，实际上并未到任，长期侍奉父亲（尚志）居京；其母是升福奉父命娶直隶宣化怀来县八里村的刘氏，夫妇在趼人出生前已有一子，名寿世，三岁能知书识礼，进退有度，是全家的掌上明珠。

祖父尚志，吴荣光次子，字任卿，号萃畲，又字萃畹。嘉庆九年九月二十一日（1804年10月24日）生。任工部屯田司主事递升员外郎。纳三妾，生五子，长子同福和三子应福早殇，二子升福，四子炽福与五子保福都当过小官吏，后来都因品劣而被写进小说《二十年目睹之怪现状》。

尚志所任的工部屯田司实际上并不管屯田，而是沿袭明制，负责皇帝陵墓的管理和修建的事务。屯田司员外郎定制：满汉共五人，汉籍仅一人。由此可知，尚志要在芸芸六品的众多官员中脱颖而出，父亲吴荣光督抚的地位是多么重要。但尚志39岁时，其父致仕，在佛山南海领导广东民团抗英，

---

① 李葭荣：《我佛山人传》，魏绍昌：《吴趼人研究资料》，上海古籍出版社1980年版。

② 凡上下文涉及吴氏家族人物史，俱见于拙著《佛山大树堂〈吴氏族谱〉的新发现》，载《明清小说研究》2003年第2期。

不久，在广西桂林养病时去世。咸丰十年（1860年），56岁时尚志处分“被议”，由工部员外郎从五品，降调至刑部福建司主事正六品。也许尚志早就明白，失去了吴荣光这个封疆大吏，官已经当到头了。清同治五年正月初五（1866年2月19日），吴尚志在任上去世，终年五十三岁。

“分宜故第”是座众多明清官员被抄家的“凶宅”，但是在吴升福的心中，这座住了近二十年十分熟悉的老宅院，是“凶宅”或“吉宅”已经不重要了，只知道从当年农历的正月初五至四月十六日短短的三个月内，吴氏大宅院发生了升福人生中最为惨痛的两件大事：先是父亲不幸辞世；后是三岁儿子寿世病危夭折。吴趼人在《都中寻先兄墓不得八首》的序中提到过他哥哥的去世：“先兄寿世，生于同治癸亥（1863年）。甫三岁，日识数十字，进退揖让如成人，乡先辈多以神童目之。岁丙寅（1866年），沃尧坠地，先兄夭亡。”①

同治六年（1867年），26岁的吴升福做了一重大的决定：南归故乡。临行，全家来到京郊龙潭湖畔广东义园寿世的墓前，升福抚摸着在母亲怀中的儿子宝大（吴趼人）的头，泣而立誓：“等你弟弟长大后，一定会把你带回故乡安息。”②于是一家三口，含辛茹苦，扶柩奉丧，千里归根，回到水网交织、天气温暖、吴氏岭南发福之地——广东省南海县佛山镇观音铺吴氏大树堂。

第二节　千年世家

在岭南老家佛山，吴氏一门却是肇于炎黄，由北而南，几千年长盛不衰的世家大族。清嘉庆、道光年间的吴荣光时期，吴氏的佛山分支达到了极

① 吴趼人：《吴趼人全集》第八卷，北方文艺出版社1998年版，第128页。

② 吴趼人：《吴趼人全集》第八卷，北方文艺出版社1998年版，第128页。

盛，俨然佛山第一家族。

光绪三十一年（1905年）吴荃选在佛山重新纂修《吴氏族谱》，开篇有吴尚廉和吴荃选叔侄两个作序，据吴氏后人说，分上下两册。上册述上古至南宋，应与吴氏各支派正宗世次不会有大差异；下册述由南宋光集公迁徙至广东恩平至吴化龙迁佛山——至吴荣光十兄弟各房。

据近年笔者在佛山新发现的吴氏家世的新资料《大树堂〈吴氏族谱〉七宅支谱谱前》记载：吴氏的初始祖为辕轩氏黄帝，是姬姓吴氏的初始祖。第五始祖为后稷——农神。第十七代的吴氏部族得到了商王的认可，被赐歧邑的周太王古公亶父为最近的远古先祖。

南宋时，虽宋金和议，但主战有力者张俊受斥，边备俱废。吴氏福建莆田支派族人，见形势严峻，于是在乾道元年（1165年）率领全族老少，从福建转经广东韶关珠玑巷，向岭南避难。到1264年吴氏光集公终于历尽曲折艰辛，率族人到了恩平县仕岗都鹏岗村定居，开启吴氏广东恩平支派。

据民国《佛山忠义乡志》卷十一《艺文·吴氏族谱》记载：“（光集）公为宋时人，元至元元年（1264年），由乡荐广东肇庆府南恩州，遂家矣。”若从北宋靖康元年（1126年）移徙起计，到元至元元年吴光集公在阳江当上南恩州知州，安顿好家族为止，吴氏一族已艰辛流徙了一百三十八年。

宋初广东无恩平县，其地归入广东阳江县，明成化十四年（1478年）才恢复。光集公率族人到了恩平仕岗都鹏岗村定居之后，遇获乡荐，当上了广东路肇庆府南恩州知州，州治亦在阳江。

从善公，字俊文，是吴氏由恩平继迁新会县牛肚司河村堡棠美乡的始迁祖。棠美乡里，吴姓聚居，因称吴村。村闸门楼上有写有“洛浦”二字。自从善公迁新会县，吴氏计元亡明末三百年，整整十代人。

明崇祯九年（1636年），新会棠美乡吴村吴允恭的四个儿子做出了迁居立业的重大决定：大哥春宇留守传承三百年基业的棠美乡，四弟心宁草迁靠海的香山县，三弟于卓转徙地沃人淳的鹤山县，二弟吴化龙却选择落户天下四大名镇之一南海县佛山镇（郊）。

《佛山忠义乡志》中《吴氏族谱·吴尚谦序》说：“自煦寰祖奠居佛山，此为着籍南海之始。”吴荣光的《石云山人文集》卷四的《先君行状》谈到他的佛山先祖时说：“明崇祯间，吴氏十一世，讳化龙，号煦寰，迁佛山……”近年笔者在佛山发现有关吴氏家族历史的残碑，上刻：“……衷系出广东新会县棠美邨吴氏十一传至赠文林郎讳化龙当明崇祯时始居南海县佛山……”

吴化龙（1588—1649），字庆宇，号煦寰，享年六十一岁，是从新会迁徙到南海佛山镇吴氏开山一派的始迁祖。初到佛山，居佛山镇城门头外的山紫村华村巷。

吴思九（1715—1786），字恒孚，又字握文，号玉堂。贡生，吴维翰第二子，是吴氏家族在佛山经商起家的关键人物。与妻黄氏合葬于南海必涌指岗，与妻黄氏生启运、升运、澄运三人，与妾黄氏生鸿运、清运、澍运三人，与妾易氏生子济运一人。易氏因“五世同堂”，奉旨赐“升平应瑞”匾额。左氏生泽运一人。恒孚共生子十人，孙子八十七人，孙女四十二人。一时子孙过百，科甲绵连。佛山祖庙现存壁、柱所刻对联和文献，由吴恒孚始，后世子孙多有署名留存。吴氏一族，千年之后再度崛起。有《拜堂诗集》《玉耕堂诗抄》。

吴化龙一脉初到佛山，五世居址不定。至六世恒孚购买佛山大族冼氏十亩园地，在田心里创立大树堂，才有固定发祥之基。大树堂是因吴氏祖祠“翰林家庙”前有两棵巨大槐树而得名，大树堂内恒孚十个儿子分住十宅，每宅一巷，房屋七十余间，节日戏班女乐不断。全盛时有二百多人，成为佛山最有名的园林式大宅。

恒孚早年经商，后事盐务，以其父数千两资本独立经营，十年间获利百万。至六十岁时，已积财产数百万。因年老居家，遂命第六子鸿运继承商务。不满一年，亏空大半，遂关闭全部商业，结算时仅余四十多万。直至吴恒孚的孙子吴荣光时才再度全面中兴。据佛山吴氏后人透露，恒孚第四子和第五子密谋在父亲的饮食中下毒，准备得手后瓜分其父经商后的余额。幸被收买的厨子于心不忍，提早告知恒孚，才使恒孚免于毒手。两兄弟这种阴谋弑父、大逆不道的行为，经全族公议，被开除出大树堂吴族，族人不得与之交往。现存族谱和吴氏诸文集，凡所有涉及两宅的文字痕迹已删除得一干二净，这就是恒孚十个儿子十宅只发现八宅房谱的原因。此事族内人代代相传相诫，吴趼人日后著作中大量抨击大族世家堕落的文字，此是其渊源。

第三节　家族的精神偶像——吴荣光

作为历史上发生过一定作用的著名人物，能不能对百年后的后代产生一种跨时代的强烈思想辐射和精神感召呢？佛山吴氏家族的"封疆大吏"吴荣光和他的曾孙——吴趼人，可以为家族人物传记的研究提供一个实例，因而对吴荣光一生的思想、学术、仕途等各方面的分析了解，成为研究吴趼人晚年错综复杂状况的切入新角度。

吴荣光，字殿垣，一字伯荣，号荷屋、可庵。晚年号石云山人，别署拜经老人。按族谱以季札为一世，荣光为一百一十一世次，是嘉庆、道光时佛山大树堂吴氏的家族首领，道光时期授任贵州、湖南、湖广等省之封疆大吏。

乾隆三十八年（1773年），吴荣光出生在南海县佛山镇观音铺吴氏族居的大树堂西第，其父是吴恒孚的第七子吴济运，字崇阶，号和衷；生母梁氏，是乾隆进士、福建罗源县令梁翰的第四女。济运做过总盐商，平生不乐仕进，但对荣光的学业和仕途十分留心。9岁前，济运亲当蒙师课子；其后六伯父鸿运又愿意为这个老成、勤奋的大侄子荣光，在自家的适园负起继读启蒙这个重任。不久，又聘陈益斋在八叔公吴清远的"鉴帷别墅"的"敦朴堂"开馆，专门辅导吴荣光。13岁后，荣光、锡光两兄弟同在西园受业。前后有七个业师上课，不久又添了从弟用光、徽光。17岁应童子试，不中。当时，有人劝其父济运，不如先用钱捐个监生，等有了名声，再做打算。显然，这是一条短视和非科举正途的办法，济运不允。

18岁的吴荣光除了一边跟从一些有实考经验的老师受业外，一边到山紫铺观音庙旁的田心书院参加会文。所谓会文是地方书院的一种童生有奖的竞赛和考课评文。会文的活动，多由乡人贤达权威主持出题。参加会文的童生即日交文，不得越宿。文章收齐后，交由乡文章评审权威机构，评定甲乙等级，甲魁者有奖百文，次减。一年大概有二十余次会文。实与今日学校之模拟考，同曲而异工。乾隆、嘉庆时，岭南各著名的书院均盛会文之风。“粤中论文者至不敢轻阅田心（书院）论文”。可以说，荣光是经历了八年“淬火”，从近二百次会文中锤炼出来的，其中学识、经验、素质、视野一并收获。几十年后，荣光为督府时回归观音铺田心里，曾倡议捐助书院与学子，写下乡人引以为傲的《田心书院记》。

嘉庆二年（1797年），24岁英姿焕发的吴荣光考取了南海县附生，文章列冠。县府君以其父曾任总盐商（商籍）为理由，压置第二。荣光马上以俗例不利院试，请改第四。清代科举制度对商籍歧视的条文和规定，肯定对吴氏家族刺激颇深，但对意志坚毅的吴荣光来说，反可以作为发愤之动力。同年冬，考入粤季书院，越年中式举人。嘉庆四年（1799年）殿试，中二十三名进士，越年由庶吉士授编修，历充武英殿协修、纂修。

嘉庆十年（1805年），荣光以江南道监察御史上奏《清查办粤东海盗折》，报告香山县、顺德县之石岐、大黄沙、新沙、勒流、甘竹各镇被流匪抢掠实情。奏稿中，又以“臣籍隶粤东”自责和以清匪为己任。一时珠水官绅传颂，地方上渐有名声。

嘉庆十三年（1808年）十月，吴荣光受命巡视通州仓和天津漕务，目睹河北民呼民怨和通州二仓盗卖漕米和掺假等种种弊端之猖獗。

越年五月，向嘉庆皇帝据实提出贪腐的严重性和防贪除弊的详细方法。他在奏章中建议：河北官船朽烂，地方官不补，专拿民船协济，民困追呼，宜委大员查办。朝廷准奏议行。到天津后，荣光立即革除陋规，拒收一切贿赂，并通过勘查现场，发现偷买偷卖和投文、验封中的各处漏弊，随之役捕盗犯和幕后巨蠹者，法办惩处。漕政弊端一时肃清。

八月，荣光巡视监察范围之内的通州中西二仓事发，仓书高添凤等用水涨米，察觉时已亏短白米二千石以上。荣光作为上级督查官员涉有严重“失察”之责，[①]按大清有关漕运律法惩处，立等革职。这是漕运下层的贪腐官员，采取鱼死网破的办法，以吴荣光对抗黑势力被诬陷革职为样板，警告和阻吓其他正直反贪的监察官员。

嘉庆十五年（1810年）在京诸友深悯其冤，集资为荣光捐了某部院的员外郎（从五品）。[②]越两年，调刑部江西司员外郎，他的老师阮元告诫他：“刑学生死所关，官此者勿以为幸。”荣光一生服膺。自始清理冤案、积案，剖析详尽。又提倡“精研律意，出以慈和”[③]，颇有人道和人本的意味。四年后升郎中。同年又受命军机章京，虽然兼任，但因职务涉及中央权力机构和机密核心，因而考选时，颇费周折。初由事机大臣监试，再引见皇帝，亲决录用。

吴荣光第一次提高佛山吴氏家族地位是中举人、登进士；第二次是在翰林庶常馆学习期满，由皇帝御试，分发任用，授翰林院的编修。是时如例嘉庆皇帝赠其祖父母和封生祖母为正七品。虽然是光宗耀祖，庆事有所铺排，但毕竟品阶和资历有限，吴氏不敢擅建家庙。这次提调为军机章京，擢为“军国大权之总揽”的军机处的办事班子成员，无疑确是官宦仕途的一个转折点。佛山大树堂吴氏家族，决定在大树堂建立翰林家庙，祀吴荣光之祖父玉堂公恒孚。至此，以佛山大树堂吴荣光为代表的吴氏家族才足以具备资格，取得沿明代以来，地方势力（如冼氏）对客族吴氏家族的认可，进入

---

① 吴荣光生平主要参考《清史列传·吴荣光传》、〔美〕A.W.恒幕义：《清代名人传略·吴荣光传》和家刻本《吴荣光自订年谱》。

② 嘉庆年间，以买员外郎之官职计，至少要八千到九千两银。参考许大龄：《清代捐纳制度》，载《燕京学报》1950年专号，燕京学报出版社。

③ 见《佛山忠义乡志·人物》之《吴荣光传》。

只有少数姓氏才能跻身的佛山贵族上层社会核心阶层。时在嘉庆二十一年（1816年）底。

道光元年（1821年），荣光渐以深得道光重用，任福建盐法道。此后历授福建、浙江、湖北三省按察使；道光三年（1823年）十月，升任贵州布政使，属省级行政长官。越年，护理贵州巡抚。后再升任湖南巡抚和湖广总督等封疆大吏。

吴荣光文章学术渊源深厚，性爱书法、金石，收藏和鉴赏之精，海内闻名。与乾嘉学派人士如阮元、翁方纲等为师友，与龚自珍、魏源、林则徐等官员和金石学术人士多有交往。又以本地区无可争议的崇高地位主修道光《佛山忠义乡志》，由于他文化学术的成就和长期担任封疆大吏的资历与威望，将佛山大树堂的吴氏家族的威望推向高峰——佛山上层社会核心集团的领导地位。

晚年告老回乡时遇鸦片战争爆发，吴荣光以在籍乡绅及其权威领导广东团练和佛山人民抗英斗争。林则徐曾派梁廷楠到佛山镇，邀其到省城广州共商抗敌大计。著有《吾学录初编》24卷和《盛京随扈日记》《金石款识类》《帖镜》《辛丑销夏录》《筠清馆金石录》《白云山人诗稿》《白云山人文稿》《绿伽楠馆诗稿》《历代名人年谱》等学术著作，并修辑道光《佛山忠义乡志》14卷。此外还有篆刻《筠清馆法帖》6卷，画作《湖南苗图》12幅及《楷书联》等。此公除了身后这份学术遗产外，还以其皇朝正统的道德观念——忠君、抚民、爱国，学术和以儒家治学入世的人文精神魅力辐射后人。他的重要性不在于出身与权势，而在于给曾孙吴趼人一生留下极为深刻的文化精神烙印，也是当时吴氏家族重要的精神支柱和佛山青年学子的精神偶像。①

① 吴荣光生平主要参考《清史列传·吴荣光传》、〔美〕A.W.恒幕义：《清代名人传略·吴荣光传》和家刻本《吴荣光自订年谱》。

第二章

辛酸的童年和少年

第一节　故乡佛山

吴趼人的故乡——佛山，历来有不少别称：季华乡、佛山渡、佛山堡、汾江镇、粤中、禅城、禅山、大都会、大聚等，生动而又形象地反映出中国沿海一个繁荣的工商业城市由一个普通乡村—渡口圩—市集—市镇—城镇—工商大都会发展的全过程。而正式名称“佛山”，却是在唐代当地乡人纪念外来宗教的一个传说中诞生。观念之开放，确令人意外。

东晋隆安二年（公元398年），罽宾国有僧人达毗耶舍法师来珠三角渡海登岸，在今天称为佛山的塔坡岗搭棚寮讲佛经，当地父老称听经之地为经堂，并为大师建塔坡寺弘扬佛法。法师回国，遗下三尊小佛像。唐代贞观二年（公元628年），众人在塔坡寺的废墟处掘到三尊小佛像，并认为这里是“佛”家之山，取名为“佛山”。这个“佛山”地名起源的传说，正好说明了外来宗教文化的融入和以“佛”来命名本地地名，是佛山人民的文化性格中开放性和包容性的文化标志。岭南是禅的故乡，佛山禅思尤盛，因而亦称禅城。①

据最早的历史文献，元末从外地迁入的氏族称此地为“南海县季华乡”。明代洪武年间，初籍天下户口，编黄册，佛山始称“广州府南海县五斗口司西淋都佛山堡”，稍后，抵御黄萧养农民军，皇帝又赐名为“忠义乡”。

佛山在明末已经逐渐形成了以冶铁、陶业为中心，四处商贩辐辏的工商业大都会。清代在康、雍、乾三朝的黄金时代，佛山以冶铁、陶业、丝织业（棉纺业、染织业）和百货集散四大产业为支柱，又以物流中心辐射中外市场。以广东省内商务而论（不包括外贸），清初至鸦片战争前，佛山以

① 佛山方志办编：《佛山史话》，中山大学出版社1990年版，第22页。

弹丸小镇，执全省之牛耳，虽谓奇迹，亦绝无夸张。在全国，佛山与汉口、景德、朱仙共享天下四大镇的美誉；又与北京、汉口、苏州齐膺“天下四大聚”[①]的殊荣，登上了工商业如日中天的高峰。但鸦片战争的炮火使中国慢慢地从内部产生的资本主义独立发展的可能性遽然毁灭。佛山人的后辈们包括吴趼人只能在文献和遗址中回忆昔日的辉煌，直到20世纪最后二十年改革开放，佛山地区才大步走上现代化轨道，并成为世界上经济发展最快的珠江三角洲地区之一个重要核心。

身居京师二十多年，刚由北至南，回到故乡的吴趼人的父亲升福，看见佛山的繁荣规模和大都会的气派，大吃一惊：……中央有祖庙北帝真武坐拥龟蛇，以镇南海波涛，庇商护农。市区分二十七铺，包括大街小巷六百余条；专业行店二百余家、工商店户四五千以上，人口几万余家；城内十三市，城周六大圩；十二条河涌穿行环绕而过，桥梁六十多座；河道上，西北江停船鳞次栉比，货船与码头的叫喊声，喧腾似浪，响彻云天。而城内汾水旧槟榔街最为人头攒动，摩肩接踵，热闹非凡，“冲天招牌，较京师犹大”[②]。西洋人在那里备下二十多间房为货栈，外国订单不断，造就了岭南市场既独特又重要的出口商品采办基地和加工中心。店铺柜台又摆有导购导游的《佛山街略》。这张道光十年（1830年）的导游指南，除写出六市十二圩期和市内各坊里货色外，还指明“大树堂坊盐场大使吴公逸兄弟，文风日盛，现今按察”“高第坊西有花园别院，吴（荣光）举人读书处”“公正坊卖蒲缎、布鞋。东往桑园吴郎中（荣光）逸居”。[③]《佛山街略》所指吴氏三处名胜，道光初年已变成游览景色和佛山人引以为荣的名人居所和怀旧之地。

梁启超在谈到家乡特点时说过：广东是一个“富而通”的省份。“富”

---

① 刘献庭：《广阳杂记》，中华书局2007年版。

② 徐珂：《清稗类抄》卷十四。

③ 王庆成：《稀见清世史料并考释》，武汉出版社1998年版。

是指包括他家乡新会县的大珠江三角洲，商品经济发达。生活水平较他处高。“通”，一是指地近海洋，十三行外贸得天独厚，与西方科学文化接触较早，因而广东人文性格重商，较开放而包容，得风气之先；二是指具有开拓创新性。广东人的姓氏宗族本来是来自五湖四海的，开拓性强，敢为天下先。把半个中国的社会秩序、文化思想搞得天翻地覆而又各领风骚的康有为、梁启超、孙文、洪秀全的家乡地全在珠三角。这四个近现代的大人物，都曾经对吴趼人的思想或实践，甚至创作道路，产生过重大和错综复杂的影响。

以追求利润和物流四海来说，商业和自由精神是天生的联盟。透视这个由小小的分府同知官管辖下，只有十几名兵丁驻守的庞大工商都会佛山，便发现佛山在清代已经形成以强大的商人和手工业者为后盾、商绅领导为主的民间自治组织——大魁堂（机构在祖庙）。它以市民自我管理为宗旨，不断坚决抵制官方干预，这是中国城市史上一道罕见而又特殊的美丽彩虹。

道光四年（1824年），岁饥，义仓开仓赈济。一时谣传仓谷被司事侵吞……全城市民马上走向大街小巷，议论纷纷。官府乘机要把义仓收归官府。岂知官方此举比前事更为激起了民情愤怒……

“把偷米的老鼠贼抓起来！”“硕鼠，硕鼠，三岁贯汝。”连往日温顺的读书人也叫将起来。人们仿佛约定，井喷式地涌向衙前大街，冲向衙门，冲向义仓……

同知衙门和巡检司署相继被砸……驻佛文武四衙官员惊慌不已，束手无策。身在广州的大魁堂值事举人冼沂闻警立即赶回佛山镇，站立在义仓门前的高台，向怒众誓言担保：佛山义仓“如有亏短，唯冼某是问”。众怒才逐渐平息。自此，但凡省府或两广总督多次重提义仓回收归官之事，或提取义仓款项，无一不遭到以佛山商民为后盾的民间自治机构大魁堂的坚决抵制，再由地方官代为陈情；经过反复较量，官方终归顺乎民意，妥协让步。[①]这

① 朱云：《粤东成案初编》卷二十四《协囚夺犯》，民国《佛山忠义乡志》卷七《慈善志》。

是中国历代城乡行政管理史上难得而罕见的一个进化。

道光十三年（1833年），佛山五斗口司和黄鼎司指使佛山七市米户低报米价（全省以佛山米行价为标准价），以抵补库平银与洋元的低水平差价，并从中牟利。大魁堂值事们查知后，即出示公启制止。官方恐民商起事，理亏妥协。事后大魁堂还坚决誓要与官府“理论”，显示了佛山民间自治机构的独立决策地位和权威力。随着历史发展，1905年清廷预备立宪时，佛山正式成立自治会，会员二百余人。1912年，佛山议会成立，议长是吴趼人之祖叔吴荃选。[①]这是吴趼人少年的故乡佛山文化所可能给予他的人文环境和民间营养。

吴升福一家人终于在吴趼人三岁时回到了佛山吴氏大树堂老宅——园林式的大宅院；回到了一个小孩子可以在池塘游泳，在宅园爬树、打鸟的快乐天堂。

开灯和上谱是三岁的吴趼人第一次受到吴氏家族传统的沐浴洗礼。

吴氏大树堂风光无比的时代，早在二十多年前就已经随着吴荣光的去世而逝去；高墙大宅和嘉靖皇帝亲笔书写的大门题匾——“大树堂”，终究也遮掩不住骨子里的穷酸。吴氏家族再无五品以上显赫之官员在朝了，这显然是以官为本位的上层阶层家道中落颇为重要的标志。

虽然升福官微言轻，在吴氏家族内毫无地位，但作为男丁，吴趼人的出世和回乡，究竟是吴荣光——尚志的一脉。于是吴氏佛山始祖吴化龙的后代各支各派都集中到栅下（今忠义路）吴家老祠堂，为吴趼人开灯、上谱（庆祝族谱男丁上名）……饮灯酒、猜拳和唱戏，着实热闹了几天。[②]儿子的喜事和父亲尚志丧事过后，升福已经余资无几了，更重要的是三口之家已经失去了生活的来源。又因父亲向来除了官俸，无积蓄也无田地恒产，生活更显窘相。升福只好等待漫长的丁忧服满后，告别妻儿，一个人拖着孱弱的身

---

① 任百强：《佛山大树堂〈吴氏族谱〉的新发现》，载《明清小说研究》2003年第2期。

② 李育中：《吴趼人生平及其著作》，载《中国近代文学评林》第2期。

子，在凄风冷雨中，到浙江宁波上任，做一个小小的巡检去了。

第二节　出身佛山望族

有谁从富康人家坠入困顿的，大概可以窥见世人的面目。

吴趼人写过长篇和短篇小说、散文、戏曲、曲艺、诗歌、政论、寓言、笑话、文论，甚至广告，几乎无所不写。临死前还在写，可偏偏就没有写过童年和少年的回忆。翻遍其几百万字的著作，钩沉出来的却只有零零星星，一言半句，只言片语。好像儿童和少年的生活从心灵流到笔尖，光芒就停止了，消失了……为什么谈锋甚健、驰骋文坛十多年的吴趼人对童年、少年和故乡的生活就那么避忌，那么讳莫如深？难道内心的阴影里潜藏着许许多多不愿为外人所知的隐痛？难道他童年心灵上留下了斑斑点点的创伤？……这是只有吴趼人本人才能知道的一个谜。

情绪是气质的特征，但应该还是一种生理和心理复杂的、不稳定的遗传，不然就难以解释吴趼人六七岁时，那种近似母亲胆汁质（兴奋型）的性格。生性好动，求知欲强，常好与顽童游玩、爬树、恶作剧，有时“调皮捣蛋”搞得“头破血流”。[①]奇怪的是，他早夭的哥哥寿世，三岁时就老成持重，“进退揖让如成人”，稳重平衡型气质与他多么不同。吴趼人这种一旦处于对立和刺激时就兴奋、激情，近于偏执的性格表现，成年之后，在他那公开发表的《〈吴趼人哭〉五十七则》[②]的文章中，表现得更为典型和充分。

就精神心理方面而言，纵观吴趼人的一生，从儿童时期开始，就如此深

① 李育中：《吴趼人生平及其著作》，载《中国近代文学评林》第2期。

② 吴趼人：《吴趼人哭（五十七则）》，见《吴趼人全集》第八卷，北方文艺出版社1998年版，第227页。

深地陷入一种由于受到外界强大的压力，而归宿到忧患、困惑、惆怅的心理亚层的内心潜伏状态，与自身外在机敏、好动、活泼、幽默的个性相表里。试想，一个儿童日夜生活在潜伏着互相提防和敌视的家族世界里，那种孤立无援的形势，使他内心无法不产生一种高度焦虑不安的心理和情感。

对心理个性的形成和发展，儿童的早期经验通常都具有决定一生的意义；而父母和家庭的生活环境状况对亲子的深远影响往往更是无法估量。

吴趼人的母亲刘氏，是河北直隶宣化县八里村人。先是随丈夫升福侍奉公公，回到佛山不久，丈夫到宁波上任，自己便和儿子趼人、女儿晓兰居住。吴趼人和母亲、妹妹的感情都十分深厚，尤其是他们三人不断受到族中“豪家”和族老的“凌夷”。吴趼人日后在《二十年目睹之怪现状》中，专写了一回《恣疯狂家庭现怪状，避险恶母子离乡》，来暗示由于吴氏家族的败落以及他在童年和少年时代遭受的那些刻骨铭心、“疯狂”和“凶险”的日子，足证曾经一门之内甲第联翩、群从兄弟，几乎人人有集，号称“簪缨之族，诗礼之家”的大树堂吴氏，已经堕落到“上帝要他灭亡，首先要他疯狂”的境地：

……母亲要拦时，已经拦我不住。我走到外面，见是我的一位嫡堂伯父，号叫子英的，不知在哪里吃酒吃得满脸通红，反背着手，躄躠着进来，向前走三步，往后退两步的，在那里蒙眬着一双眼睛。一见了我，便道：“你……你……你回来了吗？几……几时到的？”我道：“方才到的。”子英道：“请你吃……”说时迟，那时快，他那三个字的一句话还不曾说了，忽然举起那反背的手来，拿着明晃晃的一把大刀，劈头便砍。我连忙一闪，春兰在旁边哇的一声，哭将起来。子英道：“你……你哭，先完了你！”说着提刀扑将过去，吓得春兰哭喊着飞跑去了。我正要劝时，不料他立脚不稳，訇的一声，跌倒在地，叮当一响，那把刀已跌在二尺之外，我心中又好气，又好恼。只见他躺在地下，乱嚷起来道：“反了，反了，侄儿子打伯父了！”……我母亲只气得面白唇青，一句话也没有……我道：“伯父到底为了什么事情动气？”子英道：“你不要管我，我今天输得狠了，要见一个杀一个……”

引文虽长，可却足以使人感受到吴趼人从童年至十七岁到上海寻生活之前的日子，全家是生活在一个怎样不断败落沉沦、疯狂窳败、腐朽的宗法大家族里。

假如吴趼人那本成名作《二十年目睹之怪现状》中“我”的“母亲”，确实融进了作者母亲刘氏的影子，那么可以合理推测如下：

（一）吴趼人的母亲原是一个性格开朗而有主见，感情又十分丰富的北方农村妇女，常和亲戚、年轻人谈天说地。

（二）吴趼人儿时，她常讲些幽默有趣的吴氏旧闻、乡间怪事和迷信故事，这点与她儿子日后对民间文艺的态度有很大的关系。可以肯定吴趼人为了写作而收集各种逸闻和故事的习惯，可能来自儿时听母亲说故事奇闻的早期经验。另外，母亲个性强，有主见，说话表情生动的特点，吴趼人几乎全部继承。以家庭教育而言，母亲对儿子似属于“多关心，少管束”的民主类型。家庭仅有一个小男儿，免不了有些溺爱。无论是儿童或少年时期，生活在一个互相仇视的大家族世界里，小小的心灵是多么需要母爱的满足和情感上的支持。父亲因为全家的生计，远在浙江宁波，仕从九品收杂税的小官。在吴趼人的笔下，没有多少文字记载。小孩子对于一个两三岁就离开家庭外出的父亲，难能有清晰的印象。

（三）刘氏大概不会认字。三叔拿出她丈夫升福在温州任上发丧时所谓开支的账本，她根本不会看。当后来儿子告诉她叔父隐瞒了几千两银，不归还，她也不追问。从这一点看，吴趼人的母亲在家族里，是一个顾全亲情、息事宁人、心存厚道的典型的传统家庭妇女。

（四）吴氏大树堂的族老以为她手中还有升福留下的几千两银子，天天老想办法挤她孤儿寡妇的“养命钱”，无奈一家三口只好相濡以沫，忍气吞声。临了，把儿子送到上海，日夜盼望儿子早日有出息，回乡接自己和晓兰到上海，离开这家族黑洞——一个凶险的是非之地。

其实吴氏家族中人以族长老辈自居，怎样侵吞变卖族产以致逐渐衰落的内因，吴趼人长大后并非完全一无所知，只不过自到上海见世面后，回到佛山田心里大树堂，目睹之下，更触目惊心，却只能摇头叹气而已。自己是族中人，长辈怎么腐败也是家丑，虽憎恶至极，也无可奈何。康熙年间，吴氏族内有两个歹毒之人为了钱财，买通厨子，在亲父玉堂公的饭菜中下毒。[①]究竟也是家丑，不但没有将人押解交官府，并严禁让族外人知道，仅开除出族了事。但是，若是破坏家族的力量来自外部社会的打击，那就必然从观念上势成水火，视若仇敌，一生耿耿于怀。

咸丰四年（1854年），以陈开、李文茂为首领，以佛山、广州为中心的广东天地会洪兵大起义，其势力波及五岭南北，粤、桂、湘、赣数省，长期控制粤桂四五十个州县政权，斗争长达十一年之久，终于在1865年，各地零星反抗被叶名琛率广东官兵镇压而最后结束。陈开洪兵在佛山起义，达官贵人之家宅被战火波及，位处祖庙不远的吴氏大村堂难于幸免。这种家族变故，吴趼人从小便产生对推翻官方统治的暴力集团的憎恨，在晚年竟成为思想上如天堑般深刻的阶级壕沟和迈不过的心理障碍。

吴趼人在1907年4月所题《吴荣光手书立轴跋》一文中，曾提到他的曾祖父的金石文物和珍贵书籍、图册的命运：

> 道光年间，先曾祖以收藏为公卿大夫所知，尤以书名于三湘闽粤间。晚年归里，求书者踵相接至，避地桂林以谢之。咸丰甲寅，家庙所藏，金石图书，均毁于兵火。至沃尧几不复可得见。[②]

---

① 任百强：《佛山大树堂〈吴氏族谱〉的新发现》，载《明清小说研究》2003年第2期。

② 魏绍昌：《吴趼人研究资料》，上海古籍出版社1980年版，第8页（图版）、342页。

一年多后，吴趼人又在宣统元年（1909年）闰二月所题《〈筠清馆法帖〉跋》重提“家变”之事，不过说法有些不同：

> 先曾祖晚年萃毕生搜罗之士碑墨迹，勒为《筠清馆法帖》，藏于家，将以为子孙垂久远也。咸丰甲寅，红羊劫起，家藏金石图书，荡佚都尽，此石（指《筠清馆法帖》石刻）独巍然存，谓非在天呵护之灵耶。咸同以降族渐凌夷，恒为豪家所夺，渐至残缺不全，旧日拓本，亦都散失，沃尧受生晚，竟未得见全璧……[1]

金石图书散佚，除了被农民起义军扫荡过以外，还有一个重要因素是“族渐凌夷，恒产被豪家所夺”。有时外来因素对豪家大族并不构成致命打击，内部之倾轧争夺祖产才造成彻底的落败。那么，究竟谁是“豪家”呢？吴趼人在这篇跋文的最后，添了一小段补识，其中一句说：“咸同间，此石曾入顺德梁氏，经梁福草比部镌入观款数处。”“顺德梁氏”是指原籍顺德，清初时已入籍佛山镇的大族梁氏。吴荣光之外曾祖父曾娶梁氏为妻，吴荣光称之为外曾祖母梁氏何太君。吴梁两族联姻虽上几代之事，但关系却颇为密切。吴荣光在世时，吴梁两族俱盛。因梁氏何太君高寿八十，便撰写了祝寿之序：《诰封恭人梁母何太君八秩寿序》（见《梁氏支谱》手抄本，存佛山博物馆）。咸同以降，吴氏家族式微。“此石流入梁氏”，这句话的背后，多多少少隐藏着佛山地区两大家族的兴衰荣辱史内中鲜为人知、此消彼长的故事。

“梁福草比部”是指梁九图，字福草。此人写诗不错，精筑园，亦是园石览赏家。他把闻名书法界的《筠清馆法帖》石刻弄到手，高兴之余，当然忘不了在“观款数处”镌上几句话，刻上梁氏印记。这些事，吴趼人回乡时大概已听过不少，因此，他晚年从好友三水麦正臣处得回此家珍拓本时，发

---

① 魏绍昌：《吴趼人研究资料》，上海古籍出版社1980年版，第8页（图版）、342页。

觉法帖上并无梁九图的题款，因此，吴趼人判定：既然无梁九图的题款“此秩独无，以此定为初拓本”，并最后写上“沃尧再识”。

据上文分析，佛山梁氏显然是收入《筠清馆法帖》石刻的“豪家”，吴趼人也是心知已久的。但是，内情未止于此。将赐书楼、筠清馆的部分金石图书据为己有的吴氏族内“豪家”，吴趼人恐未知全情，还蒙在鼓里。此人正是本章以后要讲到以继承吴荣光学统自居的吴荣光侄孙吴荃选。

第三节　爱国痛史

吴氏家族的爱国传统是从吴荣光休致（退休）后在故乡领导佛山民团抗英开始的。而吴氏家族痛史，则发生在第二次鸦片战争期间。

1860年10月6日英法联军占领北京，战火给吴趼人的祖父和父亲两辈人带来了灾难和耻辱。由于事发时吴趼人的母亲刘氏不在北京，而是在河北宣化外祖母处，也许是母亲不想儿子的心灵受到过多的创伤，后来“讲述时，言甚略”。但吴趼人长大后一直没有忘记，“及检先君手抄日记，乃得其详”。吴趼人痛定思痛，遂把整个遇难过程写成散文笔记《纪痛》，[①]以不忘雪耻。

长期以来，中国人鸵鸟般地把头埋在沙堆里，做着天朝大国的美梦，英法联军在圆明园的一把大火把天朝最后的遮丑布烧得一干二净。一方面是眼看着落后挨打，不得不降为学生，向西方学习科技文明；另一方面，西方列强给予这个跪着的学生的，只有刺刀下的鲜血和凌辱。

当时正值英法联军入侵北京、火烧圆明园之际，洋鬼子抢烧杀戮所波及的海淀，已无完土。吴趼人的父亲升福急忙护送祖母的灵柩出城，不料，在

① 吴趼人：《趼尘笔记·纪痛》，见《吴趼人全集》第七卷，北方文艺出版社1998年版，第246页。

途中遇到一队西洋士兵拦截，并强行用刺刀劈开棺木。升福伏柩护棺，痛绝而号哭。随后又被“西兵鸣枪四五响”，升福吓得急避而误堕沟中。“污泥遍身，不复能动，自分死矣。而追者见遥望以立，吃吃笑不休。”升福“惊且痛”，当逃抵河北宣化县外家时，“即得痴病，惘惘如有所失者，几达一年”。

这次劫难，无论从中国或者西方的道德标准衡量，都是家族和个人的奇耻大辱。从吴趼人儿时听母亲讲述时心灵的震惊，到长大成名后，写《纪痛》时的愤然命笔，虽经岁月消磨，犹铭记不忘。每逢想起，“于心犹有余痛也”。可见童心刺激之深。才华可以随境遇坚毅玉成，而反抗传统则要家族数代人涉入磨难才能形成。

吴氏家族的爱国传统，即使在两次鸦片战争后，又即使在吴氏家族受陈开起义军冲击后，也是一如既往。若究其思想根源，可以上溯到吴荣光，以及他的恩师——扬州学派的领袖阮元。只要我们翻开阮元在任两广总督时对待英人多次试探入侵沿海的历史，那严阵以待、坚决回击的元帅气势，那处理十三行伍崇曜父子的公正严明，用一句话概括：“战时严阵镇英猷，闲时笑谈十三经。”阮元和龚自珍一样是中国知识分子第一批转型的前辈人物，只不过我们多年来在思想史上怠慢了他而已。

1857年12月12日，英法联军头目额尔金和葛罗照会两广总督叶名琛要求入城，赔偿“亚罗号”的全部损失，限期10日。24日下午，英法联军在护城河南架起一列大炮，下最后通牒，限48小时交出广州。叶名琛下令敌船入内不可放炮还击。28日联军攻城，越日广州城失陷。

吴氏家族当时讽刺叶名琛对外战争中的愚蠢无能，并保存有“吾家抄本”。吴趼人至上海报刊任主笔后，专门写了一篇小品文《叶中堂乐府三章》。[①]

---

① 吴趼人：《趼尘笔记·叶中堂乐府三章》，见《吴趼人全集》第七卷，北方文艺出版社1998年版，第229页。

其一：

叶中堂，告官吏，十五日，必无事，点兵调将无庸议。

十三夷炮来攻城，十四城破无炮声，十五无事灵不灵。

谶诗耶？乩笔耶？择日耶？

其二：

夷炮攻城破，中堂书院生忽然双泪垂，广东人误我。

广东人误诚有之，中堂此语无可疑；请问广东之人千百万，

贻误中堂是阿谁？

其三：

夷船夷炮环珠江，乡绅翰林谒中堂，中堂口不道时事，

但讲算学声琅琅。四元玉鉴精妙极，今时文人几人识？

中堂本是学问人，不做学政几人识？

自吴荣光在道光末去世后，家道日渐中落，至咸同之际，吴氏一族大体上还算得上上流社会具有正统意识形态的大家族。但从鸦片战争爆发，清政府的经济和政治均走下坡路，败仗、割地、赔款，洋教、洋货和农民起义不断。十多年来内外的困局和败局的现实形势，使社会中上层地主阶级的文化意识观念发生了微妙的变化。收集和保存有关战事和政局与朝廷不同政见的民谣、民调，这在“吴荣光时代”几乎是不敢想象。正是吴氏家族保有数量众多的“吾家抄本”，民间流行不同政见的通俗诗歌，成为吴趼人回到佛山时生动活泼、易懂易记的天然童年政治营养品。今天翻开阿英花大半生努力所收集的上、下两厚册的《鸦片战争文学集》，和历年广东沿海采风者所收集的鸦片战争时期民歌、民谣（如《凼凼转》，《菊花圆》……）就可以明白和想象，这些被社会学称为草根底层的俗文化，是如何通过口述和抄本代代相传，怎样影响了一个吴氏的小孩——一个未来著名的晚清小说家，如何

影响决定他一如既往几十年反帝爱国的思想倾向。

两次鸦片战争，洪兵起义佛山、扫荡权贵、围攻广州，故乡商业所散发的自由精神，“族渐凌夷，恒产为豪家所夺”……这些错综复杂的诸多元素聚合成吴趼人童年和少年在故乡的历史社会背景和他所面临的生活、生存压力的具体家族环境。吴趼人后来到上海时，每次参加反帝运动，都显得那么义无反顾、全力以赴，这些可以说都是他在童年的心田种下爱国主义种子的必然收获。国仇家恨，将四代人（吴荣光、吴尚志、吴升福、吴趼人）的近代爱国的家族传统和社会反帝运动，会合在吴趼人一生最多姿多彩的社会空间坐标——上海的人生大舞台，促成了爱国主义在个人精神和历史实践交会点上的统一。人生遭逢乱世，有前因如此，吴趼人的压抑内心，才会饱含浓浓的辛酸和磨难，才会随缘择时，在上海滩喷发而出。

第四节　到上海去

在累世聚居的豪族，儿童的教育从来就不是个别家庭的私事。毫无疑问，是家族以儒家为标准培育后代的大事情。以古老的佛山镇儿童启蒙而论，朱熹《蒙童须知》和《圣谕广训》以及四书五经是大抵要读的，《三字经》更是老师为学生启蒙开笔的首选。吴趼人在小说《劫灰余》曾透露过：“……还记得我从小读书时曾经读过《中庸》。”①

佛山吴荣光一脉的私塾在大树堂“宅之西”。启蒙老师是冯竹昆，这是一个像汤显祖《牡丹亭》中陈最良式的老腐儒。吴趼人把儿时对他的印象和调皮，幽默地发挥在他朋友周桂笙所译的《自由结婚》的评语里，②他用高

① 吴趼人：《劫灰余》第一回，见《吴趼人全集》第五卷，北方文艺出版社1998年版，第81页。

② 吴趼人：吴趼人评《自由结婚》，见《吴趼人全集》第九卷，北方文艺出版社1998年版，第235页。

超的文字描绘了一幅生动神肖的漫画："犹记吾束发授书时，蒙师教我读，字未尝识也，而师年老多咳病。吾退塾时，殊不复忆字之能识与否，而必做伛偻状以学吾师之咳。"

吴趼人儿时聪明乖巧，模仿惟妙惟肖，不经意露出了日后成为讽刺大师所需才能的端倪。

吴氏大树堂如秋来飘下的红叶，渐以败落。吴荣光家庙里放肆的喧闹声，嘈杂鼎沸，以往族众所仰望、嘉庆皇帝亲题堂匾"大树堂"所散发出的那种庄严肃穆气氛，早已荡然无存。

道教在佛山向有势力。吴氏大树堂众族中前辈，群集祠堂，正兴高采烈地扶鸾。"因坛设祠中数月"，年仅五六岁的趼人也为之吸引。诸老招手问趼人：小孩子亦有事相问吗？答：求问终身大事。话未完，乩即盘旋而动，沙盘现出："一古人装，长髯岸帻，当风直立，回首却顾，衣褶须眉，栩栩欲活。复判二语曰：其中真妙处，尽在小桃源。"[①]这样神秘而哄闹的迷信风气，无不弥漫在吴氏大树堂的各房族众之中。忽一日，趼人的曾叔祖璞完公（弥光，号朴园，荣光之三弟，1871年去世）突然临坛，"遍斥群从之不肖者，自是众惧，毁其坛"散去。扶鸾之事虽属荒诞，但吴趼人竟盼有日灵验，年过四十，仍大惑不解：为什么判词一无所验？还说什么"不敢尽拟为子虚也"。这群不尊的遗老和无望的遗少，在神圣的家庙殿堂中装神弄鬼，预示着曾经显赫一代的吴氏家族后代，无可挽回地堕落。

幼年无知，老来十分当真。人生和政治悲欢之余，又无可奈何地回到宿命中去。吴趼人思想除了具有崭新的洋务科技知识，杂七杂八的迷信观念，时隐时现，一生挥之不去。

这种弥漫于社会迷信的乌烟瘴气，不只是各大家族的一群二三世祖，即使是吴趼人读过书的佛山最高学府——佛山书院，也免不了受到污染。趼

---

① 吴趼人：《趼尘笔记·扶鸾》，见《吴趼人全集》第七卷，北方文艺出版社1998年版，第219页。

人在《趼尘笔记·生魂》中回忆道：“吾乡佛山书院，与海防同知署衙宇相望，肄业生中偶院中设坛扶鸾……”老族人和童子，书院与祠堂，家族和社会风气全面败坏，不能不说是一种社会制度面临覆灭前的不祥之兆。这种无可逃脱和避免的死亡之兆，对少年吴趼人的心理和思想影响极深，日后虽然学习了不少西学知识，涉猎了不少西方科技著作，也算有一些科学思想，但可惜的是四十五岁短暂的一生，并未摆脱过迷信和宿命。

《二十年目睹之怪现状》第四十一回中，有一个先官后商的正派人物叫吴继之，他从藩台处接来钟山书院八百多份生员八股文的课卷，又想交给上过书院的同乡——“我”（吴趼人化身）批阅，继之道：“……我记得你十三岁考书院，便常常地考在五名前。”据此，吴趼人是1879年十三岁入读佛山书院的。五年后，黄小配和康有为的大弟子陈千秋不约而同到佛山书院就读，并“同研两年”。而梁启超则迟七年（1886年）才入读。至今没有文献证明，吴趼人与三人在佛山书院里相认识，比起后来那个做了北洋政府国务总理、亦读过佛山书院的梁士诒，吴趼人更要早十年。①

佛山书院创建于乾隆八年（1743年），嘉庆七年（1802年）由佛山栅下铺迁至丰宁铺的衙旁街，更名佛山书院。光绪年间，陈梅坪为主讲人时，人才最盛。曾有一年考上十五个举人之胜绩。可是，吴趼人除了上述短文回忆中，偶尔旁及一言半句外，却从不提起。这无疑是他少年时代决意对社会和家族所设计的定向人生道路的反叛。虽说这在经商成风的珠三角并不见得是惊人之举，但是身为豪门世族之后代，还是需要相当大的勇气，尤其当时正是“同治中兴”，而科举制要在几十年后才彻底寿终正寝。

吴氏家族的衰落、腐败、倾轧和道德的沦丧，对族内弱势支派霸道、欺凌，少年吴趼人不但耳闻目睹，更亲身感受，进而对为黑暗社会现实遮丑的八股制艺、四书五经，渐渐反感和憎恶。挚友李葭荣说他“于学问无所不

① 参见丁文江、赵丰田：《梁启超年谱长编》，方志强：《黄世仲大传》，凤岗及门弟子：《民国梁燕荪先生士诒年谱》。

窥，独不治经生家言”，[①]实际上是走杂学，偏爱俗文学一途。在欧风美雨的侵袭下，整个清王朝崩溃前的19世纪80年代，越来越多的有识之士从根本上怀疑甚至大胆地否定科举。作为望族后裔的吴趼人，少年时对科举道路的鄙视和日后与李伯元在上海双双抵制朝廷保举经济特科提名，反映了知识分子开始步入自由职业的领域，对“科举—官场”几千年人生道路模式彻底地叛离。在开始启动社会现代化过程转型中的新一代文人，必然会出现比吴敬梓笔下的周进和范进们更具有不可比拟的光明出路。

十月初，父亲有信，病况益重。吴趼人压住悲伤，决意担起一个儿子出远门看望父亲的责任。母亲叮嘱儿子要到祖庙（灵应祠）卜上一签，签出时吴趼人一看，“天昏地暗雨来急，如此风波不可行”，是下签，心中便惶恐起来。临了，好心的老庙祝愿以上吉签换去下签。回到家中瞒过母亲，趼人如期登舟起航，十月十九日探父成行。

脸色沉重又有点焦急的吴氏少年，毅然拿着一个小藤箱第一次单独无援出远门。计划先坐小艇到广州大沙头，再坐大渡（海船）到沪。哪知一“出虎门，即遇大风雷雨，舟几弃，颠簸于海上者十日，二十九日抵吴淞”。[②]

19世纪80年代的上海非五口通商初开埠时可比，其几千艘内河飞剪的气势与繁忙驳船转大船的外贸规模，直令见过佛省两地码头世面的吴氏少年吃了一惊。不过望父心切，无心细看。那时还没有内河船，只好再坐三天海船到宁波，哪知父亲已先一个时辰去世了。趼人泪如雨注，仿如17年来所积蓄的辛酸痛楚都随着泪水流了出来，身子却不由自主地种种丧事礼仪中变得如同傀儡般，行事木然。应酬事事由着三叔，沸沸扬扬又进退有序，举止有礼

---

① 李葭荣：《我佛山人传》，见魏绍昌：《吴趼人研究资料》，上海古籍出版社1980年版，第10页。

② 吴趼人：《趼尘笔记·神签》，见《吴趼人全集》第七卷，北方文艺出版社1998年版，第217页。

地忙到年底。[1]

一个满身孝服的少年，看着在沿江空中飞舞撒落的白纸钱，前面是茫茫浩渺无际的大江，他站在船头满怀心事地扶着父亲灵柩，要叶落归根。

升福临死前曾把后事托付三弟保福，这个三叔却公然把剩下的几千两银子私吞了，事后还对趼人说，是替侄儿弄个“郡佐”。这就是《佛山忠义乡志》的职官表中，在吴宝震名下，赫然标明“江苏补用通判正六品”的缘由。母亲听到几千两银子被三叔弄得不明不白，只好忍气吞声。趼人所面临的困境，如同17年前父亲升福在祖父尚志病死北京的景况一样，一家三口（趼人和母亲，还有妹妹晓兰）生活更为贫寒无着，族内权贵更加对孤儿寡妇相煎相逼。

吴趼人在《二十年目睹之怪现状》第二十九回的评语中，透露过书中的“九死一生”少年离乡背井、孤身北上的主要原因：“出门因多避族人，族人且须避之，更往何处去，所为茫茫大地，无容身者欤？”虽然小说评语不能与历史真实的吴趼人出走的真实原因等量齐观，但也一语道尽了他当时主动冲出家族牢笼的另一面：在家族中备受歧视，相逼至无可容身，忍痛离家的心情。

由国家到家族，晚清已经演变成一个彻底堕落，到处充满着虚伪、奸诈、腐败、矛盾激化、危将覆灭、垂死的社会。吴趼人更是怀着饱受创伤的心灵，决然走进一个未知的陌境异域——上海。故乡家族内人与人之间的倾轧和家境的不幸，使他过早地尝遍了并不能完全理解的人生辛酸，从而窥见了世人的真面目。

大概是到了上海后，吴趼人遇上怀念故乡之情境，内心还自然地回忆起童年和少年的痛苦和辛酸，对人生未来隐现出一种茫然惆怅的情绪。他的诗作本来是为了保存“少年状况，转借此以得不忘焉”。但几经删减，“仅存

---

① 吴趼人：《趼尘笔记·神签》，见《吴趼人全集》第七卷，北方文艺出版社1998年版，第217页。

二三”，再经友人“选录”之后，已是十不存一。现在所仅见提到童年时代的诗作，只剩下《趼尘诗删剩·柳絮（九首）》中的第四首：

身世茫茫欲化烟，随风吹落马蹄边。
飘零有坡凭谁诉，去往无因太可怜。
古驿离愁余寂寂，章台春色任年年。
儿童莫漫寻踪迹，渺渺天涯路几千。[1]

细读之下，深感“柳絮”的作者已经把童年和少年生活的回忆，深深地固锁在他的精神内核。“儿童莫漫寻踪迹”，此情不忍成追忆。

到上海去。

一个“早岁食贫，岸然自异，无寒酸卑琐之气”，17岁的世家子弟，极度盼望冲出绝望和令人窒息的家族环境。再三深思之下，毅然决定，到上次探父路经的生气勃勃、熙攘喧腾的第一次能吸引自己产生过无名冲动的上海去！诚然，这是一个当时并不理解，日后却影响自己一生前途的重大抉择。

自清康熙朝开始广州十三行垄断对外贸易，珠江三角洲尽得外国风气之先，但广州和郊区连年不断大规模的反洋人入城和反洋人租地斗争，使洋商望而却步。

资本利润的安全性驱使投资者否定了以往五口通商传统的首选地广州，改变了地理方向，各国的商人和资金相继不约而同地涌向了上海。于是，这种前所未有的历史商机，吸引了大批富有外贸经验的粤籍人士（中国其他省份较为缺乏此等人才），包括潮州、珠三角（南海、番禺、顺德、中山等）各式生意人，怀有冒险精神的捞家、混血儿、西崽、通事、经纪，也包括具有一技之长的五金手作仔（手艺人），各类失意的知识分子，争饮上海滩的

① 吴趼人：《趼尘诗删剩·柳絮（九首）》之《自序》、九首之第四首，俱见《吴趼人全集》第八卷，北方文艺出版社1998年版，第125—126页。

头啖汤，当然也包括提供粤籍人精神享乐的粤剧和潮剧艺人……他们与各国冒险家们一道，潮水般涌入上海十里洋场——东方冒险家乐园。

也许我们永远不会知道，吴趼人第一次路过时所看见的上海，究竟给他留下什么印象。但是，当他将要登上另一个陌生的人生社会舞台时，内心必然会调动回忆，一定会自然涌起他最初的上海印象——理解与不理解的无数新鲜事物。

这不仅是一座正在发展的近现代转型城市，是两百年以来资本世界和殖民者在亚洲至全世界不断壮大的业绩，也是以全球一体化经济为动力后盾，以新式武力为先锋，以理性和野蛮混合，既横冲直撞，又无处不滋潜细润的欧风美雨；既开中国人眼界，又令人目眩的西方大潮。也造就了1883年吴氏少年到达的上海——在精神和物质上全面稳占“引进第一”，享有在中国各省市近代化步伐中遥遥领先的历史骄傲。如公共租界万人观赏的电力路灯；新进知识分子如饥似渴购买西书中译本的圣地——江南制造总局的译书馆；苏州河南岸的自来水；跨越香港—上海—海参崴—长崎的海底电缆；火轮、蒸汽机、有线公共电话。还有柏油路、保险公司、股票公司、各式中英文报刊、报馆、免费图书馆、教会学校、外资码头，五光十色的不夜城……

只有这个称作“新乾坤”的上海，才能容纳“旧乾坤容不得”的“海上奇人”王韬、蒋剑人、李善兰种种的狂言狂行；只有这个生动活泼、中外交会，洋华混杂、自由竞争的大千世界，才能使吴趼人如鱼得水，吐纳自如；只有这个光怪陆离、各色各样的人生舞台，才会包容他、磨砺他、造就他，使其最后短短几十年的文学生命，璀璨如划过夜空的流星。

第三章

走进江南制造局

第一节　上海印象

1884年，珠江三角洲佛山镇一个吴姓世家大族的破落户子弟，到了被资本主义竞争引发的金钱欲搅得躁动不安的黄浦江畔。西方文化的滔天大潮正扑打和撕裂着人与人之间一切封建的、宗法的和田园诗般的关系，使赤裸裸的金钱关系目空一切地展现在人们的眼前和周围。

十八岁的吴趼人，在上海所到之处，打量着这座如困兽出笼、中国资本主义经济发展最迅猛、接受外来新文化最快、生气勃勃的国际都市，其新奇和匪夷所思，如入他国异域。

人地生疏，吴趼人只好先投靠有世交和亲戚关系的上海江裕昌茶庄，再图发展。这是一间生意旺盛、铺面宽阔、里外三进、颇具规模的茶叶大商行，是南海县下塱（今佛山市城区张槎塱边乡）富商江清泉（外号“江百万”）开设的，在上海商界也算得上信誉卓著的老字号。[①]当时上海的各省会馆，虽然以广东势力最大（有潮州会馆、潮州旅沪同乡会、广肇公所等），但并未建立县属的南海同乡会，正式的南海会馆却到1900年才成立。[②]因而，凡从广东南海县来沪经商和谋生的人，少不了到江裕昌茶庄落脚。

广东人在上海的商业外贸势力坐大，是从19世纪50年代始。有资料记载1851年上海县城已有8万广东人，明显多于江苏人和浙江人。有大量广东劳工参与的小刀会起义被镇压后，广东移民势头一度受挫。当时，被太平军弄得坐立不安的上海道台吴煦认为，只要得到在上海商界举足轻重的广潮帮的

① 李育中：《吴趼人生平及其著作》，见《中国近代文学研究》第一辑，广东人民出版社1983年版。廖云：《南海十三郎之正传》，香港科华图书出版公司2001年版。

② 郭绪印：《广肇旅沪地缘团体概述》，见《老上海的同乡团体》，文汇出版社2003年版，第436页。

协助，清军断饷之忧的局面，就会化危为安。经过双方几番试探盘算，官商协议，最终敲定。1856年，吴煦奏准朝廷，设立广潮义捐，由上海广潮商人承办鸦片捐税：每贩出一箱鸦片，向清政府缴纳捐税十两。结果是官方得到了源源不绝的军费，而部分广东商人获得了以官方批准的鸦片销售垄断权。珠三角商人在上海利用以往十三行的特殊关系充当买办，获得大量的利润，再广泛投资造船、修船、棉纱、航运、丝绸和茶叶的贸易，成为19世纪最有实力和影响的商帮。这时在上海的广东人数上升到20万以上。直至19世纪90年代至20世纪初，广东买办的垄断地位才被江浙财团所打破。至于1914年上海永安公司兴建，掀起广东商业和华侨资本又一次大规模投资上海的热潮，那是后话。

就当时历史大背景而言，吴趼人就是乘着这股广东—上海的移民风潮来到上海的。相信也无法不依靠佛山人的同乡关系，才得以进入了濒临黄浦江、位于城南高昌庙、面积四五百亩的中国最大的洋务军事工业基地——江南制造（总）局。

江南制造商并不是政府机关，却是晚清最庞大也最重要的官营军工厂和学校、翻译工作室与出版社的多元混合官方企业。吴趼人就在这个被他称作“蚕茧”壳的地方“干而不出”，浸润和磨砺了将近14年。这段人生第一步的社会经历，对吴趼人后来投入报界、抉择半生的写作生涯和其中的爱恨情仇有着极大关系。

正因为有了一群上中层的洋务精英和近代的科技先驱，加以十多年来锲而不舍的共同努力，青年吴趼人来到这个亚洲最大的军工世界，才能看到令他惊诧和“壮而伟哉”的机器局、木工厂、轮船厂、锅炉厂、枪厂、炮厂、枪子厂、炮弹厂、炼钢厂、熟铁厂、栗药厂、铜引厂、无烟药厂、铸铜厂、黑药厂、药库等16个分厂，以及炮队营、画图房、工艺学堂、广方言馆、翻译馆等5个带有学校文化性质的单位。[①]

在吴趼人有关制造局的论述中，几乎都是攻击讽刺局内的腐败和弊端，没有谈及他刚到江南制造局的正面印象。二十多年后，通过小说主人公贾宝玉的眼睛，这些感觉生动地流到他的笔尖。他在1906年发表的科幻乌托邦小说《新石头记》的第十一回《论文野旁及园艺，考工艺遍游局厂》和第十二回《看造枪炮转疑教授，退打璜表论及赌徒》，有意让伯惠和制造厂的冯委员陪领着宝玉详细考察江南制造局：兴致勃勃地参观了炮弹厂"钻眼……刨光……切铁的"车床切削工艺；尽管不明其理，却对锅炉厂新式的"康邦汽炉"称奇不已；又惊愕水雷厂的"细巧的机器"和"白金丝"水雷针匪夷所思；惊叹熟铁厂"不用人力的""自己能提上去打下来的"汽锤；观看了李鸿章题名的"连珠快利枪"，表演快枪技能……最后还对铸铁厂"蓬首垢面""自食其力"的工人，"看出神了"，"觉得可敬呢"！

一个从佛山商埠来的有点叛逆性格的青年人，似乎已经无法用以往社会天经地义的儒家目光和思维去容纳、考量、观察、感悟眼前这些新鲜、生动，匪夷所思的上海"第一印象"……

吴趼人冲决佛山吴氏大树堂狭隘的家族圈子，来到系于国计民生的大工业，自是两个不同的人间世界，仿隔天地十八重。人永远在历史局限之中，从他后来的小说《新石头记》和言论看，佛山来的后生仔对这个"新世界"，虽然模模糊糊地感觉到，但一时竟无法想得清楚。

第二节　初到翻译馆

吴趼人到江南制造局做什么工作呢？在所有吴趼人友人、同事的回忆

① 参见夏东元：《洋务运动史》第四章《近代军用工业之一——从安庆内军械所到江南制造局》以及《近代史资料丛刊·洋务运动》有关江南制造局部分。

文章中，较详尽和可信的是他的挚友李葭荣所写的。1910年11月，即趼人逝世一个月后，这位挚友（同盟会员）在其主编的反清报刊《天铎报》发表了《我佛山人传》，对吴趼人的生平和文学业绩做了高度的评价。但是说到趼人青年时初来上海的工作，只有一句话：“佣书江南制造军械局月得值八金。”[①]后来在上海出版界颇有名气的张静庐说：“吴氏初为上海制造局写生，束修甚微，时有怀才不遇之叹。”[②]另一位与他有交往的小说家包天笑说得更直接：“原来他是二十岁左右就到了上海，曾到江南制造局翻译局工作。”[③]综合三个同时代人的回忆，即：吴趼人在上海江南制造局所属的翻译馆做抄写和绘图工作，每月薪水八两银。

1863年，徐寿和华蘅芳白手兴家制造了中国第一台蒸汽机和火轮船后，便从创业的实践中痛切感到：除了有人才和先进工业设备之外，翻译西书也同样重要。制造局从虹口迁移到高昌庙后，地方大大扩充，徐寿便向制造局会办沈宝靖和总办冯峻光提出建立翻译西学的机构，经两江总督曾国藩同意，开始聘请傅兰雅等西人与中土之士合作试译西书。

1867年9月，曾国藩据此向朝廷奏请建立翻译馆，他说：

> 盖翻译一事，系制造之根本。洋人制器出于算学，其中奥妙皆有图说可寻，特以彼此文义扞格不通，故虽曰习其器，究不明夫用器与制器之所以然。本年局中委员于翻译甚为究心，先后订请英国伟烈亚力，美国傅兰雅、玛高温三名专择有裨制器之书详细译出，现已译成《汽机发轫》《汽机问答》《运规约指》《泰西采煤图说》四种……此又择地迁厂及添建翻译馆之情形也。[④]

---

① 魏绍昌：《吴趼人研究资料》，上海古籍出版社1980年版，第10页。

② 魏绍昌：《吴趼人研究资料》，上海古籍出版社1980年版，第25页。

③ 魏绍昌：《吴趼人研究资料》，上海古籍出版社1980年版，第29页。

④ 《近代史资料丛刊·洋务运动》（丛刊四），上海人民出版社1961年版，第16页。

曾国藩在上述给军机处奏折中，先汇报制造局诸事，后讲翻译西书是根本之道理，再摆译书实绩。将机器运作所必须翻译的西书名称列出，显得有理有物，既实际又必需。制造局拟设翻译馆已顺理成章。

越年六月，翻译馆正式开馆，由徐寿主其事，分设格致、化学、制造各部提调一人，口译二人，笔述三人，校对、图画四人。

1869年10月，上海广方言馆并入。广方言馆与翻译馆“新址在江南制造局西北隅，同治八年十二月建筑竣工，平房共八座七十四间，楼上二十四间为翻译馆，楼下及平房五十间为广方言馆”①。馆外修竹成林，浓荫夹道，馆内人各一室，环境宜人。

翻译馆建馆初期，中外译员同为住楼上二十四间，当然，剩有不少余房。据冯焌光与郑藻如的上督抚宪禀：

> 当即商令翻译弄员王牧德均、华牧蘅芳、徐主簿寿、徐令建寅等，与所延西士傅兰雅、金楷理，均在学馆楼上居住。翻译所需绘图司事人等亦令同住楼上，以便就近料理。②

“司事人等”即为翻译服务的人，当然包括佣书、写生。把佣书和绘图分配楼上，与高薪洋大人及有“州牧”“主簿”“令”官阶身份的中方译员同住二楼，不是惠及下人，而是为了“就近料理”，工作方便。1883年，吴趼人来江南制造局翻译馆抄书和绘图，极有可能晚间住在翻译馆的楼上。

吴趼人白天工作地方是刊板处。当时曾在这个19世纪下半叶中国最大的官方翻译中心担任译书工作的英国籍传教士、翻译家傅兰雅，在《江南制造总局翻译西书事略——一八八〇年（光绪六年）》这篇文章说：

---

① 熊月之：《上海广方言馆史略》，《上海地方史资料》（4），第68页。

② 《同治九年三月初三日总办机器制造局冯、郑上督抚宪禀》，见《中国近代学制史料》第一辑上册，华东师范大学出版社1983年版，第221页。

局内刊板印书之处，原为小屋，然刊书一事渐大，故其屋亦增广。内有三十余人，或刊板，或印刷，或装订，而一人董理，又一人董理售书之事，另有三四人抄写各书。①

吴趼人到翻译馆不是做翻译，而是把中外人士合译好的、带有图表的稿子抄正誊清和仿画洋书上的绘图，即“抄写各书”的“三四个人”其中的一个。由于大树堂吴氏族内的文化传统，几乎每个族中子弟皆能诗善画，儿时自有专人教习，并流传下来一本吴氏四代人的《四传画集》。

吴趼人说过：

吾少年曾为画矣，六法未谙，东涂西抹，能成为一幅，而笔研狼藉，朱粉满案，且及唇面之间，种种画师之丑态毕现，堪且过之。家人见之而笑，故耸然而自惭也。②

由于每本书内容都是当时顶尖的西学知识，工作必须具备相当强的西学文化和对内容的理解能力，并不是能抄蝇头小楷或一手好字、熟识经史词章看上下文便知的旧抄手可以胜任。估计吴趼人当时的工作，看易实难，觉得十分吃力，然而翻译稿本又在他眼前笔下打开了西学工科知识的新世界，埋下了不久便转到画图房做半工半读学生的因缘。

这个当年小小翻译馆，以在中国大地传播科学知识与科学观念为己任，惠及科技界、教育界、政界……造就中国一代又一代的精英人才几十年；它是鼓励和帮助广大中国知识分子和人民走出黑暗中世纪的最大的支持中心和

---

① 傅兰雅：《江南制造总局翻译西书事略》，张静庐：《中国近代出版史料》初编，上杂出版社1953年版，第14页。

② 吴趼人：《自由结婚》评语，转引自《新庵译屑》（周桂笙译），见魏绍昌：《吴趼人研究资料》，上海古籍出版社1980年版，第340页。

传播地；它每天都在不断地制造中国人民所急需的“科学启蒙和进步”的知识阶梯和科学思维的营养；翻译馆和江南制造局是中国现代化早期艰难起步中诸多驱动轮子中两个最大、转动最坚实的知识车轮。吴氏青年有幸能身处其局、其馆、其事之中，以个人的造化和机缘涉猎和学习了不少西学的知识和当时最为先进的科学精神。吴趼人当初在人生科学启蒙之时，有幸进入制造局和翻译馆，当然是利大于弊。即使其中有腐败之一面，也可以磨砺和丰富人生，如吴趼人后来将小说化作投向皇朝体制的剑戟利器，以爱国、新民和启蒙之用。

第三节　十年画图房

吴趼人在翻译馆的抄写工作，看易实难。由于缺乏西学知识，抄写也觉得知其字而不知其义，十分吃力，然而翻译稿本又在他眼前和笔下打开了西学工科知识的新世界。吴趼人自觉惭愧，明白了以前所学，今得无所用，埋下了欲从头学习西学的因由。

不久，吴趼人便以生徒的名义转到画图房（即绘图室）去，学习机械绘图。事隔二十多年，他借晚年的长篇小说《新石头记》中宝玉的眼，回忆画图房和内中生徒朗读英文的情形：

> 那房子是两扇绿色大门关着，在大门上又开一个小门，大门外挂着“画图房”三个字的牌子……只见当中摆着一张宽大的长桌子……原来那张长桌靠里边一头，放着一个玻璃匣子，里边摆着一个小轮船的样子……又见里间摆着几张白板桌子，靠边上坐着一个人，似是教书先生的模样，旁边围了七长八短的几个孩子，在那里念书。却是叽里咕噜一个字也听不出来。

照此看来，吴趼人应该懂得英文，只是学习时年纪已二十左右。吴趼人离开江南制造局不到一年，制造局会办林志道参照日本大阪工业学校章程，将制造局不伦不类的生徒教育学校化、正规化，“拟将职局画图房拓为工艺学堂，分立化学、机器工艺两科，隶入广方言馆”①。

光绪二十四年（1898年），林志道向军机处奏议：禀创办工艺学堂（附章程节选）。②

工艺学堂章程

一、制造局原有之画图房设生徒十余名，授以汉文、洋文、算学绘图等课，绘图各厂寻常机器图样均用该馆学生，是该生等已得到工学门径……

二、经费查画图房经费出于职局所收二成洋税之下，每年约三千余两……

三、学生

（略）

四、课程除汉文、英文、算学、画图四事仍照画图房旧章办理外，其余拟请……

《二十年目睹之怪现状》第三十回说到制造局腐败的“怪现状”，出现了作者的化身赵小云，“小云”即吴趼人字小允的谐音。小云在厂做了件私货小火轮，发昌行的厂长少东家方佚庐见买主把“画图房学生私造”的话说了，佚庐叹道：“这也难怪他们。人家听见说他们做私货，就都怪学生不好；依我说起来实在是总办不好。你所说的赵小云，我也认识他，我并且出钱请他画过图。他在里边当了上十年的学生，本事学得不小了。此刻要请一

① 《中国近代学制史料》第一辑上册，华东师范大学出版社1983年版，第469—470页。

② 《中国近代学制史料》第一辑上册，华东师范大学出版社1983年版，第469—470页。

个人，照他的本事，大约百把银子一个月，也没有请处；他在局里，却还是当了一个学生的名目，一个月才四吊钱的膏火，你叫他怎么够用！”

吴趼人化身为小云，现身说法，一方面，揭露制造厂办洋务的用人腐败；另一方面，又佐证了自己虽学得一身本事，但却被滞留在画图房相当长的时间，连发昌厂的老板三子方佚庐也为其鸣不平。无奈，私下做个小火轮，帮补生活，这正是吴趼人在画图房时期的真实生活和心态的反映。当时外间传闻，吴趼人“在制造局时，尝自运机心制一小轮船，仅二尺许，往还数十公里，见者称为奇器”[①]。看来，虽有夸大之词，但吴氏制作过“小火轮”一事，应有相当高的可信性。

吴趼人并不是梦想当编辑作家，他在制造局只是画图房里一个普通的学生和学徒，学习理工科各种基础学科知识和实践船舶工程绘图和设计技术，已十年磨一剑，若不是局总办的压制，吴趼人早已晋升为一名工程绘图设计师。他所制造小火轮模型的高超技术直令造大船的行家方佚庐赞叹不已。

对江南制造局崇洋媚外的揭露批判，也是吴趼人日后在小说中对清政府的腐败揭露批判之一种。

清末最后十年，由于小说的功能被抬高到救国救民的高度，小说如新闻所追求的真实性，也被好些著名的小说家所认同和运用；又由于不少报刊采用连载，每日登小说一段，所以便有新闻小说之称。因而那时小说随新闻纸一登，当时人便知：这是写哪个名人，这又是写哪一件内幕丑事。因而后来，又有一类作者把晚清四大谴责小说里的人事与当时的社会时事和历史人物联系起来，写成了索引文章。香港高伯雨的《二十年目睹之怪现状索引》和《大成》杂志六十七期林熙的《江南制造局怪现象附李芋仙狂态——二十年目睹之怪现状索引》都属这一类。

吴趼人初入江南制造局，理工知识全无，文字和文学修养都不足，更说

---

① 胡寄尘：《我佛山人遗事》，见魏绍昌：《吴趼人研究资料》，上海古籍出版社1980年版，第19页。

不上有职业作家的水平。作为一个机械制造工业的绘图员，要学习数学及各机械工种基础知识和机器运用及制造。离开制造局一年之后，他在当时报纸发表的《政治维新要言·学生》中，由于体会到学习西学理工知识之艰辛而提出教学之法说：

> 窃谓教之法，宜先聘算学师，教以算法，极浅的须至弧角之术；聪颖者，则尽研求精进，然后使之入厂，教以运用机器。习有眉目，复授以画图之法，都学成后，则使之专司机器，以为考证。①

翻译馆和上海广方言馆的中国士人，都是学富五车的文章里手，相比之下，这个佛山书院懒散的高才生顿感羞愧，无地自容。由是从旧书坊找来“半部归熙甫（有光）文集，读之爱不释手。于是奋发而学业大进”②。

境似心通。吴趼人和归有光这两个时代相差三四百年的大作家，早年家境大致都是家道中落，大概同样也是过早地懂得世态炎凉，人情冷暖。有光母亲二十有五，丢下三子二女，撒手人寰；趼人十七含悲葬父，衣食艰难；有光文章憎命，仕途蹭蹬；趼人前途波折，远足上海，而有光落户嘉定（属上海），殊途而同归。归有光不少散文较少道学气味，朴素简洁而又文采斐然。这与趼人“恶宋儒之学”的文风之口味暗合；归有光在《项脊轩志》描写自己在“室仅方丈，可容一人居”，“借书满架”之情之景与吴氏在画图房旁住，为衣食所累，买不起书，一人灯下苦读境况相仿。吴趼人少年离乡背井，怀念亡父和母亲的无可排解之心情，在归有光笔下恻恻动人的情怀极致中，心理上得到了移情投射的满足。

---

① 吴趼人：《吴趼人全集》第八卷，北方文艺出版社1998年版，第94页。

② 杜阶平：《书吴趼人》，见魏绍昌：《吴趼人研究资料》，上海古籍出版社1980年版，第23页。

归有光，上承唐宋，下启清代桐城之文。桐城派集大成者姚鼐所编的《古文辞类纂》就收入归有光的多篇名作，并且对其“奉学师祖”的评价很高。确实，归有光那种“不事修饰，而情辞并得，使览者恻然有隐”、从容淡雅的文章风格，对吴趼人产生了“爱不忍释”的吸引力。但又是一种个人意趣和家族祖训文统的矛盾和情与理的冲突，寻来“半部归有光文集”，是吴趼人在两难中做出的聪明和合适的选择。

在新生事物迭涌的大上海和具有科学求真精神的制造局翻译馆以及学习工艺的画图房，吴趼人受到了开创风气的振奋和中外科学精英的熏陶和激励。他在翻译馆所接触到的华蘅芳、徐建寅、徐寿、王德均、李凤苞都是充满爱国热忱和具有献身精神的科学家；而那些吴趼人从未见过，在译书实践中把真理传播优于传教、怀有科学无国界的国际主义学者：英人傅兰雅、伟烈亚力，美籍金楷理、林乐知、玛高温……与其说这些译书的合作者是牧师、神父，还不如说是具有中国情结的人类科学文化桥梁的伟大建造者。这些上海制造局和翻译馆中外交会独特的文化因素都是吴趼人早年孕育坚忍不拔、勇于开创的进取性格因素的重要环境和社会背景，是他中年形成中西并蓄、洋为中用的思想方法以及爱国而不排外的思想特点的重要社会根源。可惜晚年他并没有发扬光大，令人惋惜。

吴趼人晚年曾回忆自己初到上海制造局的情形：“吾生而精神足壮，未弱冠即出与海内士大夫周旋。”这句话可以看作他年十八只身闯上海滩，把青春交付于制造局。所说“士大夫”是指上述翻译局、广方言馆、画图房教学、写书和译书的著名的科学家。所谓“周旋”实际上是指吴趼人在这些科学精英的译书、机械绘图等学科讲授和工程指导的大环境下的工作和间接接触，对日后形成关心科学、虽保护国粹而又不排斥西学的多元开放思想有直接影响。又使我们明白他在1905年写的《新石头记》，为何成为中国近代科幻小说先驱作品。从当年吴趼人身处的上海制造局和翻译馆，我们找到了书中科学思想和社会环境的渊源。

吴趼人在这个学堂不像学堂、绘图室不像绘图室、学生不像学生、学徒不像学徒的四不像的地方，一待就是十年。大锅饭，工资低，偷闲，找借口，骂娘，拖拉，干私活，被上级“冷冻”……一切企业的弊病都可以在130年前画图房找寻到。他明白自己身处毫无进展建树的制造局，已经陷于“走”与“留”的两难境地。出走还是滞留呢？左右徘徊，一犹疑就是十年。回想起来，有轻有重，有得有失，有利有弊，真是十年之痒。

第四节　沉船与造船

吴趼人在上海江南制造局的头几年，社会外界对他思想最大的冲击，是来自中法战争石浦之役的沉船事件，而制造局内让他心灵最感震撼的是“保民号”试航事件。一是令国民自傲的大清海军，竟沉船自毁；一是造船全依洋人，试航恶果连连。在《二十年目睹之怪现状》小说形象的背后，隐藏着对这两个恶性事件总体性的反思，可以说这是吴趼人青年时期构建批判洋务和孕育维新思想的逻辑起点，也表明他在上海早期对社会深入考察和对国家命运探索的开始。

中法战争，就具体战事而言，上海或制造局都可以说没有什么波及，但是细析之下又不全然。一来参与中法战事前的南洋海军已“每二月一次于吴淞口合操”，于是上海报纸和上海人也会略为关心；二来这支海军“怪现状”多多，上海报纸上登载的丑闻也不断传播，上海市民亦耳熟能详；三来南洋海军有“驭远”“测海”“威靖”“金瓯”四艘军舰是上海江南制造局制造，这也是吴趼人和上海市民初时曾骄傲过的；四是制造局船坞正在日夜不停赶造一艘南洋海军订造的大兵船——“保民号”。因此，南洋海军倒是和上海，尤其与江南制造局有不少关系。这一切，身处制造局的青年吴趼人都耳闻目睹，看在眼里，记在心上。

当时上海人是把沉船事件作为“不禁为之咋舌”的一件国事丑闻和连环黑幕来看待的。请看《二十年目睹之怪现状》第十四回《宦海茫茫穷官自缢，烽烟渺渺兵舰先沉》有关的一段：

> 我道："大哥看了什么好新闻，在这里出神呢？"继之把新闻纸递给我，指着一条道："你看我们的国怎么得了！"我接过来，依着继之所指的那一条看下去，标题是"兵轮自沉"四个字，其文曰："驭远"兵轮自某处开回上海，于某日道出石浦，遥见海平线上，一缕浓烟，疑为法兵舰。管带大惧，开足机器，拟速逃窜。觉来船甚速，管带益惧，遂自开放水门，将船沉下。率船上众人，乘舢板渡登彼岸。捏报仓促遇敌，致被击沉云。刻闻上峰将彻底根究，并札上海道，会商制造局，设法前往捞取矣。①

然而小说中"我"和"继之"的讨论远不只是沉船表面的"丑闻"，而是追踪"沉船"背后管带和奸商联合瓜分兵舰购煤钱银、如何营私舞弊、打仗时必然又贪生怕死。讨论最后，"我"愤而问道："历来的督抚难道都是睡着的吗？"不想再讨论的继之，没好气地回了一句："督抚何曾睡着，他比你还醒呢。"②是呀，乾清宫的老佛爷和军机大臣何曾又睡了呢？他比你还醒呢。"我"一时无话。

报纸上所传闻的沉船自毁事件的确是发生在筹建不久的南洋海军，这支不及北洋海军九牛之一毛的南洋海军，自有舰队名目以来，就患了四分五裂症：兵船全由各省凑合，每逢军舰联合操演完毕，舰只各自回省，只听本省督抚调遣，不服舰队总统领。实际上，既不成舰队之形，也无南洋海军之实。清廷曾想把这个烫手的山芋赏给丁日昌，但是这个前任闽抚一想到"东南数省兵轮合为一军"，利益平衡之难，难于上青天，也只好上书婉辞。直至1882年8月，70岁高龄的左宗棠，以其新疆强兵退俄之威上任，才勉强统

---

① 吴趼人：《吴趼人全集》第一卷，北方文艺出版社1998年版，第103页。

② 吴趼人：《吴趼人全集》第一卷，北方文艺出版社1998年版，第103页。

合为一支南洋海军。[①]

军舰沉船自毁，是在南洋海军支援台湾抗法的石浦之役发生的。起初，南洋和北洋海军都声言援台，但北洋海军深谋远虑，不断推迟出发日期，实际仅有南洋海军援台。南洋海军全舰队14艘船舰（不包括未交货的“保民号”）又由于各种原因，仅有“开济”“南瑞”“南琛”“澄庆”和“驭远”五艘军舰在吴安康率领下，于1885年1月18日才迟迟出发，其中“驭远”为江南制造局制造。2月14日，南洋五艘军舰行进至坛头山水面被法舰发现。“开济”“南瑞”“南琛”三舰以大雾为障，全速向南逃脱。“澄庆”和“驭远”被逼入石浦内港。翌日夜间，法舰水雷艇驶入港口偷袭，施放水雷，不中。“澄庆”和“驭远”舰兵枪炮齐施，击毙法艇上一枪手，击坏法方船上机器，战绩不俗。但不知何故，“澄庆”和“驭远”竟沉入海中。事后，据调查说是管带（船长）“抵御不住，嗣开水门自沉”[②]。

“保民号”，钢质，兵轮舰型。长225.3英尺；宽36英尺；吃水14.3英尺；排水量1500吨；马力1900匹；航速13英里/小时。1885年10月19日竣工下水，在中国晚清海军巡洋舰队中属兵轮系列。[③]

“保民号”是制造局设计制造的最大钢质兵轮，总办十分重视。因而专门聘请洋工程师主持设计。那时锅炉厂有一个中国工师（工人师傅），叫梁桂生，是广东人。他一看洋人的设计，就说：船舵有问题，造好会转不过弯。总办大发脾气：“梁桂生，他有多大本领，外国人打的样子，还有错的吗？不信你比外国人还强！”并把梁桂生训斥了一顿。下水试车时，总办请了上海道、外国人和各级官员来观看。航行时却发觉不能加速，由高昌庙到闵行短短一段，像“旱鸭子”足足走了六七个钟头。回来时，即使攀足了舵，却无法掉头，只能极慢地倒车向后行驶。气得众官员叫人放舢板登岸。

---

① 参见戚其章：《晚清海军兴衰史》，第四章《甲申中法战争》。

② 《中法战争》（丛刊三），上海人民出版2000年版，第304页。

③ 姜鸣编：《中国近代海军史事日志》，生活·读书·新知三联书店1994年版。

总办叫来外国人修理，搞了个把月，依然如故。只得叫梁桂生去商量……后来“保民号”经过梁桂生拆筋换骨的改动，能转舵掉头，却始终走得慢。[①]

“保民号”事件充分暴露了制造局依赖洋人造船之恶果，用了老百姓的血汗钱二十二万三千八百余两巨资（还未计算工资等人力成本），却换来这艘半废之船。其后，李鸿章决定停造轮船。江南制造总局继续制造机床和生产兵器、弹药，并专门修理南北洋军舰和各省兵轮，内中原因一目了然。

青年吴趼人疑惑的大眼睛，一直盯着在船坞中一再返工大修、第二天还要再次试航到南京的“保民号”。[②]一艘因质量太差不能如期交付南洋海军使用的舰船，竟然因困在船坞返修，没有参加中法石浦之役而幸免于沉船自毁的命运。开始独立思考中国命运的青年人，心里涌起了一股哀伤、痛恨、激愤和无以名之的复杂感情，并开始对时下所谓“洋务”追求“船坚炮利”能不能导致国家根本“自强”，产生了极大的怀疑。

十二年后，吴趼人离开了制造局，从事报业编辑工作之时，在报刊上发表了多篇拥护康梁变法又自成系列的文章，思想更为深刻和成熟。他在题为《自强》的一文中，谈到“洋务运动”作为自强国策，追末舍本的恶果，矛头直指京师：

> 窃见自强之说兴久矣，上之相勉曰图强，下之建议亦曰图强。日言图强而强终不可见，何也？曰逐末故也。今之言强者，动以利器为指归。曰：命中及远，无坚不摧，炮之利也；冲锋鼓浪，履险为夷，船之坚也。竟学为之，学之不足，且购置之，一旦有事，毁而弃之。图强图强，强安在哉。[③]

---

① 吴趼人：《吴趼人全集》第一卷，北方文艺出版社1998年版，第229页。

② 吴趼人：《吴趼人全集》第八卷，北方文艺出版社1998年版，第44页。

③ 汤志钧：《近代上海大事记》，上海辞书出版社1989年版，第449页。

这段叙述，不就是吴趼人在制造局所见到洋务运动决策者们实施洋务过程最形象生动的三部曲吗?

第一，是学习泰西制器之术。虽不再拒学，但是舍弃大部和西法的根本层面，仅仅把目标锁定在追求器物和船坚炮利上。

第二，是在洋务宗旨和制造中全赖洋人洋法，以封建管家一套管理现代工业。又不知辩证变通，最后沦落为制器洋奴，悲叹“造船不如买洋船”。

第三，造船也罢，买船也罢，一有战事，“毁而弃之”。这四个字，可作为所谓洋务“自强”，从造船到沉船，曲终人散最生动深刻的归宿。

最后，吴趼人矛头向上，一针见血，愤而质问：洋务运动，“图强图强，强安在哉”。吴趼人告诉世人和天下，洋务虎皮撕下来了，破产了！当然，《自强》的发表，是在沉船十二年后——1885年，中法战争时热血和年轻的吴趼人还没有那样的思想水平。

1905年2月9日，吴趼人以讽其不争、痛其自败之笔意，把其事写入《二十年目睹之怪现状》第三十回《试开车保民船下水，误纪年制造局编书》，发表在日本横滨出版的《新小说》杂志第二十号上，署名：我佛山人。

民国时期，“保民号”归入国民政府海军巡洋舰队系列，1920年4月退役，再卖给支持袁世凯的广东督军龙济光，[①]此乃后话。

---

① 姜鸣编：《中国近代海军史事日志》，生活·读书·新知三联书店1994年版。

第四章

相见恨晚

第一节　发昌厂之发迹

吴趼人来到上海江南制造局，由翻译馆佣书、写生，再进入画图房学习船舶工业绘图。正渐成才之际，他结识了一位后来在近代民族资本主义经济史上占有重要地位的青年朋友——方逸侣。

鸦片战争前，广东香山县有一位15岁的少年，来到了上海，初为作坊学徒，满师后成为一个熟练的钣金工，他就是方逸侣的父亲方举赞。五口通商后，随着进出上海的外国轮船日益增多，对船舶修造业需求也为之扩大。方氏觉得机会来了。

就在吴趼人出生的那一年——1866年，46岁的方举赞与打铁的同乡孙英德合伙，开设了打铁作坊“发昌号”，位置在上海虹口外商船厂“老船坞”对面。.初时只是手工锻造作坊，有打铁炉一座，小工四五人，资本两三百银元，业务多是为外轮打制一些修理船只用的机器零件。1869年，“发昌号”作坊主方举赞以二百银元（相当于江南制造总局一个外国技工每个月的工资）购置了两台车床，人手也增至十几人。不久采用了蒸汽动力设备，这就使一个普通手工打铁的土作坊发生了关键性的变化，飞跃变成了使用机器动力的近代机器工业企业，名称亦改为“发昌号铜铁机器车房”，事实上成为中国第一家民族资本机器工业企业。

1873年3月16日，发昌厂在《申报》上登广告，招揽铸造生意。1876年该厂又以“发昌铁厂”的名义在《申报》上刊登广告称，该厂有自制的“连船身并机器各样俱全”的小火轮出售。越年又在《申报》上刊登广告说，该厂“专造大小轮船机器，已造起数艘，快马如飞……兼造门市车床汽锤”。这说明“发昌号”已经成为相当规模的具有近代技术的机器厂。

1879年，方举赞退休，由年仅23岁的儿子方逸侣接任。方逸侣通晓外文，熟识机械，能够自行设计轮船图样。19世纪80年代，发昌厂在这个新一代“少东家”的主持下，在造船和各种业务上获得较大发展，计有：铜铁翻砂，定制锅炉引擎、炮架，出售自制车床、汽锤和各式自制大小火轮。还为清政府黄河工程制造平底双暗轮扒沙船。

19世纪90年代初期，发昌厂乘势扩张，占地三亩，前店后厂，再扩为五个车间。还拥有牛头刨床、钻床、三台龙门刨床、对径圆盘铡床、车床和各式机器十几台，有职工三百余人。此时，发昌厂业务和利润蒸蒸日上，虽然只是属于初级发展阶段，但已经成为当时上海民族资本机器工业中规模最大的工厂。①

吴趼人与第二代厂主方逸侣结识大概是在中法战争以后到19世纪90年代初发昌厂发展最快的时期。弥足庆幸和宝贵的是，吴趼人把这个近代私营造船的企业家方逸侣，易名为方佚庐，以罕有的正面人物形象，收入《二十年目睹之怪现状》，为后人保存了第一代民族企业家的历史真实形象。

1965年，上海市工商局史料组的成员到方逸侣的后代处访问和调查，方佩贞向调查组人员“介绍吴趼人的著作《二十年目睹之怪现状》一书”②。这表明方逸侣后代对吴趼人所描写的方佚庐的形象完全认可，表示这本书对他父辈事迹描写有相当高的真实性。调查人员也“多次发现《二十年目睹之怪现状》记载关于发昌厂方逸侣的事迹，与访问数据对照，有一定的参考价值”③。

---

① 许涤新、吴承明主编：《中国资本主义发展史》第二卷，人民出版社1993年版，第454页；徐新吾、黄汉民主编：《上海近代工业史》，上海社会科学院出版社1998年版，第49页；上海工商行政管理局编：《上海民族机器工业》，中华书局1979年版，第76—86页。

② 《我国第一家民族工业发昌机器厂的调查》，载《学术月刊》1965年第十二期。

③ 《我国第一家民族工业发昌机器厂的调查》，载《学术月刊》1965年第十二期。

第二节　赵小云的小火轮

李葭荣曾说：吴趼人在制造局时“尝自运机心，构二尺许轮船，行驶数里之外，能自往复”。[①]此事在其他同代人的回忆录多有记载。《二十年目睹之怪现状》第二十八回，就从这只“小轮船”切入，描叙了历史和小说之间的吴趼人和方逸侣。

书中的商人“继之”要送藩台老太太生日寿礼——一尺来长的小火轮模型和别致的玉如意。因此《二十年目睹之怪现状》第二十八回《办礼物携资走上海，控影射遣伙出京师》，便引出了“我”和“德泉”到发昌机器厂，见到了这本书几乎唯一的正面人物“方佚庐”和卖小火轮的“赵小云”：

> 到了下午，德泉来约我同到虹口发昌里去。那边有一个小东家叫方佚庐，从小专考究机器，所以一切制造等事，都极精明。他那铺子，除了专卖铜铁机件之外，后面还有厂房，用了多少工匠，自己制造各种机器。德泉和他相识，当下彼此见过，问起小火轮事，佚庐便道：“有是有一个，只是多年没有动了，不知可还要得。”说罢，便叫伙计在架子上拿下来，扫去了灰尘，拿过来看，加上了水，又点了火酒，机件依然活动，只是旧得太不像了。我道：“可有新的吗？可要几天？”佚庐道：“新的没有，其实铜铁东西没有新旧，只要拆开来擦过，又是新的了。”我道：“订做一个新的，可要几天？”佚庐道：“此刻厂里很忙，这些小东西来不及做了。”[②]

① 吴趼人：《吴趼人全集》第一卷，北方文艺出版社1998年版。
② 吴趼人：《吴趼人全集》第一卷，北方文艺出版社1998年版。

这恐怕是中国首次以小说的艺术形式描述第一家民族资本企业和企业家的文字，其意义十分重大。下面是书中第二十九回《送出洋强盗读西书，卖轮船局员造私货》，吴趼人另一个“影子”——“赵小云”的出场：

过了两天，果然有人拿了个小轮船来。这个人叫赵小云，就是那个画图学生。看他的小轮船时，却是油漆得崭新，是长江船的式子。船里的机器都被上面装的房舱、望台等件盖住。这房仓、望台，又都是活动的，可以拿起来就是这船的一个盖就是了，做得十分灵巧。又点火试过，机器也极灵动。①

在第三十回开头，又牵出一段方佚庐对赵小云和小火轮的评价：

当下方佚庐走来，招呼大家坐下。德泉指着小火轮，请他估价。佚庐离座过来，德泉揭开上层，又注上火酒点起来，一会儿机船转动。佚庐一一看过道：“买定了吗？”德泉道：“买定了。但不知上当不上当，所以请你来估估价。”佚庐道：“要三百两吗？”德泉笑道：“只花了一百两银子。”佚庐道：“哪里有这个话。这里边的机器，何等精细！他何尝是做来玩的，直头照这个小样放大了，可以做大的。里边没有一样不全备。只怕你们虽买了来，还不知它的一窍呢！”说罢，把机簧一拨，那机件便转得慢了，道：“你看，这是慢车。”又把一个机簧一拨，那机件全停了，道：“你看，这是停车了。”说罢，又拨另一个机簧，那机件又动起来，佚庐问道：“你们看得出吗？这是倒车了。”留神一看，两旁的明轮，果然倒转。佚庐又仔细再看道：“只怕这有汽筒

① 吴趼人：《吴趼人全集》，北方文艺出版社1998年版。

呢。”向一根小铜线，轻轻地拉了一下，果然呜呜地放了一下微声，就像箫上的“乙”音。佚庐不觉叹道：“可称精极了！三百两的价我是估错了的。此刻有了这个样子，就叫我来做，三百两还做不起来。”①

吴趼人写到这里，大概是忆及在制造局制造小轮船模型时，曾日夜设计下过心机，禁不住在书边批了一句评语：“一语道破。”②

如果说吴趼人在书中借佚庐之口，对赵小云的“小火轮”的详尽描写和赞美，有点像母亲对自己创造出来的小生命；那么，这个民间第一代土生土长的造船专家方佚庐，对小火轮的欣赏，不但显示出他对造船业的精通，而且沉浸在造大船、出洋过海、乘风破浪的遐想世界里，发出了由衷向往的赞美；这不光是对工艺的评价，而且潜藏和包含着对同道中人赵小云、对彼此遭遇和景况的同情和关怀，互勉人生和理想的一种交流和认同。

历史上的发昌厂在方逸侣主持下，制造了排水量为115吨的“淮庆号”，不愧为中国近代早期艰难发展之民族资本造船业的佼佼者。吴趼人最终也摆脱了制造局的束缚，投身报界，寻找更适合自己个性、更广阔、更轰轰烈烈、贡献更大的人生舞台。

第三节　惺惺惜惺惺

当大家谈起“画图学生”赵小云所造的小火轮是制造局的“私活”这个话题，方佚庐这位自学成才、做大船的企业家，深有感触地叹道：

---

① 吴趼人：《吴趼人全集》第一卷，北方文艺出版社1998年版。
② 吴趼人：《吴趼人全集》第一卷，北方文艺出版社1998年版。

> 这也难怪他们。人家听说他们做私货，就都怪学生不好；依我说起来，实在是（制造局）总办不好。你所说的赵小云，我也认识他，我并且出钱请他画过图。他在里边当了十年学生，本事学得不少了。此刻要请一个人，照他的本事，大约百把两银子一个月，也没有请处；他在局里，却还是当一个学生的名目，一个月才四吊钱的膏火……可笑那些总办，眼光比绿豆还小。[①]

赵小云因坐过一回马车被总办看见，就长期遭受冷遇，不得提升和加薪。方佚庐以资产阶级先进和崭新的人格观和人才观，提出创造性的见解——个人应有自己的私生活和人格，领导者不应干涉，严厉批评江南制造局封建家长式、糟蹋人才的管理制度。然后，把话题一转，矛头直指总办和洋务当局说：

> 就如从前派到美国的学生，回来也不用，此刻有多少人在外头当洋行买办，当律师翻译的。我花了钱，教出了人，却叫外国人去用，这才是"楚才晋用"呢！此刻局里有用的学生不少，听说一个个都打算向外头谋事。你道这都不是总办之过吗？[②]

方佚庐和"我"还有"德泉"三人谈得兴起，一齐用饭。"饭罢，大家坐到院子乘凉。"方佚庐先是历数制造局冯竹儒、郑玉轩、李勉林等各个总办和各部门的陋习弊端，"到了现在这一位，更是百事不管，天天只在家里念佛……"[③]

这几位不同政见者，尤其"发昌"的少东家方佚庐，以身受外资和洋务

---

① 吴趼人：《吴趼人全集》第一卷，北方文艺出版社1998年版。

② 吴趼人：《吴趼人全集》第一卷，北方文艺出版社1998年版。

③ 吴趼人：《吴趼人全集》第一卷，北方文艺出版社1998年版。

两股强大势力压迫而不屈的气概，以高超的学识和胆略，指名道姓，意气激昂地批判洋务当局的政策；以事实揭露和抨击制造局多年崇洋愚昧和腐败混乱的积弊。这些离经叛道、专业性的经济评论和入木三分的叛逆性对话，组成了19世纪80年代上海虹口一道超越时代而又最惊世骇俗风景线。

制造局总办都是些不懂行又无才干的脓包，于是吴趼人曾借书中德泉之口，对方佚庐说："几时你去做（制造局）总办就好了。"①

这真是石破天惊！

这不但是吴趼人的心声，也是全上海造船民族资本家和全国维新有识之士的心声。这哪里是小说，简直是一篇及时揭露洋务黑暗腐败的经济评论和现场报道。其中救行业、救经济、救道德、救社会、救国救民的方法和方案，通过事件和人物言行，在小说里交织成具有强烈现实政治意义的忧患感和危机感，这是晚清谴责小说一个十分突出和鲜明的时代特征。正是这种"新闻实录式"和"笔无藏锋"的特征，给人物形象注入了历史的时代感和独特的生命力，放射出至今还耀眼的光辉。

年轻的吴趼人在19世纪80年代后期和时代的英杰方逸侣相识而惺惺惜惺惺，相见恨晚，对他后半生以巨大的热忱，投身国货运动的思想言行和去世前形成的维新救国的"补天方案"产生了极大的影响。

更令人惊讶的是，对于"几时你去做总办就好了"这句话，方佚庐竟自信又平淡地说："我又懂得什么呢？不过有一层，是考究过工艺的，做起来，虽不能说十分出色，也可以说少上点当。"②

这种可以取代制造局总办，当仁不让的气度而又沉稳的自信心，道出了新生民族资产阶级那潜藏内心的历史使命感。

要知道，方佚庐是个可以指挥千军万马、做大船、有志气、有理想、领导潮流的人物。这使人想起"发昌号"的广告："……专造大小火轮机器，

---

① 吴趼人：《吴趼人全集》第一卷，北方文艺出版社1998年版。

② 吴趼人：《吴趼人全集》第一卷，北方文艺出版社1998年版。

已造数艘，快马如飞。”好个快马如飞！这个四面受敌、先天不足、波折重重的新生资产阶级之子，多么想驾驶着自造的万吨大轮船在海阔天空间快马飞腾……

总之，上述赞扬和肯定传主吴趼人对制造局和洋务运动中上层官僚的批判，并非因为吴趼人早期的改革思想超越了洋务运动，而是洋务运动本身求富自强的宗旨在中法战争中已逐渐从根本方面暴露出其弊端，中日甲午战争更是表明这些亚洲有名的水中铁甲大家伙、这些庞大的舰队对外敌是多么软弱无力、不堪一击。所谓官办的军工和工矿企业，若没有关税和政府的注资，连一天也撑不下去。需要二成关税来维持运转的江南制造局，就是吴趼人眼前的大清帝国每日都需要“补血吊针”的国营军工企业。这是当时普通的知识分子甚至老百姓都可以看到和感受到的。当然，吴趼人的观点只是一种朴素的感受和体悟，更谈不上他理论上具有批判官僚体制和建设现代企业管理和现代工业体系的理论意义。

1895年，小说的原型人物方逸侣的发昌厂，在外资垄断市场的压制和封建官僚的冷遇下，逐渐丧失了原来依赖外资船厂的全部订单。在走投无路之下忍痛把发昌厂盘给了英商耶松船厂，结束了近代第一家民营机器制造和造船企业的历史。作为中国民族资产阶级最早期的代表人物，历史已经注定了方先生“大丈夫空有一身真本事”，沦落到只好做一个外资买办，饮恨一生，过早地退出民族资本的经济舞台。

第五章

由“茧”至“趼”的思想轨迹

第一节　思想演变的两个时期

吴趼人在江南制造局工作的14年，曾改号两次。17岁（1883年）入江南制造局时署何号无考，25岁（1891年）改号茧人，29岁（1895年）改号趼人。根据这两次改号的启示，吴趼人在江南制造局的思想演变可分为两个时期：一、29岁之前称为“茧人时期”；二、29岁至32岁（1897年）离开江南制造局称之“趼人时期”。

吴趼人29岁之前的“茧人”时期，若以思想源流而论，有两个来源：

第一，新学。他在《吴趼人哭》中曾说世上“聪明特达之士，知旧学不足持，故努力于新学”。新学是指在欧风美雨冲击下传入的以西学为主的新学识，它包括以资本主义工业社会新的价值观为核心的新文明、新科技、新产品、新知识、新观念、新文化……这是一个从哥伦布发现新大陆时开始，就逐步蚕食，最后席卷全球无可阻挡的现代化运动和现代化思潮。以吴趼人个人来说，就是在制造局所学习并加以实践的机器制造和机械绘图的基础知识，以及当时传入翻译的一些初级的西方科技和社会知识。这无疑是以先进的科技、教育、文化为先导，以资本主义工业和世界贸易为支撑，具有全球视野的西方文化背景。

另外，也包括因列强外患而被迫“内须变法”的“中学为体西学为用”的洋务观思想和有识之士对洋务思想的批评。还有吴趼人在制造局自甲午一役以后因“公车上书”和戊戌变法运动开始而接触到的康梁变法思想，还有其他维新人士的变法著作，如汤寿潜的《危言》、郑观应的《盛世危言》、冯桂芬的《校邠庐抗议》……

第二，正在变化转型中的传统中学（旧学），指以专制政治文化为核心的（也是洋务思想的致命伤）传统文化价值观和儒家学说的知识体系。也就是政统、道统、学统……亦包括封建社会中较为优秀的政治和文化的遗产。简言之，就吴趼人来说是以吴荣光的“忠君、义礼、保民、爱国、学术”为核心的传统治国方略和道德伦理思想，这是一个几千年不曾断裂的民族文化传统，并以深厚的东方大陆农业文化为背景。这种旧学与新学在吴趼人“爱国、保民”核心元素主导下，不断矛盾、斗争，融合，共铸一炉，成为吴趼人在戊戌变法期间不断进取的思想动力。

第二节　吴趼人为何改号“茧人”

吴趼人进入江南制造局第八年，刚好25岁之时，改号为“茧人”。[①]为什么改号为“茧人”呢？这究竟是随意的，还是背后另有思想动机和深意呢？这就有必要回过头来，从家族的思想文化对吴趼人的精神影响介入，从吴趼人的曾祖父吴荣光任贵州巡抚时“引种柞蚕”说起。

道光三年十月（1823年11月），吴荣光擢升贵州布政使，越年升贵州巡抚。便发觉贵州与广东或别省甚为不同，“汉苗杂居，俗犷风饶”，人地贫瘠，来此做官者多不安心，便勤加训导和抚绥。他又继而查知贵州“其地有橡树，能育野蚕，蚕成作茧，可资被服”[②]。更重要的是，他进一步发现前任遵义知府陈玉壂竟然不远千里把山东柞蚕引进贵州遵义安家。历经四年，遵义地方人民养蚕织绸成为主要副业来源，当地百姓收入较他地要高。吴趼人的曾祖父决心学习和追随陈知府“引种柞蚕”，扶贫开山之路，继往开来。决定将一年俸禄“捐廉为倡，买橡种，延栽师”[③]；大面积推行引种和养柞蚕织绸；以一省行政之力，百姓支持，遍布通省，历经三年而功成。

这个一心一意愿苗民和百姓丰衣足食的好官，见引柞蚕功成，民偿其所愿，心中便无限宽慰。在道光四年（1824年）和道光五年（1825年）两年

① 吴趼人：《吴趼人全集》第八卷，北方文艺出版社1998年版，第149页。
② 《佛山忠义乡志·人物·吴荣光传》。
③ 《佛山忠义乡志·人物·吴荣光传》。

间先后写了一组律诗，共十一首，以记述在贵州全省各地山区“引种柞蚕”全过程，以表诗人一颗扶持贫苦苗民的赤诚之心。组诗细目为：《和春海学使橡茧歌》《种树》《窖茧》《春放蚕》《秋放蚕》《驱蠹》《移枝》《煮蚕》《上机》《利无笇》《永不税》。[1]

和春海学使橡茧歌

栎檞之属房生捄，有子曰橡黔南陬。
昔闻叶可为绀緅，又闻树仅充薪槱。
……
作歌告我纴织修，使其有用大蔽牛。
我亟编与守土谋，是时落实寒林秋。
采以斗石多为裒，散种十二府一州。
……
东风冲融吹林幽，其叶沃若如桑柔。
蟫蟫蝡蝡缘枝头，以枝接树枝相摎。
连枝坌叶纷蜓蚰，众鸟耽饲声噍啁。
殴以竿帻戒枪矛，蛹成乃割盈盆瓯。
缫以莜汁丝频抽，蚕始蚕妇忙不休。
成绚成匹皆堪售，不胫而走长通流。
不税其蚕防苛搜，万家万树同庇庥。
回首苍翠三年周，户户丝绣皇华輶。
抑或蚕有同功不？更将十法为汝讴。

煮蚕

茧老丝始成，茧熟丝始出。

---

① 吴荣光：《石云山人诗集》，卷十一《黔藩集》。家刻本，佛山图书馆藏。

以身殉其丝，衣被及万室。
我茧一灰柔，伐茧一缫密。
贸丝人未来，各念保素质。

永不税

山炭与山蚕，俱不入课则。
圣思宽边隅，重戒尽民力。
滢畲赋本轻，微末何足殖。
寄言循良吏，慎勿扰作息。

诗如其人，尽管历史上由皇帝到大小官员们装门面的“劝农诗”多如牛毛。这组名副其实的道光年间贵州的扶贫诗，非荣光先生亲临其境地，非亲身察看和感受农家苗人苦况，非亲下决心要摆脱当地难种水稻的恶劣环境，非深怀让百姓过上“衣遮身，腹止饥”的为官之心和非实践过引种柞蚕全过程的生活体验，这样感人的扶贫诗是断断写不出来的。荣光深入观察由种橡树，得橡叶，引蚕种，窖冬茧，放春蚕，放秋蚕，驱蠹，移枝，煮蚕，缫丝，上机，收购，过卡关，免税等全过程。总结细订养蚕“十法”，又以督抚令文通饬全省。日夜筹划操劳，三年而功成。

荣光思考再三，自己调走后，当官者不一定会继续施行扶贫保蚕这一举措。于是上报军机和户部，让苗民百姓的“山炭与山蚕，俱不入课则”，“永不税”。[①]

他通过其诗组最后一首《永不税》，谆谆告诫后来黔地为官者：黔地农事环境不好，本来税收也是很少的，现在朝廷免了税，请不要想方设法再收税了，这在朝廷算不上一回事。即使你不去保蚕扶贫，但也千万不要干扰百姓的农事和休息。

① 吴荣光：《石云山人诗集》，卷十一《黔藩集》。家刻本，佛山图书馆藏。

以孔子最高理念“仁”做评价标准。什么是“仁”？爱人也。

“寄言循良吏，慎勿扰作息。”当政为民永不税，走后常念勿扰民，为人为官者，善莫大于此哉！莫说其曾孙吴趼人会感动，连今人读之，也震撼抚叹不已。“慎勿扰（农民）作息”：这是一条为循良官吏立品、立德之道，是由古到今农民的生存底线。

吴荣光告诉我们有三类官吏：一是为民扶贫之官；二是不扰民的中庸好官；三是扰民的贪官污吏。势易时移，清朝社会在19世纪80—90年代，官场道德早已走向穷途末路，不用说在那些怀有如李白和杜甫忠君爱民理想的官吏，已变成传说和文物，甚至如阮元、吴荣光、林则徐、龚自珍等一流精英人物，早已无影无踪，因而，趼人纵有说部奇才，却在《二十年目睹之怪现状》怎样也写不出第一种为民扶贫之官。所写的第二种中庸好官“继之”之流，也只能是行止失据，形象苍白，软弱无力，无理想光彩的形象。无奈所写最多，皆是随处可见的第三种官，披着虎皮和羊皮，祸国殃民，贪污自肥的牛鬼蛇神。

虽然，吴荣光的《石云山人诗集》是吴氏家族后人必备之书，但吴氏后人能与大太公荣光距隔数十年时光而心神意会、将吴荣光的封建正统道德和伦理结合新时代的新因素付诸实践者，唯吴趼人一人而已。

佛山乡人写《吴荣光传》时提到他在贵州引蚕之功，只评了一句：“民咸温暖。”吴趼人字号独取“茧”者，正是取其山蚕野茧对百姓的功效，兼纪念曾祖父，永记“民咸温暖”之大志。改号“茧人”背后的真正因由，实际上涵括了吴趼人思想中的“中学”儒家的核心内容。后来吴趼人虽改号“趼人”或其他字号，但仍在日后一些作品署上茧叟、茧翁、茧尘；其居庐曰茧门，可见吴趼人一生对“茧”（曾祖父）之深情，也反证吴荣光的为官爱民之思想对后代影响之深远。

“茧”，对吴趼人来说，从字号之改演变成纪念曾祖吴荣光的象征和标志，并深刻地体现出吴荣光这位岭南大儒的各种精神元素和人格光环对其曾孙思想上的强烈辐射和影响。

第三节　“茧人（仁）”之苦闷

到了甲午中日战事失败，《马关条约》签订至公车上书事件发生的前后，即过了四五年，30岁的吴趼人又把“茧人”之号再改为“趼人”。

有什么必要再改号呢？吴趼人本人对此有过一个生动的说明：

> 吴趼人原号茧人，一日求人书画，增款书作“茧仁”，趼人大惊曰：“茧中之一仁，死且僵矣！”急易作“趼”字，仍音茧，因多误作“研”者，便记于此。[①]

显然，他从那个画家误写“茧仁”时，当场意识到，无论从个人或从国家的状态就是如同“茧”中之“仁”，广东人最爱吃新鲜佳肴“茧仁”，从国家前途说，这不就是别人的“盘中餐”吗？从个人讲，进制造局画图房就待了七八年，茧人不就是“茧仁”！内心一念，口中大叫“茧中之一仁，死且僵矣”，情急之下，忙和那个画家说：快，换上“趼”字，音仍茧。说那由“茧”改“趼”之时分，心中大惊，且又大痛。情之紧急，霎时间，民族危亡、个人困局、补天大梦，在意念中通通搅在一炉。

第一，吴趼人自来上海最大的优点就在于能够不断地反思和进步，他第二次改号“趼人”之前，显然是体悟到精神上陷入了一种表面不易察觉而实质上已渐变成一种“死且僵”的严重危机。思想上不满情绪日益增长，渴望革新，但又无法明察和不知从何处突围；早已把制造局画图房视作非久留之所，但又不知哪里是安身立命之地。看不见前路，也无法后退。吴趼人发觉他这种人生困局和国家无出路的状况一模一样，如同作茧自缚。这种个人无

---

① 吴趼人：《吴趼人哭》（五十七则）第一则，见《吴趼人全集》第八卷，北方文艺出版社1998年版，第227页。

前途、国家无出路的朦胧意识，使他更加对国家当权大吏的决策敏感，更加注意报纸上包括民间官绅的各种阶层精英人物的思想动态和中法战争后的边疆危急形势。

吴趼人在画图房学得一手机械绘图和设计船舶的好本领，若受聘到洋人船厂，工薪还挺高（一百洋元左右）。但是，当一个机械绘图师，绝非心怀高志的吴趼人所向往。他不甘心被饭碗所累、被总办所压、被自己没有决心冲破制造局这个大茧蛹而内疚、悔恨、苦闷。无奈平日只能偷空干些私活，做个小火轮为乐，又能帮补生活。话说回来，风大雨大，出走容易，安心最难。以上海这个洋人称之为“冒险家乐园”之大，可又能到哪里？哪里可以找到既能实现人生理想又能救亡图强之所，哪里又是容纳和舒展个人所长之地呢？

吴趼人一生敬仰和深怀曾祖吴荣光忠君爱国为民、“民咸温暖”的社会理想，但遗憾的是，这理想并未能够在这个厌恶仕途、对官场深刻失望的曾孙的人生上实现。吴趼人从直观和感觉上不满制造局，不满洋务，不满国政，不满外交，不满军事……几乎不满一切，但是又无法接触到超越洋务思想那种更彻底、更先进的社会革新思想和理论。这是吴趼人在制造局的“茧人”时期未能破“茧”时时代性的思想苦闷。

事实上，1895年之前社会上具有相当水平又切实可行的救民救国维新方案和维新理论，还未最后酝酿成熟，更不可能凝聚为一股社会改革潮流。维新派陈炽的《庸书》，光绪二十二年（1896年）夏季才首次刻板刊行；而吴趼人的同乡郑观应增编新订的《盛世危言》（十四卷）至1895年才面世。

第二，以个人职业技能论，吴趼人还未磨炼好离开制造局后所能发挥的文字专长—— 一支生花妙笔。况且社会上虽然出现自由文化人职业的小小空间，但还未具备条件和时机演变成一种大量的自由职业需求和能养家糊口的报酬。吴趼人就陷在这种历史社会条件未成熟和个人意愿、人生理想与实际处境矛盾的困局中。难怪他一下子从“茧”的具体围困形态和意念，敏感地意识到，制造局对他而言，迟早会成为一个大茧蛹，而自己正是“茧”蛹中之一人（仁）。若再不求变，再不寻求出路，筹划人生，就将会如僵蚕一般：“茧中之一人，死且僵矣！”

第三，趼人最初并不是马上察觉和意识到自己在制造局停滞不前的状况，从思想上朦胧混沌的苦闷矛盾到欲变求新，这需要一个逐渐明晰的过程。他的突破还需要外界时机和条件的成熟，因而，亲友的平常交往也会成为促使他思考人生的一种刺激和机缘。

1892年夏，吴趼人的一个族叔公吴荃选，春闱不中，从京城南下回家乡广东佛山时，路经上海，与吴趼人相聚。祖叔侄两人商谈什么呢？据《吴氏家族四传画传·序》（佛山博物馆藏）推断应有两件事：一是欲收集吴氏大树堂各房众人的诗作，合集《续吹篪集》。因“先伯祖吴荷屋公辑家园群享诸诗名曰：《吴氏吹篪集》，自兹以□代有其人”。吴荃选在《吴氏家族四传画传·序》说：

> ……余数年前曾与从□小允有《续吹篪集》之议，旋小允匆匆返沪。余亦北辙南辕，两地奔逐，彼此各有不遑要处之况。籍是迟迟至今，顾诗则各有存稿，犹可俟诸异时。

趼人平日亦喜作诗，以诉心境。自到上海以来，诗作累积不少，但因生活计，从未静下心来，细品诗句，挑选佳作。况且，自己眼光有限，打算日后另清高人汰劣存优。这就是后文所提到的1897年12月9日《消闲报》内中有吴趼人诗三首的《茧暗诗稿》。

第二件事是“将吾族画汇为一册，名曰《吴氏四传画册》，犹先伯祖集诗意也”。吴趼人少年时虽学过丹青，练过书法，但当时早就觉得实无此天赋，平日也无作书画习惯，当然推辞。

《吴氏四传画册》经吴荃选的奔走雅集，终于在1901年11月15日以家刻本的形式在族人内发行。而“小允有《续吹篪集》之议”究竟是否成事，待考。

因为趼人和荃选皆吴氏本家文人，惯以诗唱和。趼人写下了《文鹿季父春闱报罢南旋过申，赋此送归岭南，并寄介叔王季父京都》（三首）七言绝句。[①]下面选录两首。

几人下第感刘蕡，且喜英风侍海滨。
惭愧阿咸游沪渎，十年驰逐亦风尘。

难得天涯一再逢，骊歌催别太匆匆。
故园父老如相问，为说飘零与昔同。

吴趼人诗题中称“介叔王季父”，是把“玠”字的左偏旁“王”移到“季父”之前，变成具有祖父之弟辈分的“介叔王季父”。文鹿所赠对联的“小阮”，即世称二阮之晋朝才子阮籍与阮咸的小阮；刘蕡在唐代文宗太和二年（828年）应贤良对策时，挺身缄贬宦官祸国的考试士人，因畏中官，无人敢录取。登科人李合曰：“刘蕡不第，我辈登科实厚颜矣！”文鹿送给趼人的对联用意是把自己比作刘蕡；不第比拟自己考贡士不中，把趼人比作才子小阮（又称阿咸）。因而吴趼人的诗句才有“我这‘阿咸’在上海胡混十年，若乡中父老问起我，就说还是单身一人漂泊，和以前一个样”的意思。文鹿与趼人相互感怀身世，叔侄唱和，感情甚为融洽。

趼人出行上海后，吴荃选大概在佛山见过趼人多次，深知趼人为荣光遗留之书籍和文物担忧。而荃选本人接收荣光部分文物时，却不以咸告，以至趼人晚年为此多次提及，念念不忘，却不知情。荃选后来官至内阁中书，补用知县，1905年与尚廉主修和考订《吴氏族谱》。辛亥革命前，听从尚廉的劝导，弃官回籍。在乡修建别墅“陆沈园”，徜徉山水与文物考据之间。又组织“龙

① 《趼尘诗删剩》之《文鹿季父春闱报罢南旋过申，赋此送归岭南，并寄介叔王季父京都》（三首），见《吴趼人全集》第八卷，北方文艺出版社1998年版，第137页。

塘诗社”，每日与乡名流饮酒唱和。辛亥革命后，又被选为佛山第一届议会议长，1923年，参与《佛山忠义乡志》编纂，可以说吴荃选是当时佛山名绅和风流人物。族谱记1891年卒，大误。因其参加编修民国《佛山忠义乡志》，卒年应为1924年后。

文鹿与趼人以诗文感怀身世，引起吴趼人对自己目前在制造局碌碌无为的状况深深的思考。鲁迅先生说过，人生最苦痛的是梦醒了无路可以走。吴趼人个人的梦醒了吗？

已经搬到西门外住所的吴趼人觉得自己在制造局每天的生活是作茧自缚，毫无见识，缺乏历练和发挥的天地，完全没有明确的方向和出路。

既然命运早已注定这位吴氏青年日后会成为小说领域的言语讽刺大师，为什么命运不让他早点成名和成功呢？记得俄国天才诗人和小说家普希金说过一句不大讨人喜欢的名言：“艺术是最不喜欢赶忙的。”谁也无法改变什么。于是，一切都在慢慢地酝酿、孕育、形成之中。

第六章

创巨痛深

第一节 大梦初醒

1895年1月，甲午中日之战，中方一败涂地，胜负大局已定。虽战事未完，朝廷连连向欧洲征询意见，而内阁和议之声遽然四起。

吴趼人有生以来第一次目睹并体验了一件与自己有关的激烈“驱张”风潮。户部侍郎、尚书衔总理衙门大臣张荫桓因极力主和，被任命为对日议和大臣。1月13日，抵沪欲转途日本，并准备下榻家乡的广东会馆。哪知广东会馆前乡人云集，反对张荫桓卖国议和的口号、标语和揭帖遍布大街小巷。口号声称：“如有必要，可用武力驱逐此辈。”[①]张荫桓避其锋芒，只好下榻同文书局。不久，街上又贴出广肇公所和潮州会馆的粤东士民檄文一道，略谓：

> 倭人无故启衅，攘我藩属，杀我兵民，侵我疆土，凡有人心，莫不同愤……不谓本省有不肖某某，辜恩误国，全身保家，不思修我戈矛，同仇敌忾，遽欲腼然面目，汲首求和……凡我同乡，谁不切齿痛恨。兹闻欲到沪江，如有假馆广肇会所、潮州会馆，请鸣鼓而攻，荷戈而逐。[②]

这个“本省不肖某某”正是佛山人张荫桓。张以布衣擢至内阁，这在佛山谁人不晓？他在佛山就读的红棉书屋和吴荣光读书处一样为当地胜迹。吴趼人一向较重视同乡会，尤其自己孤身一人，初来上海，也要同乡会的关照。有时也做一些同乡公益之事，日后又因名声渐远而被选为广肇公所会长。可能是自从发生“驱张风潮”，闻说俄国在东北修铁路时发生的行贿事

---

① 汤志钧：《近代上海大事记》，1895年1月13日条，上海辞书出版社1989年版。

② 汤志钧：《近代上海大事记》，1895年2月5日条，上海辞书出版社1989年版。

件与张有关系，吴趼人对这位位高权重的同乡，不怀好感。后来特别在小说《二十年目睹之怪现状》第七十一回《周太史出都逃均难，焦侍郎入粤走官场》中细述他的出身，不过把张姓改作焦姓，但还是瞒不过细心的读者。

1895年2月中旬中日交战，北洋舰队在威海卫全军覆灭。消息传来，国人心中愤恨而深憾。4月17日，《马关条约》在日本签订，更如晴天霹雳。4月22日，康有为和梁启超鼓动广东举人上折拒和，湖南全省举人响应，于是粤、湘举人同递章都察院，其他各省举人同时发难骚动。时都察院前，连日递章塞途，长官之车被围，台湾举人更是全体下跪，垂泪而请命。

5月2日，康、梁联合全国在京十八省一千三百余举人联名上书，请求“拒和、迁都、练兵、变法”，史称“公车上书”，拉开了维新变法的序幕，实为清朝两百年来未有之举。正如梁启超所说：“四千年之大梦之唤醒实自甲午战败，割台湾偿二百兆以后始也。”这是中国近代知识分子初醒的标志。继而，传出康有为上清帝第三、第四书；康、梁在京师创办《中外纪闻》，又与文廷式等官僚组织“强学会”，宣传西学，鼓吹变法。

吴趼人从祖叔吴荃选在“公车上书”上题名，[1]他不但关心和注意康梁变法的动态，学习冯桂芬、郑观应的改革维新理论，而且开始思考中国自鸦片战争和五口通商以来国家的危亡之状况和出路。吴趼人说：

> 自通市以来，西人快其海具，梯杭而至，琛赆咸集；偶有龃龉，舍玉帛，兴兵戎，炮火腾天，轮舶织海，血肉飞糜，性命顷刻，开千古未有之奇局，亦开万世之奇酷，此世变之尤者也。[2]

---

① 《〈公车上书〉及附〈公车上书题名〉》，见中国史学会主编：《中国近代史资料丛刊·戊戌变法》（二），上海人民出版社1957年版，第162页。

② 吴趼人：《趼呓外编·水师》，见《吴趼人全集》第八卷，北方文艺出版社1998年版，第70页。

这是吴趼人第一次痛心论述，把自五口通商以来西方列强侵略我国却无法抵御而压抑多年的爱国情感借此爆发出来。痛定思变，因而吴趼人到处奔走，“间尝语人：甲午之役，创巨痛深，变法图强，此其时矣”。

第二节　“茧人”改号为“趼人”时间之理据

在此深刻刺激下，吴趼人在“公车上书”后，下决心把25岁时改号的“茧人”，再急改为“趼人”。

为什么把吴趼人第二次改号的时间定在“公车上书”后呢？在吴趼人诗歌中有一首为《余自二十五岁改号茧人，去岁复易茧作趼，音本同也。乃近日友人每书为研，口占二十八字辨之》：

> 姓氏从来自有真，不曾顽石证前生。古砚经手无多日，底事频呼作趼人。

这诗题透露出：原号茧人，“去岁”才改为趼人。这个“去岁”究竟是哪一年呢？

吴趼人研究权威魏绍昌先生，在他的论文《鲁迅之吴沃尧传略笺注》中告诉我们：“吴趼人又名宝震，字小允（从其父允吉取字），自二十五岁（1891年）起改号茧人采‘作茧自缚’之义。约四十一岁（1907年）时又易‘茧’为‘趼’，音本同也。”

这就是说“去岁”是1907年。这自然是错的，驳论证据有二。第一个驳论就在他所著《吴趼人研究资料》之中。移录如下：

> 《吴趼人哭》，五十七则，光绪二十八年（1902年）出版，据吴趼人手迹石印，巾箱本一册，计四十页。原文：“吴趼人原号茧

人，一日求人书画，赠款书作‘茧仁’，趼人大惊曰：‘茧中之一仁，死且僵矣！’急易作‘趼’字，仍音茧，因多误作‘研’者，便记于此。”

魏先生的笺注是错的。因为1902年出版的《吴趼人哭》，都很清楚地证明上文的由“茧”易“趼”改号时的“去岁”，极可能是在1901年。这是魏先生同一书之矛盾。但这又不是最终答案，因为上面这一首诗不收入吴趼人自编的诗集《趼尘诗删剩》之内，那么首先得找出这首诗最早在哪一年发表，才知道改号的“去岁”真正是哪一年。

驳论证据之二：北大何宏玲先生发现了1898年2月2日吴趼人在《消闲报》的逸文，署名趼人吴沃尧稿，其文如下：

余自二十五岁后改号“茧人”，去岁复易茧作趼，音本同也。乃近日友人每书为研人，口占二十八字辨之：姓氏从来自有真，不曾顽石证前生。古砚经手无多日，底事频呼作研人。

1898年虽是发表声明改号之诗那一年，但未必是写诗那一年，不然这个“去岁”（1897年）就不准确。吴趼人不会无缘无故地改号，这个改号无非备受外界压力和刺激。结合这两年大事连读发生动荡的国内外形势，改号之“去岁”应定在1895年。

1895年吴趼人二十九岁，受甲午战争之刺激和“公车上书”的反思，思想开始觉醒，渐趋于先进的资产阶级维新和改良倾向。

吴趼人为何在改号中以“茧”易“趼”，音仍“茧”呢?

趼，取自茧之另一义：手脚因劳动和走路、长久摩擦而生成的硬皮。转义为磨炼、历练。但吴趼人再次改号“趼人”，还是纪念吴荣光的缘故。

道光十年（1830年），吴荣光编有诗集《趼舍诗存》，其序云：

余自道光戊子秋，择地经营两先茔，历揽西樵、石门、浔峡、嘉桂、白云、罗浮诸山，趼足两载，几及百舍，祁寒暑雨，不敢告劳。……①

序中所说为寻找父母茔址“趼足两载……不敢告劳”，“趼”即脚底磨成了血泡、结成了“老茧”，表现了吴荣光为父母寻坟茔坚毅和艰苦的忠孝精神。“趼”与“茧”，在训诂和特定语义环境中虽有不同，但同中有异，异中有同。

“姓字从来自有真”。吴趼人由茧至趼的署号变化，深刻地反映了他思想在吸取家族传统思想遗产和朦胧感知外界时代变化欲采取应对求变的两种不同心态。无论从义从音是“茧”与“趼”，两者相通，都能表现吴趼人以此悼念吴荣光，纪念他一生学术、爱民、爱国、忠君、礼义的儒家多重优秀的品格和卓越业绩，以此激励自己。

从上述各章考略所知，25岁和30岁左右的两次改号，内中披露出吴氏青年时在制造局时期发生了两次重大思想变化的一些根由和重要信息，我们需要着意弄清楚，不然，吴趼人在后一阶段发表“补天时期”的“补天”之举和“花报时期”所形成的思想脉络，便成为徒托空谈、无源之水。

第三节　忧时君子，引为同道

1895年10月上中旬吴趼人从报纸注意到一个名为孙文的珠三角同乡在广州发表了《拟创立农学会》的宣言。吴趼人立觉此人不但对农务见识和策略精到，而且对国家的弊病因果，条陈清晰，观点鲜明，令人感慨万分、又耳目一

① 吴荣光：《趼舍诗存·序》，见《石云山人诗集》卷十四。

新。于是便在一篇名为《保民》的文章上写出“则有忧时君子创为农学会，广译外洋农务诸书行世”一段，并把孙文称为“忧时君子”。在文章末段感叹农务革新归根结底还是农民文化问题，便提出“各乡设一农务宣讲处”，轮番宣讲农书。“是或兴农务之一端，而不辜负创会者之初心也”，作为响应“忧时君子”之农务设想。一篇一千余字的短文，一呼一应，两处关注，俨然把“忧时君子”引为同志。

《拟创立农学会书》内称：

> ……故于去春，孑身数万里，重历各国，亲察治田垦地新法，以增识见，定意出己所学，以提倡斯民。伏念我粤东一省，于泰西各种新学闻之最先，缙绅先生不少留心当务之急，同志定不乏人，今特创农学会于省城，以收集思广益之实效。首以翻译为本，搜罗各国农桑新书，译成汉文，俾风气之先……
>
> 如有同志请以芳名住址开列，函寄双门底圣教书楼或府学宫步蟾书屋代收，以届期恭请会议开办事宜。是为言。①

这是中国第一个农学会宣言。其时，这类成立某学会的新闻消息，各地报刊互为转载，在上海不难看到。大概是因为孙文曾游历各国，既主张学习推行西方垦田新法，又准备广译各国农桑新书，况且又是同乡，因而特别引起吴趼人注意。但又为何称孙文为“忧时君子”呢?

细看《拟创立农学会书》全文，首先涉及农务改革新法之事只占一半；而分析国情、国弊，讽刺清廷甲午之役全军覆没和割地求和者，赞颂泰西诸国民生富强者，亦占二分之一，确令人不得不受感染而随之忧时。

---

① 《拟创立农学会书》，见广东省社会科学院历史研究室、中国社科院近代史研究所中华民国史研究室、中山大学历史系孙中山研究室编：《孙中山全集》第一卷，中华书局2014年版，第24页。

其次是满篇新观点，字字新理想，开人耳目。说泰西富强是由于“以士类而贯四民”，即每人都是有素质的知识分子，因而“故欲我国转弱为强，反衰为盛，必俟学校振兴，家传户诵，无士非民，无民非士，而后可与泰西诸国并驾齐驱，驰骋于地球之上”。进而批斥洋务决策：“若沾沾焉以练兵刮械为自强计，是徒袭人皮毛，而未顾己之命脉也，恶乎可？”此乃既忧时又反思改革，一针见血，这篇同乡之文，真令吴趼人思路大开。

再次是谈农务也是有学识且深谋远虑，学诸泰西，有章有法。首论中国“户口甲于五洲”，人口众多。“若倘不于农务大加整顿，举行新法，必至民食日艰，哀鸿遍野，其弊可预决者。”孙文“重历各国，亲察治田垦地新法”，再“首以翻译为本，搜罗各国农桑新书，译成汉文，俾开风气之先”，继而“会中设立学堂”，培养西学农科人才，“再开设博览会，出重赏以励农民”。实行“纠集资本，以开足荒地”的企业化经营。难怪这篇农会宣言会引起吴趼人莫大的兴趣和注视，把“忧时君子”组织农学会的消息在他不久要发表的维新言论集《维新要言》纲领性的第一篇《保民》中透露出来，并要“不辜负创会者（忧时君子）的初心也”。①

这是吴趼人在不明香山孙文是革命党人的情况下，第一次也是仅有的一次在文字上对孙中山给予注意，尽管吴趼人当时完全不知道农学会既发展农务也是广州起义的秘密联络站。

1895年3月，孙中山、陆皓东、郑士良等人在广州双门底王家祠筹备成立农学会。孙中山正积极组织兴中会广州乙未（1895年）起义，因而此农学会便请兴中会员区凤墀模仿孙中山语气执笔征求同志书，但二十日后，起义失败。孙中山因从事革命活动被告发，引发清军大肆搜捕农学会员，陆皓东在会所牺牲，孙中山出走海外，广州农学会被禁。

五年后，1900年秋九月，吴趼人返佛山，第一次“道出香江”与诗人兰

---

① 吴趼人：《趼呓外编·保民》，见《吴趼人全集》第八卷，北方文艺出版社1998年版，第4页。

史先生（番禺潘飞声）“得图良晤”。尽管现时还没有发现吴趼人对失败的广州起义持有何种态度和立场的其他任何文字，但是作者在《二十年目睹之怪现状》第五十八回《陡发财一朝成眷属，狂骚扰遍地索强梁》，已发现他对此次起义态度之端倪。

小说写“我”在乙未起义前一日（三月二十五日）：

> “又从香港坐了夜船到省城”，整个广州早已风声鹤唳。沿岸码头关防严阵以待。“昨夜二更之后，忽然派了营兵，在城里外各客栈，挨家搜查起来，说是捉拿反贼。”作者又通过一个官员进入督抚衙守，描述当时官场之惊恐：“到了抚院，又碰上止辕，衙门里扎了许多兵，如临大敌。我问了巡捕，才知道两院昨夜里接了一个什么洋文电报，便登时张皇起来……那封洋文电报，说的是有人私从香港运了军火过来要谋不轨；已经挖成了隧道，直达万寿宫底下，装满了炸药，等万寿节那天，合城官员聚会拜牌时，便要施放……我吃了一惊道：‘明天就是二十六了，这还了得！’”

虽然，小说采用了一些夸大的传闻渲染起义前的恐慌气氛，也没有正面地展开描述，并在自评语中用“谣言”以掩饰这件事的重要意义，但小说还是以讽刺的笔调向社会揭示：香港殖民当局的“洋电报”向广东清政府告密，官府从外省调大队兵马防备弹压，督抚大小官员惊慌失措等不争的客观事实。显然这是有利于读者同情起义的革命党人，显示了维新变法时期的吴趼人，在武装推翻清政府和对待革命党人的态度上，由中立向革命前进了一步，区别于写作《剖心记》[①]时由中立向封建后退几步的晚期。可以说，这

---

① 《剖心记》第一回《增感触开卷述原因，卷孝友立身定基础》开头为皖抚恩铭辩护，认为徐锡麟被恩铭下人剖心致祭，大是合情合理。见《吴趼人全集》第三卷，北方文艺出版社1998年版，第519页。

时吴趼人在某种意义和程度上成了广州起义革命党人的同情者。

《二十年目睹之怪现状》由最初连载到最后完成，刊行单行本的时间相当长，各时期各章回所写作时作者的思想和心态的变化十分复杂，看来，在广州起义（限于侧面描写）这一章回上，吴趼人前期的现实主义战胜了他思想上的改良主义和君主立宪以及他家族传统“忠君爱民”中“忠君”的思想。只可惜这一刹意念如烟，转瞬即逝，仅偶尔闪现了几次而已。

第四节　多事之秋

自甲午前后至离开制造局这几年，吴趼人发生了连续几件不幸的家事，可以说是多事之秋。先是1890年秋，趼人二叔父炽福，因病客死任上。

吴炽福，字祺昌，号尔昌，生于道光二十二年（1842年），去世于光绪庚寅（1890年），终年四十八岁。幼随父尚志居京邸，监生。先为直隶巡检，后赴天津典史，因相隔一辈，又早外出为官，与趼人并未见过面。原配程氏，生二子，长子族名宝漱，学名君宜；二子族名宝灵，学名瑞堂。趼人把讣告以电报发给在江苏为官的三叔保福，但不料连发电报三封，石沉大海。逾月才有信说：我是穷官，与炽福早已分灶多年，人虽死，与我何干？趼人看了三叔的信，一下子冷了半截：亲情竟比纸薄，顿时悲从心来，泪流满面。无法之下，遂“乞哀主会计者假数月佣值，袱被北行”。

越年二月，附轮船北上，三月到天津香河之赤毛庄，先安置大弟君宜和小弟瑞堂，再北入京都，寻先兄寿世墓。追迹到粤人义园，但见荒草漫漫，已无可追寻。趼人哀伤不已，忆及父亲对自己说“异日能归其骨者，殆汝为是”[①]，心中内疚至极，前后写下《都中寻先兄墓不得》（八首）和《课

① 李葭荣：《我佛山人传》，见魏绍昌：《吴趼人研究资料》，上海古籍出版社1980年版，第10页。

弟》《将入都与君宜大弟剪烛话别时宿河西务》，“悲歌志之”。再行折返天津香河赤毛庄，“携二弟持丧南下（回上海），课瑞堂读书，君宜使肄艺于沪南制造局”[①]。趼人无兄无弟，只一个妹妹晓兰，现在一下子有了堂弟两人，心中自是高兴。

《二十年目睹之怪现状》第一百七回有这一段：“十多年前，就听说我叔父有两个儿子了，何以到此时仍是两个，又只得七八岁呢？我和叔父虽然生平未尝见过一面，但是两个兄弟，同是祖父一脉，我断不能不招呼的，只得到山东走一趟，带他们回来。”吴趼人把北上携二弟南下之事写入了小说最后一回，不过把地点天津改为山东。趼人在小说旁添有一段评语：“上回之觅弟为著者生平第一快事。曾倩画师为作《赤屯得弟图》。”[②]可见把此事写入小说确是出于怀念亲情。

祸不单行。1895年8月，在制造局学艺的大弟君宜，不幸“以微疾误于药石，遂致不起，于八月一日，先我（趼人）而死”[③]。趼人痛君宜竟遇无妄之灾。越年清明，带着君宜之弟瑞堂前来墓前吊祭，“哭之以诗，悲怆之余，不克成声也”，“临风一恸，情见乎词，得诗八章”，《清明日偕瑞堂展君宜大弟墓，用辛卯都中寻先兄墓韵》[④]，以志悲伤。吴趼人在传统道德之孝和悌上，皆见之性情，与其两个叔父辈孤寡之性情大异。

1896年春，吴家人（至少有母亲、姑、妹晓兰，堂弟瑞堂，可能还有母亲方面之亲戚）同游江湾“转运”。这个春游“转运”不是上海申浦地方的

---

① 《趼尘诗删剩》之《清明日偕瑞崇展君宜大弟墓，用辛卯〈都中寻先兄墓〉韵》（八首）序，见《吴趼人全集》第八卷，北方文艺出版社1998年版，第142页。

② 《二十年目睹之怪现状》第一百八回最后评语，见《吴趼人全集》第二卷，北方文艺出版社1998年版，第935页。

③ 《趼尘诗删剩》之《清明日偕瑞堂展君宜大弟墓，用辛卯〈都中寻先兄墓〉韵》（八首）序，见《吴趼人全集》第八卷，北方文艺出版社1998年版，第142页。

④ 《趼尘诗删剩》之《清明日偕瑞堂展君宜大弟墓，用辛卯〈都中寻先兄墓〉韵》（八首）序，见《吴趼人全集》第八卷，北方文艺出版社1998年版，第142页。

原有传统，据吴趼人说是“吾粤人之旅沪者，有江湾照宝塔之说，妇女辈信之”[①]。无疑此是广东人通过行游风景胜地，以达到消灾转运之目的，具有明显的实用功能的民俗。如佛山就有旧历年正月十五和十六之际“行通济，无闭翳”之说。届时几万人举着风车（纸和竹质玩具，意为运程转动）或手拿生菜（谐音“生财”）步行过通济桥。这样以人身在宝地持宝物上通过，使来年有灾消灾和转“运”，无灾顺风生财。南海人亦有行西樵山，广州人则行白云山（现改名为越秀山）以期转“运”。显然，“粤人春游江湾”是一种广东移民把当地“转运”的风俗，在异地上海申浦“江湾宝塔”的“移植”，虽内容已有相当大的变异，但在上海粤人妇女辈中已深信不移。

吴家众人至一庙，供观音。庙后垒砖做一矮塔，塔有门，五尺余，传从中窥之凶吉必有所见。庙前见壁嵌一碑，撰一孝女之事。趼人记起碑为蒋剑盟或蒋剑人撰，宝塔即为孝女墓。众家人面塔门跪拜，俯而窥。忽见白壁甚广，一“衣冠人”居中坐，未及辨清其貌，倏已不见。[②]是幻觉还是迷信，此“衣冠人”又是谁呢？先述省亲，再叙“衣冠人”，请耐心细看下文：

秋，八月二十七日夜，趼人接季父三叔电报：病危，召赴彝陵省亲。吴氏三叔吴保福，字兰舫，号艾山，生于咸丰癸丑（1853年）七月，钦加五衔江苏候补分府，曾任试用东河闸厅等杂差。其人生性势利，凉薄寡情，曾将趼人母子和升福之数千金吞没，趼人对此辈无甚好感。但究竟是一祖之脉所系，趼人心急如焚，即夜成行，亲友知己，不及走告，仅赋诗二首留别。这次和二叔去世一样，哪有盘资？情急之下，想起家中贵重之物仅有曾祖荣光遗下的几幅《吴荣光游踪图》。连夜与“买家”（借款人）商议，愿以《吴荣光游踪图》为押署券，贷为行资。吴荣光在金石书画方面颇

① 吴趼人：《孝女墓》，见《吴趼人全集》第七卷，北方文艺出版社1998年版，第258页。
② 吴趼人：《孝女墓》，见《吴趼人全集》第七卷，北方文艺出版社1998年版，第258页。

有地位，传说吴荣光一生做官，辗转多省，每到一胜景嘱善丹青幕僚罗星桥绘画一幅，画界早有所闻。幸而贷资者也是识宝之人，况且此画确藏于吴中丞后人手中。

吴家逆长江而上，过黄鹤楼，有诗《眺黄鹤楼故址》云：“一水便违凭吊愿，半生曾许卧游来。”推之，估计吴氏曾看游踪图时许下誓愿，生平欲要沿着曾祖游踪之线路，对曾祖做一番凭吊。又有《舟过晴川阁》诗，迎风追波，经武汉时，遥看晴川阁在龟山脚下。诗中有“最是关心游踪图”之句，事因心中最珍爱之物放在别人手中为质，实是放心不下；旅途中另外二首《鹦鹉洲吊祢正平》《虎牙滩》，[1]以思想性论，属于吴趼人诗歌中最好的几首，在戊戌变法之背景下，更是具有特别意义。

直抵宜昌后，据吴趼人述说：“踉跄入公馆，则堂张孝幔，遗像中悬，俨然孝女墓中所见也。”就是说，春游那天晚上“江湾照宝塔”的孝女墓中“忽见白壁甚广，一衣冠人居中”，那个“衣冠人”就是趼人三叔父吴保福。

人一生讲一两个神鬼荒诞之事不奇怪，但事关亲人，觞丧严肃，且言之凿凿，真有点看不懂，匪夷所思。

趼人自从在制造局画图房学习科学知识和数理工艺始，坚信科学，反对迷信。他在笔记小说《中国侦探案·凡例》说：“我国迷信之习既深，借鬼神之说以破案者，盖有之采辑或不免及此，然过于怪诞者，概不采录。”[2]

据此文字，其反迷信决心与水平绝不亚于今人。他又在另一书《维新要言·开矿》一文中，痛斥风水之害国殃民，态度更加坚决：“宜下令凡有风

① 《眺黄鹤楼故址》《舟过晴川阁》《鹦鹉洲吊祢正平》《虎牙滩》四首诗，见《吴趼人全集》第八卷，北方文艺出版社1998年版，第145—147页。

② 吴趼人：《中国侦探案·凡例》，见《吴趼人全集》第七卷，北方文艺出版社1998年版，第69页。

水之书，限日输诸官，当众焚毁。”①

从童年始，趼人就被佛山人好拜神鬼和好觋（如打小人等）的习俗所包围感染，浸淫在城内一百几十个大小神庙香火弥漫的气氛之中，大街小巷都是占卦、算命、看相之流；小时便参与过吴氏各房二世祖和败家仔玩沙盘扶鸾的迷信活动。这是他头脑中神秘主义的一个来源。甲午前后接二连三的叔父辈去世，加之思想苦闷，心中之郁结和懊丧无以宣泄和排解，神秘主义再度滋长。据吴趼人在《趼尘笔记·射覆》自述：“甲午、乙未间，与楚雄何景唐比邻居，岑寂无事，学为卜筮。于是《易林》《易隐》，纵横满案。”②这是吴趼人神秘主义的又一个来源。

主张改革、学习新科学、新知识和愚昧、迷信、神秘与陋俗，两者本应矛盾和冲突，彼此无法相容。但现实中却共处和融洽地处于吴趼人的思想和行为之中。他有一个血气纵横、念想如光、思维如电、活生生的大脑，思想中矛盾的多元因素，霎时彼此消长，时分时合，错综复杂。这个过程之一面、一事、一言、一行、一意念，常因与我们先前的所知的不同或相反或未见而无法归纳到我们分类的框框。这种“双兔傍地走，安能辨我是雌雄”，或“泾渭未分明”，或“无以名之”的丰富性和动态性，往往会发生在过渡时期的转型人物身上。吴趼人不是一个理论家，但却是一个敢怒敢言、敢于暴露内心、敢于反省、勇于探索的性情中人。他不时给思想披上极端情绪化的言论外衣，往往使人感到忽冷忽热，或又如夜空的烟花色彩缤纷，更加让人捉摸不定。正如上述在思想中神秘主义与科学知识观并存的例子一样，吴趼人思想的变化显示出过程中的双重性、多重性、动态性和所表现无限的丰富个性的过渡性。

① 吴趼人：《趼呓外编·开矿》，见《吴趼人全集》第八卷，北方文艺出版社1998年版，第24页。

② 吴趼人：《趼尘笔记·射覆》，见《吴趼人全集》第七卷，北方文艺出版社1998年版，第219页。

第七章

从“破茧”到“补天”

第一节　形势逼人

如果说1895年甲午一役是民族大梦之初醒，那么“公车上书”就是揭开社会启蒙和维新变法运动大潮的序幕。假如说北京强学会和《中外纪闻》诞生是兴起之第一步，那么1896年上海强学会创刊的机关报《强学报》，以及稍后黄遵宪和梁启超主持在上海创刊的《时务报》，将上海推到维新变法的舆论中心。

1897年开始，上海一下子涌现出《实学报》《求是报》《农学报》《新学报》《格致新报》《工商学报》《集成报》《萃报》《译书公会报》《演义报》《女学报》，加上专为学生课外阅读的《通学报》《蒙学报》《求我报》等，具有维新变法倾向的报刊共三十余种。[1]新闻舆论刊物，如雨后春笋从地下一下子钻出来，确令吴趼人兴奋不已。虽然花开全国各地，但较集中在京津、港澳和江浙地区。一时间，东南沿海各地报刊围绕上海，众星捧月。各种崛起的民间学会、学堂、会议亦如火如荼。以梁启超为首涌现的二十多个著名维新报人与群报交相辉映，灿若群星。正所谓“马关掀翻千层浪，公车奏起大风歌”。

于是乎帝党、后党、洋务家、野心家、真假维新派、洋教士、列强代理人，忽聚忽散，迂回奔走各端；龙蛇、泥沙、泡沫、沉滓，都在幕前幕后；以利益为最后依归，不断地预测、修正自己和变法利害关系的前程。这一切使每天都密切地注视形势的吴趼人，感到形势莫测而浪潮扑面。

另外，外事形势更为危机迫人。从德军寻衅强占胶州湾，帝俄舰队又强占旅顺、大连之险恶来看，列强瓜分豆剖之势，日益加重。

于是，吴趼人觉得最有必要做的有几件事：

---

① 马光仁主编：《维新诸报风起云涌》，见《上海新闻史》，复旦大学出版社1996年版，第124页。

其一是消化康梁维新变法理论，如上皇帝书、上海强学会章程和《强学报》、刚出版的《时务报》，以及以往锐意革新名家的文章，如冯桂芬的《校邠庐抗议》、郑观应的《盛世危言增订新编》、薛福成的《筹洋刍议》、汤寿潜的《危言》……以前虽也看过，多是不甚了解，吴趼人强烈地觉得现时的读后感受与之前有天差地别，有些章节字字珠玑。

其二是以笔做枪，投身大潮流。据吴趼人自云：“丁酉戊戌间，闭户养疴，无所事事。时朝廷方议变法，士大夫奔走相告，顾盼动容。久已不欲外出应酬，日唯取阅报纸，借知外事。暇则自课一篇。”①

吴趼人虽时有咳病发作，只能闭户养疴，但变法兹事体大。打开沪上各报，山雨，狂风，呼啸欲来。在急风雨箭中，仿佛看见两个同乡康梁之身影，甚至君主也动容慨叹……正是这股潜伏已久的惊天大潮，以民族独立、变法图强为磁力场的中心，以反帝爱国为巨大的吸引力，号召着中国千百万的知识精英前赴后继……吴趼人终于按捺不住，跃跃欲试，决以病躯投笔献策，参与激动人心的变法运动。

激动不等于幼稚。经过制造局这个特殊浓缩的官场和社会十年之历练、锻打、压制与煎熬，吴趼人以切身的体会，深知改革祖宗成法之危险。如改制一策，对方早视之为取其身家和性命，于是暗算陷害，围攻群殴，誓欲置之于死地；非有不怕孤立，蔑视群丑，高傲狂勃和战斗到底的英雄气概才能从精神上压倒对手。其悲壮与惨烈，若不以日后文字记载多寡计算，仅以触及灵魂的思想影响力来衡量，实不亚于一场百万大军血肉横飞的决战。

上述并非猜想，光绪二十二年（1896年）八月，距离投笔发表政论文章前几个月，吴趼人就做足了思想上和心理上的准备。

---

① 吴趼人：《趼呓外编·序》，见《吴趼人全集》第八卷，北方文艺出版社1998年版，第3页。

第二节　破茧而出

1895年是吴趼人思想大梦初醒的开始，而1897年则是吴趼人职业和生活道路的一个重要抉择和转折点。这个转折就是破茧而出——冲出制造局！这是吴趼人接受了进化论、维新变法思想，人生观、价值观发生截然变化和视野开阔的必然结果。

九月，吴趼人已与制造局若即若离。京沪和各地变法较前更深入一步。一方面，维新派组织各种学会、会议，网罗人才，如火如荼；而《时务报》《知新报》畅行知识界，无人不知，梁启超一支笔，风靡大江南北。另一方面，康梁策动上层，结交公卿，布局上奏、上书，影响帝党和光绪皇帝，极尽呼风唤雨之能事。

吴趼人虽离开制造局，职位去向已经敲定，但具体上任时间尚未最后获知，自己的闲散状况与目下如火如荼的变法形势反差极大，但社会人事，非一时之争，又无可奈何。他心事重重，感叹万分，便与友人出游苏杭。“中秋之夜，适在旅舍，对月闷坐”，[①]月光如水。

回顾吴趼人久滞在制造局被压制的那种毫无希望、乐趣的生活，倒也像作茧自缚，其中也包含十年来习惯了因循守旧的因素。在人浮于事的庞大官营腐败管理下，像绘图这么弹性的工作，懒散与否都可以按时发皇粮，还可以接私活。人就是这么个动物，千辛万苦要离开，一旦真的离开，就会寻出它各样令人不舍的好处。但是人更不能在困局之中僵而不出，石化而死，必须在社会大变局中寻找和开拓更大的个人价值空间，从而做出最明智的抉择。

1897年秋，32岁的吴趼人终于离开了整整待了14年的江南制造总局，这

---

① 吴趼人：《食品小识》，见《吴趼人全集》第八卷，北方文艺出版社1998年版，第226页。

是他人生第一次“破茧”而出，也是破局而出，十二月正式走马上任《消闲报》。

吴趼人文理双全，但为什么要不惜放弃理工，割舍当绘图师的高薪大好前途而投身报界呢？

报社薪低，勉强可以养家糊口，可是报纸是日间发行，夜晚编辑时常通宵值班，辛苦异常。当然，这种选择虽然和个人偏好、特长有相当关系，但更主要的原因应是在变法高潮到来时，为了更直接地表达对国计民生的忧虑和改良社会，因而吴趼人为人生进取精神所驱动决然应命新兴小报行业的挑战。

之所以投身报界，自然还有一个吴趼人没有表明的原因：方便小说写作。吴趼人自少年始，就厌恶科举，偏爱走杂学、俗文学一途。从他日后对被朝廷举荐经济特科的冷淡和对章回小说、小曲、木鱼、地方戏曲等的熟识的程度，可以看出他是十分喜爱和擅长通俗文艺。如今的杂志、小报，其内容包括小说、诗、词、曲、赋、逸闻、灯谜、笑话、游戏、寓言、木鱼、南音……文艺气氛浓厚，特别是热辣辣的生活气息扑面而来，一下子打开了吴趼人与社会各阶层特别是五光十色的市民沟通、体验之路。这对正在做小说试写准备的吴趼人是无可比拟的巨大诱惑力。如此说来，一个人职业、事业和生活道路的转变，并不是仅有一个方面的主要原因，是多方面、多因素的同时协同作用，有时代、社会因素，也有个人条件、动力、机缘以及思想、视野等。

报人这一职业，是传统社会分类士、农、工、商四阶层所没有的，近代才产生了这样的一个特殊独立的自由知识分子职业群体。由于近代中国先有外国人办报，因而先有从事外国人所办报纸的中国报人，后才出现中国报纸。中国报纸早期发展十分缓慢，直到维新时期才大量出现，可以说形成了所谓“报人”的职业群体。

吴趼人所从事的文艺小报更是一个新兴的门类，因为中国第一份正式的小报《游戏报》诞生于1897年6月，同年9月《笑报》继而创刊；11月7日

《演义白话报》创刊。

1897年11月24日，《消闲报》正式刊行，也是吴趼人上班第一日。这三份文艺性的小报都是仿效好评如潮的《游戏报》。逾年，三四十种各式小报如雨后春笋在上海出现，一时热闹非凡。

李伯元所创刊的《游戏报》成了小报中的众星所捧之月，是天之骄子。这种形势岂是吴趼人六年前在制造局如“茧中一仁，死且僵矣”的形势可比。那时国人自办报纸只有寥寥几份，报界是外人之天下，更不用说文艺小报与文艺期刊了。

更想不到的是，19世纪五六十年代的太平军建都南京和攻打上海，以及上海小刀会起义，这三件历史事件所起的“蝴蝶效应”，造成了大量的江南绅士移民和城内居民大量进入上海租界。这些具有较高文化素质的“衣冠右族”，不但取代了上海本地居民，成为压倒性的多数，也进一步改变了上海市民的文化素质和成分。自然另一种效应就是打破了上海原来“华洋分居”的居住结构，形成了“华洋杂居”的局面，从而奠定了近代上海社会市民构成的格局。这种格局变化不但为上海经济添上几百万银元的华人资本，还在社会生活的繁荣和市民文化的衍变上发生举足轻重的作用。[①]上海小报文化的产生、发展和上海小说水平独领风骚数十年，以及晚清掀起谴责小说的高潮都无不深深地依托于甲午前后所新形成的独特的上海市民文化——江南士大夫文化和上海商业文化融合的结晶，绽放着美丽、多彩、绚烂的城市文艺之花。

吴趼人加入小报报人行列，正是梁启超鼓吹“小说革命”的前夕，正是上海市民文化最早显示和放射出独特魅力的文艺繁荣时期之始。

---

① 陈伯海、袁进主编：《上海近代文学史》，上海人民出版社1993年版，第2—88页。

第三节　第一次“补天”

在国家形势“方议变法”的非常时期，吴趼人决意投身维新大潮，终于把多年对当局的强烈不满、批评和变法相结合，在上海诸报发表了数十篇政论，时为光绪二十三年（1897年）至光绪二十四年（1898年）间。

未几，戊戌政变，维新派六君子血洒菜市口，康梁潜逃海外，其他维新志士一片落荒与狼狈。变法失败，趼人早有准备，镇定如常，他搜集自己在上海各报所发表过的政论文章，如受伤勇士战败后清点所射中之箭垛，以励再战，计60篇，自署为《趼呓外篇》[①]，意为过去自言自语的梦呓，很有点自嘲的味道。

《趼呓外篇》目次如下：

序言

上册（卷一）：

保民、制度、说刑、说法、教仕、孚信、议院、游历、治河、略分、成见（附录：不自歉漫存）、开矿、律师、出洋、定例、国用、节用、征书、厘金、铸银、自强、圆法、邮政、洋税、公司、专利、劝农、酒税。（附录一篇不计，共29篇）

下册（卷二）：

军政、将略、团练、水师、陆军、火器、炮台、专权、观战、渔团、间谍、储才、译书、考工、制造、购料、验货、包工、学生、用人、私造、报销、格致、历数、管仲论（附录旧作：袁子才《论语解》）、商鞅论、曾参论、刘晏论、异端辩。（附录一篇不

① 吴趼人：《趼呓外编》，见《吴趼人全集》第八卷，北方文艺出版社1998年版，第1页。

计，共31篇）

上、下两册（卷一、卷二）不计附录共60篇，连附录计共62篇。

两册洋洋大观的改良社会之法，涉及政、工、兵、学、商、金融等制度和意识形态的方方面面：如何初步转向效法西方政治民主化制度实行君主立宪制，如何以商立国发展民族资本主义工业，形成了具有吴趼人特色的第一个完整的维新“补天”方案（“补天”用语见吴趼人《新石头记》）。

吴趼人在《趼呓外编·序言》中说：“时朝廷方议变法，士大夫奔走相告，顾盼动容。”

又曾有感：“甲午之役，创巨痛深，变法图强，此其时矣。”

这完全表明从“甲午之役”“公车上书”到“百日维新”，吴趼人处于极为严肃地关心着国家前途和人民命运的思考之中。

此60篇政论，出自制造局画图房一个普通绘图工之手笔，其大志与史识，气度与见地，魄力与博学，胸怀与志向，令人感慨，的确远见卓识，难能可贵。要不是在江南制造局中蜗居屈就十四年，成就更不可估量。然而，怎样评价这半个思想家的60篇维新政论呢？应该回到那个时代和当时环境，实事求是。

60篇政论，除《保民》和《改制》外，几乎都是就清政府某个具体的方面、政策、问题发表改革时弊的方法和意见。公正分析而论：深度不足，气魄有余。从根本要害上说，由于作者对西方政治制度知识和运作层面的了解极其有限（如什么是立宪，对君主有什么束缚作用，如议院究竟于国体有什么作用，等等），因此作者无法用开放和先进的世界眼光去讲述和阐明世界上已成功那一套君主立宪政体和先进的政治制度于民于国究竟有何益处，因而举例和论述依据离不开想象中的乌托邦——上古三代，先秦诸子。正因为不以西方先进的政治文化理论为主要批判武器，故此大多论述不离洋务之窠臼、中体西用和“古已有之”那一套。因而具体实施的方法，虽极具参考，但失却了先进性的光彩，实际上大多数方案，模糊地取之古人，方法又难于运作。上述原因和吴趼人长期在底层工作的经验和其思考角度，对欧美国情了解的局限，以及改革方法的实施运作的复杂性，使这60篇的政论对读者的说服力和实际的影响力大为削弱。1901年有书商曾以《政治维新要言》之书名，结集出版，在当时历史和社会上的反响平平，便可以说明一二。这是一个方面。

另一方面，从60篇的编排序次，可以看出：开章两篇《保民》和《制度》①极力阐明这次变法运动的根本和指向。第一，“保民”是维新之本和国家改革的最终依归；第二，在君民共主的前提下，以改革政治经济体制为变法的首要目的，归根结底是改善人民的生活，最后也是为了国家的基石——人民。这是吴趼人32岁时所发表的一套极具时代色彩和最具有价值的变法纲领。

在《保民》篇，吴趼人首先指出：生齿甲于寰球各国的四百兆之众的中国人民，正处于“饥馑载道，流亡相望”之中，而国家又达至“民穷财竭”的极地。为什么呢？责任不在英明神武的君主，而是把《会典》专条法规看成“具文”而不知保民的众“官吏耳”。

“四百兆之众，人人欲济之”，很难吗？

不难。要害在于“今泰西诸邦以商立国，中国既与互市，而不知振兴商务”，难怪白银每年流向外洋巨万。这不是设个商务局、举一两个员董可以解决问题的。西方商务多是由下而上兴起的，国家还要向商人借资和津贴。而我们商民不懂也不信商务局章程，又不知有局存在，商务局又不去扶持，局方全是些不懂商务之人，真是“犹驱南辕于北辙”，哪里是帮助商民呢？

吴趼人又指出：“然则欲保民者，其先开民智，开民智最捷者，莫如学堂；振商务最捷者，莫如工艺（工业专长）”，设工艺学堂。“闻今之设工艺学堂者，为教养贫民而设也，规模狭小，器量不宏”，只使人足以求食。

---

① 吴趼人：《趼呓外编》之《保民》《制度》两篇，见《吴趼人全集》第八卷，北方文艺出版社1998年版，第4—10页。

若工艺学堂能使每个人学习到声、光、电、化、算学各技，以至变幻无穷，才能“与泰西争胜也”。

非常明显，吴趼人心目中最重要“保民”之“民”，就是需要知识，需要科学技术，需要壮大扶持欲与泰西争胜但幼稚弱小的中国资产阶级。虽然，吴趼人“保民”内中含义与吴荣光“爱民”的思想遗产有关联，但又有时代所赋予的新的内容变化。这又与吴趼人在19世纪90年代接受郑观应的“商战”观点，与发昌厂的少东家、年轻的民族企业家相交往的经历有极大的关系。

在全部60篇政论之中，《制度》以敢于蔑视清廷最高当局，痛斥当权者而战斗性最强。吴趼人写《制度》时，如同面对当权者，加上坊间传出的朝廷荣禄等五大臣在中南海西花厅质问康有为的对话令吴趼人振奋不已，因而，其文虽远隔110多年之久，当时火药硝烟之味，现读之仍可嗅到：“帝者立国，创为制度，以为政治之纲，为子孙之法，世世相守，莫敢或违。然而恪守者，事之常；权变者，事之势。”

文章开头，把动静恒常之理作为立论基石，严谨有力。接着，矛锋对准荣禄，反诘他问康有为第一句话：“动为拘迂之臣百计挠阻，辄以祖宗成法不可或违为词。”切责严斥。然后鼓如密雷，如祢衡“击鼓骂曹”：“呜呼！此辈侏儒，拥厚禄，秉国钧，保禄固位，因循误国，苟且迁延。”

傲斥群丑，痛快淋漓，实质心情极为沉痛。“植党既深，去之匪易。”思索也极为深沉。

吴趼人五内感伤而迸发：“豪杰之士所望见而痛心者也。”

这篇祢衡式的战斗檄文，不但显示了《趼呓外编》的作者对康梁变法思想和天子“与天下臣民共图富强之业”，表明了衷心的拥护，而且对康梁变法宗旨、步骤的推行和保守势力的顽固、强大，有相当深刻的了解。这是吴趼人自甲午之役后，以新的资产阶级进化观和政治观重新观察弊病丛生的晚清社会的思想飞跃。

吴趼人再次明确指出：“今天子幡然变计，独振乾纲，与天下臣民共图富强之业。维新诸臣辄以西学进。”

吴趼人在拥护君主英明变法之同时，大声疾呼：“维新之始，当以改制为先图。”

把改制之剑直指官员们利益性命攸关的中央和六部所属官制；把名不副实、尸位素餐、毫无效用、不能反映形势发展的官制全盘改造；把板斧抡向捐纳，抡向从道光起就已经成为国家收入重要来源的恶制。此千年不死之病灶，几乎始于江山而起，伴于皇朝腐朽而灭。仗几个臭钱，“朝解腰缠，暮得授职，衣项自雄，横行乡里”，尔后“则预计捐纳之资几何，贿赂之供几何，权量出入，为利几何，必斟酌妥协而为之”。吴趼人呼吁且责问：宦情如是，宦途之途还要问吗？今之吏治大坏，实为捐纳所致呀！

那么，怎样改革官制呢？吴趼人写道：一、把道、府、牧、令之称，全部废止削去！二、代之以对品与之，如商务几品官、洋务几品官，“令得专办其事而尽其所长”，把不知所谓的官品、官职、官名，通通一扫而光！代之以实事加品级，见者明白。旧官制是皮，科举是毛，皮之不存，毛焉存哉？！

一个初生牛犊，一旦拿起先进的思想武器，没有什么千年官制、万年科举、捐纳如老树盘根砍不得，在血气方刚的吴趼人眼中，凡是改制变法宏旨所到，除了皇权之外，如张飞在长阪坡手握的丈八蛇矛、关公温酒斩华雄高举的青龙偃月刀，一切皆可砍他个人仰马翻。

吴趼人这套改革方案分别汲取了社会上知名维新思想家郑观应、冯桂芬和薛福成策谋改革的思想养分，特别是郑观应的重商思想和商战观念。这些维新进步的观点和理念一旦与吴趼人思想上的爱国主义结合，便成为他后半生参加晚清国货运动的理论指导，奠定了他1905年7月投身反美华工禁约运动“商战”实践的思想基础。

戊戌变法是一次近代的社会启蒙运动。这个运动的伟大之处在于改造人和新民，它能将一个连秀才也不是的工厂普通绘图工、一个老百姓、一个满腔热血、具有聪明才智而不满当局、欲报国而无门的年轻人，靠自身不断地学习、积累和不断进取，在“甲午一役”的梦醒之后，紧跟时代的步伐，在“公车上书”后不久，接受了康梁的维新思想，成为一个自觉积极的康梁维新派。凭着这一点，他提出带有个人色彩和时代特点的全套维新变法方案。尽管这套变法方案在现在史学方家的眼中，显得幼稚、肤浅，或有些篇不能细读，但是，与同时代人相比，至少可以说，年轻时代的吴趼人以十分勇气、十二分努力，不断自觉地靠近中国近代历史最先进思想潮流的前沿。

1895年至1897年，吴趼人特意到上海（也是全国）最早开办的一间照相馆，拍摄了一张拿帽子挥动、笑容可掬的全身照，并在照片上题诗一首《以西洋摄影法摄得小像，笑容可掬，戏题此章》：

傲骨何嶙峋，惯与世人忤。
尔志虽高尚，尔遇乃独苦。
一蹶复再蹶，于尔究何补。
或因太违俗，转为俗客侮。
赧然试一笑，竭力学媚妩。
从今见路人，路人或为伍。
还我真面目，壮志达千古。

题诗有幸让现代读者一睹晚清时第一代新小说家的风华英姿。诗人在不经意之间充分表现出不惜与世人忤逆和独立特行的个性，采用最直白的手法袒露他内心压抑不住的时代叛逆精神，也是吴趼人在前一首《鹦鹉洲吊祢正平》的诗句中，誓做现代祢衡的最好形象的注脚。

该诗和照片，是吴趼人这一生中叛逆性最强和最意气风发的一个历史纪念以及人生中最好心情的写照，可以看作是吴趼人一个“傲骨嶙峋”的墓志铭。

第八章

在小报花丛

第一节　初襄《消闲报》

吴趼人到报界后之进步和发展，与在此期间认识的报人先锋、小说家李伯元大有关系。

李伯元，名宝嘉，字伯元，别号南亭、南亭亭长、游戏主人、讴歌变俗人、竽香等，江苏武进人。曾中过秀才和纳捐候补，是上文说过的“衣冠右族”，受过良好传统教育，属于文化素质较高的江浙士大夫阶层；典型的科举叛逆型的知识分子，早年看透了科举和官场，无意功名。

1896年初，30岁才华横溢的李伯元移家上海，开始长达十年的办报生涯。6月受聘于《指南报》，开中国文艺小报之先河。翌年6月，创近代第一份小报《游戏报》，开创登载小说、传奇、弹词、寓言、小品、议论、谐杂、赋曲等报刊之分类格局。内容当然少不了品花香艳之作，为近代第一份且成功的文艺报纸，其风靡程度实与《时务报》一先一后交相辉映。随后，各式小报陆续仿效，佼佼出世，如彩蝶纷飞。这对跃跃欲试的吴趼人来说，苦苦等待的就是此间能够锻炼身手和展露才华的机会，然后，再迎头赶上。

日新月异、百花齐放的晚清上海文化，不但要有开创文艺期刊局面的李伯元，还需要有在报丛浪头弄潮的吴趼人。

1897年秋，吴趼人终于离开了滞留了十四年之久的江南制造局的画图房。

1897年11月24日，《消闲报》在上海创刊，吴趼人正式走马上任，襄该报笔政约半年。

这是我国第一张正式的附页式副刊。以往《游戏报》（初期）和《趣报》《采风报》等副刊小报，并无主笔，文字上未能独立于大报。直到《消闲报》的出现，才开始由不完全形式的副刊向完全形式的副刊过渡，其文字地位终被大报所承认：副刊是报纸组成不可缺少而又独立的辅助部分。

吴趼人工作是辅助主笔高太痴，使副刊每天正常无误地随母报《字林沪报》附送发行。初创时为一小张，曾改为长条形，再改为四开两张。

《〈沪报〉附送〈消闲报〉启》有云：

> 首例骈散文一篇，其后新闻若干则，标题俱用对偶。所载上自国政，下及民情以至白社青谈，青楼丽迹，无一不备。要皆稀奇开笑，艳冶娱情，殿以诗词小品。盖各日清闲，真可遣愁、排闷、醒睡、除烦也。[①]

真可谓一份吸引上海新兴市民眼珠子、色香味美俱全的八卦新闻小报。《消闲报》文类颇杂，下面只简析其中与吴趼人有关系的两个类别。

一是连载小说。1897年11月24日创刊至1899年2月3日间的《消闲报》，“登载了三种白话章回小说，为近代原创连载小说之嚆矢。其中的两篇《天仙茶园有鬼记》与《四大金刚》，可考证为吴趼人手笔。《四大金刚》后来经过补充撰写，结集为百回的《海上名妓四大金刚奇书》”[②]，是吴趼人带有试写性质的第一部长篇小说。

二是讽刺谐趣杂文，最有价值的是讽刺守旧人物和官场人物的惹笑场景，如《守旧鬼传》《烟花先生传》《拟女权会章程》《八股会章程》《官学会章程》[③]，以底层幽默的方式来发泄市民对社会黑暗面的不满情绪。其生动活泼，千姿百态，为几千年文人大雅之堂的贵族文化所无。这类近代原生态的底层作品，至今来搜集整理出版。

据北京大学何宏玲先生考证，吴趼人在1897年11月26日至1898年2月16日，在《消闲报》工作时期，发表过下列杂文以及补白：[④]

---

① 阿英：《晚清文艺报刊述略》，古典文学出版社1958年版，第66页。

② 何宏玲：《最新发现的吴趼人佚文》，载《明清小说研究》2006年第1期。

③ 魏绍昌主编：《中国近代文学大系史料索引集》，上海书店出版社1996年版，第187页。

④ 何宏玲：《最新发现的吴趼人佚文》，载《明清小说研究》2006年第1期。

（一）1897年11月26日《方言记》，署南海吴趼人稿。

该文探讨了上海人与广东人互损时所用之词语“呀呀呼”。（按：此语在广州20世纪40年代之前民间常用。用此话时多伸出一只手之尾指，意指排名最末。泛指最差、差劲之类，来源可能是早期粤剧舞台上的桂林官话，鸦片战争后，粤地移民在上海渐多，粤方言自然盛行开来；又或粤剧在上海盛行时而传开。上海人是学粤人损人之方言反其道而行之。）

（二）1897年11月27日，标题《吴茧人奇谈二则》。用意为戳穿节妇的道德虚伪。

（三）1897年11月28日，题目《林姬传》。此文意义不大，反映了吴趼人在制造局时期的私生活。

（四）1897年11月29日，标题《吴茧人奇谈二则》。

（五）1897年12月4日，题目《木头人》，署茧人稿。讽刺不肯与西贾做生意，抱残守缺者。末云：“赞曰：吁嘻，此公经书满腹，有权无衡，守真抱朴，事变相乘，莫措手足，梓人见之，叹为朽木。”

（六）1897年12月8日，标题《吴趼人奇谈二则》。

（七）1897年12月10日，题目《驳袁子才〈论语解〉》，署南海吴趼人附识。

（八）1897年12月10日，题目《释奇疑》。用刚学来的自以为是的进化知识，来论说天地初开时有没有“盘古”。

（九）1898年1月1日，题目《羞口难开》。此文有一段云：“前日本报直陈《游戏报》之非，而彼报绝无一字之复……”此事作为两份报纸约好“相斗”的噱头，借此来吸引读者。《游戏报》当时如日中天，各报唯恐仿效不及，哪里敢不识时务，敢直陈《游戏报》之非。

（十）1898年1月6日。1. 题目《食品小识》。此文为上年丁酉仲冬写的补品广告文。过了不久，1898年春，《奇闻报》也刊登吴趼人《食品小识》。此后，收入陈无我《上海逸事大观》，改题目为《我佛山人与燕窝糖精》，是吴趼人第一次撰写广告。当时不少人在“君子不言利”和蔑视商业的陈腐观念下，不以为然。相反，吴趼人18岁从商业气息十分浓重的广东佛山镇赴沪而来，收取润笔，十分自然，不以为忤。2.《吴茧人奇谈三则》。其中第一、第二两则应予以注意。

夏鼎商彝，价值千金，诚异宝也。然陈设厅事，徒供玩好，恰无所用，泰西人乃引之以例中国执政者。

矛头对准养心殿和颐和园，影射执政如夏鼎商彝，泰西人之泥俑木偶，只是陈设玩好，一无所用，讽刺中国执政者，素养之低下。

咸同间发逆猖獗，湘淮子弟崛起行伍，一时以战功晋二品秩者，不知凡几。先君子曾有句云：世间不少珊瑚顶，杀得人多血染红。

这是吴升福留给儿子之语录。吴趼人之父，我们了解不多，今次发现儿子记住父亲这句，讲出人人不敢说和不敢听的事实，令人吃惊。在吴趼人出生之前，特别是一、二品大员升官，是靠下属屠杀太平天国农民起义军的性命多寡而得以步阶晋爵的。

这二则奇谈语气冷峻、言辞锋利，指桑骂槐，像两支在空中嗖嗖飞驰的长矛，杀气凛然。吴氏杂文刺向从政者的犀利风格和特色基本形成。

（十一）1898年1月11日，题目《误认挽联》。

（十二）1898年2月2日，补白一则，署吴沃尧，兹录如下：

余自二十五岁后改号“茧人”，去岁复易茧作趼，音本同也。乃近日友人每书为趼人，口占二十八字辨之：姓字从来自有真，不曾顽石证前身。古砚经手无多日，底事频呼作趼人。

“顽石”一词，表面说“趼”是足字旁不是石字旁，但“证前身”却透露出吴趼人内心深埋的意念：我本是贾宝玉一样，意在“补天”，但“前身”遇女娲遗石弃才，但若有机会，还是要“补天”的。“顽石”终于变成“古砚”，正在协助吴趼人每天注视变法发展状况，撰写维新变法之文章。

（十三）1898年2月16日，题目《杨枯连逸事》，无署名。

似吴趼人手笔，述一花县苦力因诚实终得好结局。更因此文与《二十年目睹之怪现状》第五十七回《充苦力乡人得奇遇，发狂怒老父责顽儿》对比，完全可以判断小说的五十七回是由《杨枯连逸事》扩展而来。

（十四）1897年12月16日，补白一则，是该报周病鸳主笔所写。

重要性在于透露出吴趼人在《消闲报》时，曾有一本茧人自署签书带行草的《茧暗诗稿》。

以上14则是有关《消闲报》刊载吴趼人文献和活动的发现。

吴趼人在《消闲报》初期，工作虽是辅助主笔，但他强调民众调节业余生活，轻松养息之精神功能；也注意到“启其聪明”“开其智窍”之理性方面；并着意副刊特殊的传播手段，以趣味文字和设计上的通俗活泼，“诙谐易入”，把发行对象扩展到三教九流、男女老幼和所有识字的人，摆脱了早期副刊性质的文字只适宜文人圈子的局限性。

吴趼人在编辑《消闲报》的同时，也开始为《游戏报》撰稿，并积极投稿李伯元主持的“海上文社”，由此而结识李伯元。

以上仅从吴趼人所刊载的小说和杂文来看，《消闲报》实不愧如戈公振所言，是能“与大报副张颉颃者”。吴趼人在此报虽只是小试牛刀，却也顿感“英雄大有用武之地”。

此时除李伯元对他有较大影响外，在《消闲报》“与嘉善张苇芝共晨夕，相对评论时事，皆喜为诡谲之谈”。此人为文嬉笑怒骂，诙谐风格不可忽视。茀芝曾戏集“四书”为八股体，以刺从政者。题曰：《俗吏篇》。[①]

这是一篇对吴趼人如何吸取小报同行的幽默营养、形成自己独特战斗性的讽刺风格具有重要参考价值的文章，全录如下：

俗吏篇

今之从政者何如？古之所谓民贼也。夫学而优则仕，于从政乎何有？不能正其身，谓之殃民，国人生曰可杀，唯何甚！昔者窃闻之，君之仕也，行义以达其道，其君用之，国治而天下平。是故在上位，在下位，道不同，尽心焉耳矣。古之君子，诚如是也。今之君子，异乎吾所闻。朝廷莫如爵贵，人所欲也。吾何为独不然？虽然，则常闻之矣：天子使吏治其国，有官守者，有言责者。忠信重禄，所以劝贤也。不以其道得之，耻也。君子尊贤而容众，有民人焉，有社稷焉。仁义礼智，所以劝百姓也。见贤而不能举，命也。今也不然，有贱丈夫焉，嚣嚣然曰：诵其诗，读其书，日省月试，难矣哉！吾拂为之矣。去其金，求则得之，犹运诸掌也。践其位，行其礼，胁肩谄笑，有是哉？天下皆是也。观其色而不耻者，是诚何心哉？听讼，升堂矣，无财不可以为悦，以掌叩其胫，方六七十，如五六十。怨乎？彼将曰：自取之也，又何怨！鄙夫，无知也。有土此有财，放于利而行，馈五十镒而受，馈七十镒而受。虽多，彼将曰：以身发财，不多也。得志，居移气，养移体，食前方丈，般乐怠傲，无所不至矣。不得志，一箪食，一瓢饮，衣敝缊袍，放僻邪侈，无不为矣。今居中国，东夷之人也，西夷之人也，欲僻土地，有大人者，空空如也。曰：和为贵。当今之世，加之以师旅，因之以饥馑，野有饿殍。有司者，怡怡如也，曰：吾不能。

---

① 吴趼人：《集〈四书〉句》，见《吴趼人全集》第七卷，北方文艺出版社1998年版，第207页。

噫！斗筲之人盈天下，圣上复起，亦无如之何也已矣。

这是一篇品位颇为高雅、语言独特幽默的小品。文章表面上对“四书”的句子无增删一字，却利用了“四书”中各种不同语境的句子，集成新的文章，开拓成新的讽刺意义的新话语。实际是把圣人的言行通过刻意扭横折曲的编接组合，从而暴露出士大夫们在外王内圣的华盖下内在的无耻心态；使儒家道德的瓷像从祭台高处重重地摔下来；把丑恶之处向市民现眼献世，造成儒家的精神支柱一下垮坍的震撼感。这种惊世骇俗和毁神渎圣的怪诞风格，只有在旧制度行将灭亡、人民群众痛恨的情绪达到忍无可忍和愿与汝皆亡的地步下，才会在下层文人产生和出现。张苇芝的《俗吏篇》，把一个俨然以儒家道统自居大吏的贪婪内心，以严肃正统的儒家经典范句，信誓旦旦、恬不知耻地宣布出来，产生了令人喷饭和忍俊不禁的戏剧效果。

1897年，吴趼人初襄《消闲报》，秋冬之间，他和这篇滑稽文《俗吏篇》的作者张苇芝“共晨夕，相与评论时事，皆喜为诡谲之谈”。吴趼人从此文如何“以刺从政者”的手法，得益不少。其讽刺从政者具体手法有几点值得注意：

一、注意讽刺者的学养，其语言习惯要符合士大夫身份。

二、要让场景中人、文中之人浑然不觉，像吃了说真话的药，自吐心声，自揭画皮，露出本来面目。

三、人前人后，外间内里，官场、欢场、私下，各有不同嘴脸，其反差分寸要恰到好处，看以是否加强喜剧效果为依归。

四、《俗吏篇》讽刺的是现实社会的从政大吏，又是整体儒家万世师表的形象。张苇芝之神来之笔，以语句剪接的文章蒙太奇手法，化庄重为随意，严肃化为滑稽，相侯化为粪土，德政化为私念，贪欲化为官箴，鄙陋化为高贵，让从政者变为民贼也！让皇朝的蛀虫们自动自觉地说出：在礼、义、廉、耻、忠、孝、悌、烈、节、爱民、中庸、宽厚等外衣下，泄露其污浊的内心；在国家官方和圣人的名义圣坛上，不经意地表白肮脏勾当，实与果戈里的戏剧《钦差大臣》在讽刺上有异曲同工之妙。吴趼人从中实是受益匪浅。

1898年5月至6月间，吴趼人离开《消闲报》，进一步寻求更大发挥才能的自主空间。

第二节　在采风中顶风

1898年7月，吴趼人应刘志沂之聘，主持《采风报》笔政，[①]每天到三马路太平坊上夜班。该报仿《游戏报》，用色纸单面印刷，后改中国本纸。创刊最初的五天均送阅，平时每张售四文制钱。《采风报》的宗旨和风格虽说是凡市民之好无风不采，可以说是有魏晋士人的“佯狂风世”，吴趼人来了之后，其讽刺官府和社会的“风（讽）世”特色更为突出鲜明。

1898年9月21日慈禧太后发动政变。26日发布上谕，停办裁封《时务官报》（指梁启超、汪康年办的上海《时务报》）。10月9日，慈禧再发上谕：查禁报馆，访拿全国报界的报刊主笔。称：

> 近闻天津、上海、汉口各处，仍复报馆林立，肆口逞说，捏造谣言，惑世诬民，罔知顾忌，亟应设法禁止。着各该督抚饬属认真查禁。其中馆中主笔之人，皆斯民败类，不顾廉耻。即饬地方官严行访拿，以重惩治，以息邪说，以靖人心。

这股养心殿的凛冽寒风在全国报界一吹，报业百花齐放的景象顿时一

---

① 《吴趼人哭》云：吴趼人初襄《消闲报》，继办《采风报》；《月月小说》第五号（1907年出版）中的《新庵谐译》内云：先是吾友刘志沂通守接办上海采风馆，聘南海吴趼人先生总司笔政。

片凋零。关门大吉，或改挂洋牌居人篱下。各报无政见、无政论，凡事不表态……恐怖之气氛弥漫整个新闻界，七零八落，元气大伤。读者可以猜想到，当时作为主笔或笔政的李伯元和吴趼人看见上谕中“其中馆中主笔之人，皆斯民败类，不顾廉耻。即饬地方官严行访拿，以重惩治”，两个报界的先驱和中坚领袖人物会作何感想？

吴趼人是一个敢作敢为的康梁维新派、坚定的帝党。这一点，恐怕最初报界行内大多数人并不知情，因为按逻辑这样的人决不会投身编辑“声誉不佳”的花花小报。要知道，那时上海正派人的家庭是不准子弟购阅像《游戏报》《采风报》之类的花丛小报。

李伯元不同，他政见思想较为保守，对康梁变法并不大关心和理解，对政治不大感兴趣，但他在甲午中日战争失败之时也“内感门庭受敌，外感国势之阽危，慨然有问世之志”，开始对国家被列强瓜分感到担忧，对官场的腐败产生强烈的憎恶，即使在办小报时期，也内抱“报纸为民喉舌，借以发聋振聩”的宗旨。于是，对于慈禧复出囚光绪、杀六君子，乃至饬禁全国报纸、缉拿全国报馆主笔等倒行逆施的行径大为反感。

除了倚着主子身份以傲慢姿态出现的欧美报刊，以及日本报纸敢于歌颂康梁、凭吊六君子之外，1898年10月以后的中国报坛一片萧条。

就在严拿报馆主笔上谕发下仅过了五天，10月14日，李伯元临危不惧，《游戏报》以首论地位发表了具名海外寄愤生的专文《责报馆主笔》，以模拟拥护慈禧上谕的口吻，责难质问全国主笔，其话语形象酷似一个挥舞屠刀的老虔婆，咬牙切齿，穷凶极恶，蛮横百出，其丑无以复加，把卑鄙之内心表露无遗，将热讽冷嘲和皮里阳秋的“反话”艺术，发挥得淋漓尽致。

另外，发动读者报以“捉康有为梁启超法”的命题，征求答案。当时应征者踊跃，用意读者心知肚明，又故作认真，意在搅局又搞笑，其法子又无比滑稽，令人喷饭。讽刺之外，确实放松了当时紧张的政治神经，调节了肃杀的气氛，销售不俗。

《采风报》还把选出的最为搞笑的办法印成小册子，随报送出。[①]不久又连登七次《康有为被捉谣函》，指桑骂槐，讽刺清廷。这种挂羊头卖狗肉的手法令官方投鼠忌器，却又无可奈何。租界毕竟不同于华界，一旦有事，各报又可迅速挂上洋牌。据说，上海官方邮局订报收费仍旧照常，这意味着“报禁”之类也就不了了之了。

吴趼人和李伯元在这场慈禧报禁劫难中，《游戏报》和《采风报》相互欣赏、互相呼应，两人互相扶持顶风逆行。有人说，这只是文字游戏，游戏的文字罢了。玩真格的，不敢！据近代新闻史家陈镐汶先生指出：禁报期间，采风报馆代售梁启超所撰写的《戊戌政变记》和日本横滨出版的《清议报》；而《游戏报》则出售康梁维新派主办的《知新报》和发行“维新党人照”。陈先生指出这“在当时都称得上是甘冒天下之大不韪的惊人之举，不能单纯以营业来衡量它”[②]。当时整个小报界绝大多数，包括1899年创刊的两三家报刊，均无此种大义凛然的政治品格和傲气、狂气。

吴趼人积极投稿李伯元主持的“海上文社”，以“戊寅人”名号获“海上文社”第一课九十七名（1899年10月21日《游戏报》）；以“茧园居士”名号获“海上文社”第六期正课，诗钟（影廉词人当社，题徐琴仙画梅）特等（1899年12月21日）[③]。他们的办报宗旨、思想和价值观十分相似，长期在文化社团活动中和政治劫难中相濡以沫、同舟共济、不离不弃，“执子之手，与子神游”式携手共进，为造就日后共同成为新小说作家崛起的双子星奠定了基础。

《时务报》的成功在于政论；而《游戏报》的成功，则在于“以诙谐之笔写游戏之文”，实欲“以小观大，借事寓言”。

---

① 阿英：《晚清文艺报刊述略》，古典文学出版社1958年版，第70页。

② 马光仁主编：《上海新闻史》第二章，复旦大学出版社1996年版。

③ 张纯：《〈游戏报〉——晚清小说研究资料的大发现》，载《明清小说研究》2000年第3期。

李伯元把“上自列邦政治，下逮风土人情”，“无义不搜，有体皆备”，“士农工贾，强弱老幼，远人逋客匪徒奸宄，倡优下贱之俦，旁及神鬼怪之事，莫不描摹尽致，寓意劝惩”，作为办报资源和宗旨。吴趼人学习了这种新闻眼光和方法，使新闻侧面的自由度大大地扩展。这是一种避免报道动态新闻流水账的新手法。只要着眼于劝惩，有些并无事实根据的风传话柄，不妨做“另类新闻刊出”，无伤大雅。这令初出道的吴趼人不得不佩服。

至于《消闲报》学习李伯元所创造的“一论八消息，标题四对仗”的新闻编排模式，后来成为上海小报编辑的金科玉律。所谓“一论八消息，标题四对仗”，就是每星期至少有一篇社论和八则消息，而八则消息的标题要两两对仗的四副对联。总之李伯元的手法不断创新，令人目不暇接，追随者无法穷尽，更枉论赶超了。

李、吴二人很快便成为莫逆之交。他俩不但是上海创办文艺报的先驱人物，日后还被鲁迅先生写进其开山作《中国小说史略》中，享有各占一席的地位，同誉为晚清文坛著名的谴责小说作家。

吴趼人在小报界是文学思想较为开放、较早注意外国文学的一个编辑。他先是在《采风报》创议附送译本小说，1899年秋又提议聘请当时初相识的翻译家周桂笙为《采风报》翻译一些西方小品文和故事。尽管吴趼人与桂笙政见并不尽相同（桂笙为革命党人），但并不妨碍在业务上时相过从，相互学习、相互合作，而且两人均生活俭朴，遇事认真合作，好读书、喜饮酒，逐渐彼此交心，结为挚友。

周桂笙（1873—1936），名树奎，另署桂生、新庵、辛庵、知新子、知新室主人等十几个笔名。桂笙比吴趼人小七岁，其父从事纺织业，殷实人家出身。幼年曾入上海方言馆读书。后入中法学堂，专攻法文，兼习英文。甲午战争前后，曾任天津电报局领班；又在沪任英商怡太轮船公司买办数年。与同盟会人士联系密切，自结识吴趼人后，始从事文字翻译工作。

1900年，桂笙果然不负所望，为《采风报》翻译了世界名著《一千零一夜》（即《天方夜谭》），为全国最早翻译此书。

《新庵谐译》云：

……其第一卷中之《一千零一夜》，即《阿拉伯夜谈录》也……此书在西国之价值，犹吾国人之于三国水浒也，故男女老少，无不读之，宜吾国人翻译者之多也。先是吾友刘志沂通守，接及上海《采风报》馆，聘南海吴趼人先生总司笔政。至庚子春夏间，创议附送译本小说，请于周子，周子慨然以义务自任，盖彼此至交密友，时相过从，且报中亦恒有周子之稿也。

吴趼人亦曾谈过与周桂笙相识后之学术情谊：

周子桂笙，余之爱友亦余之畏友也……周子通英法文学，而尤肆力于祖国之古体文，顾殊不自满，好学下问。己亥之秋，因彭君伴鱼介绍，余方识之，交久而弥笃，始爱之，继敬之，终且畏之，余亦不自知其何为而然也。恒以所为文见示，美矣备矣，而犹必殷殷请商榷。如余之不文，复何足以商榷文字，然偶尔见及，必为敷陈，辄喜谢以去虚衷如是，周子之学正未艾也，此余交之因爱而敬者也。顾周子洵洵儒者，无严词，无道貌，而余甚畏之。偶得一新理想，或撰一新文字，必走商之。

吴趼人交友谨慎，目前所知仅有李伯元、李葭荣和周桂笙三人。

值得一提，周桂笙是近代最早采用以直译为主、结合意译的翻译家，而且采用了当时流行的报章体，以浅近的文言和纯净的白话文为工具，并与吴趼人的白话小说体互相影响。在汉语白话发展史和白话翻译文学史中有开先河的地位。

报刊突遭严冬形势，后来的发展却有点令人意外。撤销报禁不是清廷自己，而是1900年八国联军入侵北京的炮火所为。据说在皇城脚下办了几份肆无忌惮的外国报纸（日本军部《北京公报》、日本人《支那泰晤士报》等），用一个洋指头，轻轻把它摧毁了。这倒是证实了坊间流传的“官怕洋人，洋人怕老百姓”这句流行语所言不虚。不用说“报禁”，即使是慈禧政权的遮丑布，也被西狩大逃亡撕破无遗。

1900年1月25日，慈禧诏立大阿哥的第二天，上海所有华报和华人主笔“骂官场”正式开幕：各大报先后发表反对立储社论。海派小报旗手人物吴趼人一马当先，不但自撰论说，而且还每日译载《字林西报》等外报有关海外华侨反对废立的消息。当知道慈禧暂不实行废立，吴趼人与上海各报发起为光绪帝的祝寿征文，与读者共同高呼“万岁”。

1901年3月，吴趼人主笔花花小报《奇新报》。此报早已逸失，据说今天所能见到的只有《奇新报》的附张。同年9月，吴趼人已登《寓言报》笔政之位，因此估计主持《奇新报》不超过七个月。

此报格调更为低下。虽载有一些世界各地科学、经济和地理知识性栏目，如《国中有国》《天文细考》《外洋异物》等，但大多栏目重在“花事花讯”“北里近闻”“万花献瑞”等风流新闻。写名妓赛金花、四大金刚林黛玉之流的花丛逸事，每期必有。报社又举办花榜活动，开辟《花榜月荐栏》，广征荐函。总之是花花世界，风月无边。

吴趼人身处这种上海小市民低级趣味的势力包围、封建文人旧习气的办报环境以及办报出资人既定的媚世编辑方针中。日后吴趼人反思时所说：时代和社会及个人的“进步大阻力”，不是单凭哪一个人道德之力量就可以完全抵制和改变的。何况吴趼人一时完全未醒悟到，自己在花丛小报中徘徊讨生活已深陷危机。这与他甲午后在创巨痛深中形成“救亡图存”的政治理想和素有大志、积极的人生观是何等严重冲突。

吴趼人虽身处风月小报丛中，亦分心关注中俄密约的内容和签订，参加社会爱国活动。1900年包括俄国在内的八国联军入侵北京，同年7月沙皇尼古拉二世宣布自任“总司令”，调集侵略军177 000人侵略我国东北边境，企图吞并黑龙江以北一百余万平方公里的我国土地。11月，软禁黑龙江将军增祺，强迫其签订《奉天交地暂且章程》，规定在奉天的中国军队一律解散，武器收缴，营垒拆毁……企图把东三省变为俄国殖民地。消息传出，立即激起中国人民的极大愤怒。

1901年3月15日，上海爱国人士首次集会张园，抗议俄国野蛮的侵略行径。

24日，上海市有“同人公启传单”称：中俄密约于二十五、二十六日画押，“事机极迫，定于初日（3月24日）二时，再集张园议事，务祈诸公届时早临为荷”[①]。当日到会人士一千多人，四时，“同人递次演说凡十余起。先由孙君仲瑜代表同人演说集会宗旨，次吴趼人……诸君极激昂感慨，听者耸然拍手称是，其沉痛处能令闻者兴起”。吴趼人演说节录如下：

> 今日集议诸君，大半皆外省人，非尽上海土著。其所以间关水陆而来者，何故？大抵元论为仕、为商、为士、为民，均多创造事业以为子孙起见。可见，为子孙计之心，为人人所共有。其所以为子孙计者，无非恐我子孙受饥寒冻馁之苦耳。
>
> 诸君亦知俄约若成，我等子孙之苦有甚予饥寒冻馁者乎？吾恐盖此约一成，则各国均持利益均沾之说以挟我，则波兰印度土耳其之覆辙即在目前。
>
> 仆少阅历，他所不知，惟见自去年以来，英人调驻上海之印兵，观之不觉有所感触？吾恐此等情形即为他日我等子孙之榜样耳！岂不痛哉！岂不伤哉！
>
> 或者犹以为东三省去此尚远，无容我南方人过虑，不知瓜分之说日有所闻，使他国瞰及南省，而后赴与之争，时已晚矣。不观

① 《纪第二次绅商集会拒俄约事》，载《中外日报》1901年3月25日，收入《拒俄运动（1901—1905）》，中国社会科学出版社1979年版，第14页。

去年之事乎？拳匪蹂躏北方，联军之来，亦不过北趋，而旅沪居人已惊心动魄，几至逃亡一空。倘南方一旦有事，其情形尚堪设想哉！……①

据我们所知，张园拒俄大会的演说是吴趼人较早的一次参与群众性爱国集会。他指出，中俄密约签押后，中国已离殖民地不远，反列强侵略应不分地畛远近，不然悔之已晚。提出“合大众之热力以为拒力，庶几收众志成城之效，共赴卧薪尝胆之心”“我等同志或竟联一拒俄会以拒之”的主张。

以上慷慨激昂演说，足证吴趼人反帝爱国之热情在小报生涯时期一直并未泯灭，反而有所上升。

吴趼人自发表维新政论文章后，曾自言：“丁酉（1897年）之后，惯作大刀阔斧之文，韵之文几或绝响。”就是说：旧有诗词的文学话语形式无法容纳和适应反映时代广阔的社会内容和激烈变化。另外，西潮新学在内容上难于用韵文形式来表达，也是吴趼人个人思想和文学观发生变化的缘故。

① 吴君沃尧演说，原载《中外日报》1901年3月26日，收入《拒俄运动（1901—1905）》，中国社会科学出版社1979年版，第16页。

第九章

成功与反省

第一节　寓言的丰碑

《寓言报》是1901年3月5日在上海创刊的文艺日报，何时停刊不明，仅知目前所藏最后一期为1905年3月12日1373期。由上海寓言报馆出版，出资人是沈习之。吴趼人于创刊同年10月担任主笔。馆址初设在上海四马路南画锦里，二迁四马路大新街迎春坊口，再迁三马路刀路口东首。

该报版式与《游戏报》版式相近："狭长条六版正文仅二版半，余为各类商业广告，新闻纸两面印刷。"内容十分庞杂，基本按类设栏，有本馆论说、时事风闻、嬉谈日记、梨园谈艺、花国寻芳、市井嘻谈、官场笑话、谐译、辇下见闻录、沪北看花记、日下新闻、商务丛、谈莺花小志……全报看重论说与新闻，有《论粤俗》《论康有为问题》《中美新订商约》等，而最有特色是如报之名：寓言。但令人意想不到的是，这份《寓言报》今天被寓言文学史家们抬到了世界之最。[①]

寓言界以前都认为德意志联邦共和国1957年创办的寓言刊物《寓言》是世界寓言史中最早的寓言刊物，比我国1984年浙江少年儿童出版社创办的寓言刊物《寓言》早二十七年。现从史料得知，1901年我国上海已有《寓言报》问世，比德意志联邦共和国1957年创办的《寓言》早了56年。由此可知，1901年的《寓言报》便成为"世界上寓言文学史中最早的报纸"。

目前图书馆收藏《寓言报》的情况不乐观，据说全国只有上海图书馆藏有十几份《寓言报》，而吴趼人担任主笔期间的更少，只有几份，实在无法窥其全豹。

众所周知，吴趼人生平喜诡诙之言，日有所得，夜则记之，继于诸报刊发表。但就研究吴趼人早期寓言来说，是一个说不清的问题。吴趼人在1906

---

① 凝溪：《中国寓言文学史》，云南人民出版社1992年版，第65页。

年11月1日所主编发行的第一号《月月小说》上刊登的《俏皮话·自序》，谈到过这个问题：

"某至矣！"及纵谈，余偶发言，众辄为捧腹，亦不自解吾言之何以可笑也。语已，辄记之，以付诸各日报。凡报纸之以谐谑为宗旨者，即以付之。报出，粤、港、南洋各报，恒多采录，甚至上海各小报，亦采及之。年来倦于此事，然偶读新出各种小报，所录者犹多余旧作。楮墨之神欤？亦文章知己也。然辗转抄录，终在报章，散失不能成帙；香港近辑之《时谐新集》，虽间亦采及数条，亦仅得一二，窃自认为憾。会月月小说社主人有《月月小说》之创，乃得请于主人，月以数则附诸册末，庶积久而成帙也。以一不值覆瓿之物，而乃值得如许张致，敝帚自珍之讥，吾之其不免夫。"①

这是他自述早年初入报界撰写和发表笑话、寓言，后来散失又收集、整理，再发表的情况。经过了作者辑录，重新修订，连载于他所主持的《月月小说》。宣统元年（1909年）由上海群学书社出版单行本，名为《俏皮话》，共收126篇。最近新发现1902年6月23日《寓言报》的《论说》栏内，有吴趼人的寓言《说狗》。至于《俏皮话》那一篇刊于何报何杂志现已无法查考，只能说相当部分包括了吴趼人在《寓言报》期间发表的寓言，如《说狗》，因而就没有收入《俏皮话》之中，估计吴趼人这类遗失的寓言还有不少。

而周桂笙在《寓言报》所译的15篇寓言就十分幸运，因为收入《新庵谐译初编·卷二》这本外国文学寓言集时才时隔几个月。周桂笙在《新庵谐译

① 吴趼人：《俏皮话·自序》，见《吴趼人全集》第七卷，北方文艺出版社1998年版，第347页。

初编·自序》谈到他与吴趼人在《采风报》和《寓言报》三四年来共同编辑评点翻译小说、寓言的学术情谊：

若余此编，则既无宗旨，复无命意，牛鬼蛇神徒供笑噱，又复章节残缺，言之无文，乃亦与时下君子所译鸿文同时并出，毋亦徒留笑柄于当世耶？虽然，此编之成，初非余之本意，盖吾友吴君趼人怂恿之作也，吴君为南海荷屋中丞公之曾孙，家学渊源，文名籍甚。生有奇气，素负大志，与余交最莫逆。尝谓人曰："得识周某，不负我旅沪二十年矣。"尝历主海上各日报笔政，概然以启发民志为己任。然其议论宗旨，喜用谐词，以嬉笑怒骂为文章，盖为庄语不如谐词易入也。尝出泰西小说数种，嘱余移译以实其报。余暇辄择其解颐者译而与之。三四年来，积稿虽然成帙。略加编次，遂付梓人。友人索阅，聊省抄力。若云问世，则吾岂敢。

光绪壬寅二十八年仲冬之月上海新庵主人书于知新室①

吴趼人和周桂笙在《采风报》和《寓言报》这种互学相长、互为发明的学术情谊，是有共同的文化价值为基础的，日后两人情谊在《新小说》杂志和《月月小说》的岁月中继续发展。

《寓言报》内容虽则庞杂，然则最大的特色，始终是寓言。吴趼人总司笔政期间，吴氏寓言更彰显着独特的光彩。如下面的《金鱼》：

金鱼游行水上，鲫鱼见之，急走避，告其同类曰："前之游行以来者，其贵官也耶？其身上之彩，何其显耀也！其面上之威严，何其尊严也！双目怒视，若有所怒，吾侪其避诸。"于是伏处一

① 周桂笙：《新庵谐译初编·自序》，见《吴趼人全集》第九卷，北方文艺出版社1998年版，第303页。

旁，寂不敢动。而金鱼游行水藻间，绝无去志。无何，蟛蜞来，伸螯以钳金鱼之尾，金鱼竭力摆脱，仓皇遁去，鲫鱼诧曰：“不期这等一个威仪显赫之官，却怕这种横行不法的小妖魔钳制。”①

吴趼人首先在寓言中创造了一个水族官场社会的三个等级，界限分明：一是华彩显耀、金刚怒目、十分尊严的贵官金鱼；二是伏处一旁、顶礼膜拜贵官金鱼的小官鲫鱼；三是在鲫鱼眼中横行不法、已成小妖魔的蟛蜞。于是三种水族表现出“鲫鱼怕金鱼，金鱼又怕蟛蜞”的循环关系。那么鲫鱼和蟛蜞是什么关系呢？寓言中没有明讲，但我们想一下，谁能在公堂之上大声咆哮“你这个横行不法之歹徒”，斥责下面被锁被枷的“你这个乱民小妖魔”。还有一层关系：有这样见上就拜的鲫鱼小官，自然就会有充撑威仪的贵官金鱼；有这样眼中谁都是横行不法的仗势恶官鲫鱼，才有官逼民反、敢于伸螯以钳金鱼之尾的乱民蟛蜞。莫不闻其时民间有句谚言：老百姓怕官，官怕洋人，洋人怕老百姓。仅此一篇寓言，其反映当时晚清黑暗社会上大官与小官、官与民关系的深度，竟能达到如此境地，而又通俗易入人心，令今人“大跌眼镜”，实有重新审视和评价之必要。

该篇寓言语言生动、幽默，把一个小官鲫鱼害怕金鱼又羡慕其华彩官仪、官威的内心，特别是形容金鱼装模作样，“双目怒视，若有所怒”的那段描写得尤为传神。最后，蟛蜞的反抗，金鱼的仓皇逃去，不但抹去了鲫鱼心目中金鱼平日的威仪和尊严，也使鲫鱼重新估计水族三个等级之间的循环互动的关系。作者把相声技巧的铺、收、抖包袱之技法，融入体裁短小的寓言，使点题和抖包袱相结合，结尾更有力、贴切和自然。

《银鱼》是吴趼人在《寓言报》期间发表的另一篇优秀寓言，全文如下：

---

① 吴趼人：《俏皮话·金鱼》，见《吴趼人全集》第七卷，北方文艺出版社1998年版，第373页。

银鱼，一名面条鱼，离水即死。一日龙王寿诞，水族均往叩贺。分水犀以时时入海与龙王办交涉，故是日亦往贺。行至水边，方欲下水，见水中一群银鱼昂首谓犀曰："吾等欲往祝龙王寿，而若游行极慢，恐赶不及。知君行极速，请附于君身以行，俾可速达，不敢忘报。"犀允之，即下水。银鱼遂成群结队，沿附犀身，自顶至踵皆满。犀乃启行。不期犀行水内时，其两角将水分开，身上绝无水到，沿附之银鱼尽行涸死。犀至龙宫前，立定，回顾银鱼，欲呼其自行内进，讵已无一活者。犀叹道："这一群无知小妖魔，只知道巴结躁进，却恰好自己送了性命。"[①]

初看《银鱼》，似觉平凡，无非一群银鱼粗心，因无水涸死。再看，又不尽然：若非攀附分水犀；若非贪图"极速"；若非巴结龙王，若了解自己的本事和死穴多一点，了解分水犀多一点，哪能导致陷于既"游行极速又无水"之死局。实际上讽刺了一群官员不可救药的官场病态：志大才疏，急于巴结高层，急于攀龙附凤，图谋"极速"的升官捷径，最后事发，身败名裂。反映了晚清官场群体政治生态的堕落，封建制度在行将灭亡时，大小官员们"快巴结、快升官、快捞钱"的末日心态。叙述故事，似漫不经心，实则蕴意深藏，让人读后觉刺世而明理。

又如新发现1902年6月23日《寓言报》的《论说》栏内吴趼人的《说狗》，[②]内容先是尽现猎狗、袖狗、城市狗、村狗等四类狗儿事主的忠义之性，最后吴趼人曰"余乃不取其奴性"。

趼人用故纵欲擒之手法，先整篇说各类狗之忠，最后突然采取了佛家禅宗偈语的当头棒喝："余乃不取其奴性。"此一语如做狮子吼，令羡狗忠之

---

① 吴趼人：《俏皮话·银鱼》，见《吴趼人全集》第七卷，北方文艺出版社1998年版，第373页。

② 吴趼人：《说狗》，见《吴趼人全集》第八卷，北方文艺出版社1998年版，第238页。

人，如寒冬冰水淋头，电击猛醒；令思想固执之人，在密林群山之中开辟一条通路坦途。忠与奴岂非一纸之隔，一币之两面，岂不听闻人呼狗奴才？何以这篇寓言能最后采用当头棒喝的手法呢？因为布局高超，通篇说狗，不着一个奴字，却尽显奴性。趼人一语，破了这层薄纸。

如上所述，《俏皮话》相当部分是吴趼人早年涉足报界，包括主持《寓言报》时，用小道显大道，而终获大成的文学硕果。吴趼人继承了古代优秀寓言的优良传统，善于运用比喻和象征的方法，来反映病态的社会和人生。

首先是他所写的寓言极少有说教和训诫的意味，我们在吴氏寓言中难得看见繁琐的描写和冗长的叙述，也绝少有抽象的议论。作者常常运用简短的对话，来描画生动的形象和性格，使寓言在辛辣讽刺丑恶对象时，又含有丰富的趣味性和幽默性。其次是作者最喜以社会各种各类的典型性格，熔铸于各种动物的形象之内，让它们在虚构的故事中，担任作品所赋予社会现实的性格角色：势利小人、达官贵人、皇亲国戚、怕死官兵……表现丑恶，却又保持各种动物的特性，使寓言趣味盎然。

值得一提的是《俏皮话》两则《龙》之一[①]。龙在中国人眼中喻为天子，神圣至极。不料笔者却换一种眼光：龙者，有爪既为兽，有鳞则类鱼，能飞又似鸟，居然更为蛇之长，最后，作者无限感慨之余，突然惊天动地作结：“不图龙之神，世人乃指此杂种东西为贵种，且举以喻天子。”使读者骤然觉得，什么“龙之神，天子之圣洁尊严”，什么“不可侵犯”，都在轻蔑之脚下。

《龙》之二[②]更妙，竟对龙之“圣体”和“皇帝”，提出究竟存在不存在的大疑问，但谁也没有见过龙，只有村中学究深信龙是“百足之长”，非

---

① 吴趼人：《俏皮话·龙一》，见《吴趼人全集》第七卷，北方文艺出版社1998年版，第358页。

② 吴趼人：《俏皮话·龙二》，见《吴趼人全集》第七卷，北方文艺出版社1998年版，第393页。

寓言，反驳说龙天然尊贵自然不肯见人，“譬如皇帝，是天下之长，是不肯轻易得见的。难道可以怀疑北京的皇帝不见人就不存在，成了古人的寓言了吗”？这种反驳真令人啼笑皆非，反观“皇帝”在村学究心目中就是如天上神龙一样，从不见首尾，但又不能否认它存在，真是古怪又别扭得很。这篇妙文告诉老百姓，龙与皇帝一样，高高在天，两者见不得。龙存在于古代寓言，皇帝呢？莫非如龙一般只存在于现代寓言之中？

龙的寓言二则，承继宋元明相声艺人“刺圣”的优良传统，锋芒对准帝圣、孔孟，语态佯狂，对天子、神龙、皇帝，恣意插科打诨，冷嘲热讽，令百姓捧腹大笑。笑过之余，心中自我低微、卑下之感，一扫而光。

某些寓言通篇对愚忠、奴性、神龙、忠君、天子做出一定的观念冲击，虽还未达到本质的、深刻的、全面的程度，但使我们对吴趼人激进思想有进一步的感受和认识。我们可以此建立一个吴趼人早期激进改良主义的思想坐标，作为他晚年在这方面后退程度的衡量和参考的依据。

吴趼人在创作寓言开拓动物题材方面，较之古代寓言，有了很大的发展。他的《俏皮话》共寓言126篇，动物题材计65篇，占总数二分之一强；更为值得注意的是在65篇动物寓言中，纯动物寓言占45篇，为三分之二强。在世界寓言史的发展中，一般是以动物寓言为主体，吴趼人的寓言已跟世界寓言发展大体一致。可以说，吴趼人是中国近代寓言史上最重要和成就最高的寓言作家。

第二节　再次“破茧”之痛

1902年3月，在小报丛中采风与纷飞了五六年的吴趼人，终于停下来，小报生涯至此结束。他的原话是：

上海有所谓小报者，如《游戏报》《采风报》《繁华报》《消闲报》《笑林报》《奇新报》《寓言报》等是也。吴趼人初襄《消闲报》，继办《采风报》，又办《奇新报》，辛丑（1901年）九月又办《寓言报》……至壬寅（1902年）二月，辞寓言主人而归，闭门谢客，瞑然僵卧。回思五六年中，主持各小报笔政，实我进步之大阻力，五六年光阴虚掷于此。吴趼人哭。（悔之晚矣，焉能不哭。）[①]

这是吴趼人对个人、民众、国家，以及社会前途，包括从事小报期间五六年来严肃、认真的自我批评，且触动了思想和灵魂，极具个人情绪色彩的反思。吴趼人把这次接近一个月闭关式的思考结果，写成散点感触、散发式的评点文句，题为《吴趼人哭》（五十六则），于1902年3月13日至27日连续刊载在上海《辛报》。有人评论说，这只是吴趼人用诙谐的方式表示对社会之不满。不能把《吴趼人哭》这属于他一生思想发展的重要作品之一，与谐文、笑话相提并论，起码以这样泛泛而论的套话做评，实于读者无益，也不能达到正确评价的目的。

这56则《吴趼人哭》，虽然内容糅杂，但可以粗分为几大类：

第一类，话涉朝廷权威，虽语近狂悖叛逆。实质是对朝廷深深的失望，如所谓诏廷臣议新政，拟旨者语气换汤不换药，犹疑、逡巡、瞻前顾后，充满守旧气息和作态，使吴趼人这个忠心的改良派和帝党，大大心灰意冷，欲哭无泪；如朝廷对民众不教不养不恩一日，却官逼民反，到时一气砍杀，令人质疑：这东西（政权）压在头顶，有害无利，要它何用；又如悔不如犯本朝忌讳被杀的金圣叹，惺惺惜惺惺。哭无用之朝廷，哭无法改变现实的自己。

第二类，对表现出愚昧、守旧、腐败等不可救药劣根性的广大官员，表示极端的失望。如竞购庚子战火内廷流出之宝物，以上呈作晋身之阶；又如

① 吴趼人：《吴趼人哭》（五十六则），见《吴趼人全集》第八卷，北方文艺出版社1998年版，第227页。

出使日本某人，致书外务部语多狂悖和狐媚，企图阻止派学生赴日学习；又如某使臣致外务部书，以平等自由为邪说……这些既得利益的各级官员，事实上成为改良社会的最大阻力，是后党政权囚禁光绪和戊戌政变的坚定拥护者和基础。吴趼人一想到这群人数众多、能量极大的顽固官员导致了维新失败而觉无望，焉能不伤心大哭？

第三类，对旧知识分子的各种通病，阻碍社会进步，成为一种巨大的社会惰性，十分失望。吴趼人自觉陷于十分矛盾的困局：新民在于读书识字和文化的提高，但一旦提高，即使是千人之中选出能提笔通顺行文之人，不是“非讲宋儒理学，即讲金石考据，甚或为八股专家，其有自命名士者，则又满纸风云月露，各执一艺，此外不知更有何物。几经拣选之人乃如此，乃如此”。吴趼人自己是过来之人，感触更深，绝大多数文人都是胸有点墨但无大志，不知民众和国家前途为何物，吴趼人焉能不哭？

第四类，反省自己。这是吴趼人自甲午公车上书后第一次觉得人生道路可能迷失了方向，意识到生活实践和思想主体可能落后于外界的先进潮流，需要严格地反思自身；却又由于历史条件的局限和思想水平，无法清晰地澄清和梳理思想上的矛盾，从而走出困局，因而情绪上一时产生极大的波动，时而愤懑、激烈，时而又沉郁低落和悲观。这种身心冲突的心理状况，在《吴趼人哭》中表达得淋漓尽致。

吴趼人以“中国一分子”为己任，被嘲为“痴”，又为“芸芸众生”嗤笑进化之理而气恼。他准备以写小说为职业时，妻子和友人一起反对，无法相互理解。吴趼人对“维新进化之故是读书人少”，何以“反对维新又多是读书人”茫然不解。

吴趼人对戊戌变法的失败和辛丑后朝廷作态所议的新政，同样感到悲观绝望。他又为外务部某使臣“以自由平等为邪说”愤慨而疾首痛心，甚至认为自己不如金圣叹“反叛”而自责，甚至又为造反而“缚赴市曹的强盗”高声呐喊“此乃朝廷之责，天下大冤枉”。当然，对《吴趼人哭》也不能评价过高，在这点上，仅达到前人文士李贽和金圣叹的叛逆高度而已。

在那个时代，大多早期拥护维新者和社会精英，倡导国家民族的革新、社会自由平等的进步，着意个人是否跟上变革潮流为是非准则，这不难做到；但又有谁能像吴趼人那样，直面这个封闭守旧的社会，无情地剖白，敢于触及讳忌，大胆地自我批判和暴露呢？《吴趼人哭》这几十则剖白伤心之作，先不说是不是中国几千年士大夫和知识分子写忏悔录和反省史上罕见，在当时文人之中，若不算绝无仅有，也是惊人之举，更不用说以文字公开发表了。难怪先有《辛报》连载，反映极佳，后有七月十六日《春江花月报》的《〈吴趼人哭〉征订启事》和出版石印单行本。[①]

究竟吴趼人在主政各小报这五六年间，政治局势和文化潮流发生了什么重要的变化，引起他本人的思想与外界形势的严重冲突而激发起种种矛盾呢？

在维新时局方面，吴趼人从撰写《维新要言》补天方案，用笔干预社会，参加戊戌变法的舆论鼓吹；变法失败，六君子血染菜市口，康梁逃亡海外，余党作鸟兽散；"报禁"风传，政治恐怖，要扫荡天下报刊主笔……这些使吴趼人的政治理想备受沉重打击，内心一时陷入极度悲观。

八国联军掳京师之役后，朝廷所议新政，吴趼人窥见其虚情假意，对爱新觉罗执政者极为失望。加之德国派兵舰强占胶州湾，国内群情激荡。国事内外交逼，究竟出路何方？茫然一片。身心因内困而外激。此乃"哭"之根。

大部分士大夫、绅士、文人和市民在面对与旧势力激烈交锋的欧美西学、新俗新风、维新进化……这些新生的经济、政治和文化的新观念和新事物之时，并不能马上随之适应和改变，仍然固守旧封建立场。吴趼人在接触这个已经冰封了几千年、今时正在稍起变化、但阻力还很大的晚清社会，由于历史的局限，产生了激愤而又不能正确理解的焦虑和急躁的情绪，此是

---

① 《〈吴趼人哭〉征订启事》，见《吴趼人全集》第八卷，北方文艺出版社1998年版，第7页。

"哭"之由。

总的来说，吴趼人对社会前途的看法有相当悲观的色彩，这种悲观后来发展成某种程度的厌世，几乎成为吴趼人的宿命。

康梁维新派的失败，并没有掩盖他们在中国启蒙运动的光辉和业绩。1902年梁启超提出的"小说界革命"，给吴趼人思想中的困惑指出了一个以小说"改良社会"的振奋人心的方向和光明大道。特别是1902年10月31日创办人梁启超主持的大型综合杂志《新民丛报》19号，刊登了题为《新小说社征文启》，为半个月后才问世的中国第一份近代小说杂志《新小说》创刊号向海内外广泛征求小说、戏曲、杂记、歌谣等文艺作品的征文广告，并首次详细明确《新小说》创作小说的范围、性质、类别、稿酬等级，以及宗旨，并列举：

> 又如《儒林外史》之例，描写现今社会情状，借以警醒时流，矫正弊俗，亦佳构也。

这在内容和构思上与吴趼人正在孕育中的第一本长篇小说，何其不谋而合，何其乃尔相似。加之其小说杂志稿酬之不菲，且能养家糊口。而且在"警醒时流"这四个字上面，看到了自身文学创作上的思想动力。吴趼人曾奢望专心致志做职业小说家（曾受到全家的反对）的可能，一下子成为现实。

1903年前后，反清运动在江浙又涌起新一轮波澜壮阔的革命浪潮（虽政见不同，但与革命党人在启蒙和打击西太后政权等问题上，很大程度上是同盟军）。于是在这样的大规模反清运动的背景和具体机遇条件的刺激下，吴趼人的心中之结虽未从根本解决，但已大大缓解，又注入了虎虎生气。

吴趼人在人生的航道上，又重新确定了新的目的地和航程坐标，乃义无反顾地大踏步前进，有各种足够的准备，随时跨入一个创作小说的人生新阶段。

吴趼人涉足报业之前早已有意尝试小说的写作，1898年发表了《海上名妓四大金刚奇书》。此书虽是格调不高之作，却是有意以白话文练笔。在这本书的《序》中，透露出他早期对小说只看作“风俗劝惩”的极为平庸的看法。但是小说界的创作正在起变化，经济和政治的发展迟早会引起包括文学艺术的革新。如詹熙回应傅兰雅用新观念写的《花柳情深传》，就像化雪时最初露尖的春笋，宣告代表新意识的小说已经破土来临，不过当时并没有引起提倡者的注意，未成声势罢了。

以上疆警国破、维新难产，代表资产阶级的新小说崛起等各种因素，都给予吴趼人重大的刺激和启示。对比前五六年间，自己虽有不少实绩，但在格调低下的风月小报花丛中嗜蜜流连，采风消闲，乐而忘返，稍一回眸，吴趼人罪己不已，懊悔不止。他“回思五六年中，主持各小报笔政，实为我进步之大阻力，五六年光阴遂虚掷于此”（《吴趼人哭》）。能自我反省、自我批判是吴趼人积极处世、力求不断进步的一个内在动力。

至此，吴趼人已完全醒悟和意识到：以往在花丛小报中徘徊讨生活，与他甲午之役创巨痛深后和在戊戌变法中所形成救亡图存的政治理念和积极的人生观已经严重冲突，无法兼容。这是吴趼人的第二次痛极、困极而思变，他勇于舍弃，及时解脱，第二次“破茧”而出。心情和思想变得更加轻松和成熟。

然而，文章憎命达，等待他的绝不会是坦途，而是龟蛇山下官方的恶势力……

第十章

龟蛇山下风波恶

第一节　汉口虎山行

1902年3月初，吴趼人辞去《寓言报》主笔[①]，反思以往人生价值得失，考虑由报人转以小说家为职业，“闭门静坐”，“行将著书”。不料3月中，即应了《汉口日报》之聘[②]，与沈敬学同为报馆主笔，另有蒋子才辅助。

沈敬学，字习之，号庵悦主人，江苏吴县人，擅长书法，交友颇广。前不久在上海办《寓言报》聘吴趼人主持笔政，是吴趼人的报界伯乐。蒋子才，一名紫侪，字庚繇，号仪陇山农，四川仪陇人，曾受吴趼人之托，将其诗集《茧暗诗稿》删汰和编选为《趼尘诗删剩》。可见二人与趼人关系之密切。

《汉口日报》经理部经理王华轩，报纸创刊后才入职，是后来在华中各城市经办多间日报的大报业家。若走到王华轩辖下的售书处，便看到这个王经理带回来代售的标榜“开通民智”的书籍。这些书均从日本进口和上海舶来，十分丰富，其中不少实属清廷明文开列的违禁品。从1903年3月20日《汉口日报》的“本馆代售最新书广告”上面计有：

《新社会》《意大利独立之精神》《世界两半球图》《巴黎茶花女》《日清海陆战争史》《外交通义》《俄国蚕食亚洲史》《可萨克东方侵略史》《世界近世史》《万国宪法志》《十八世纪四大政治学说》《日本维新三十年史》《文明进化》《洋装李鸿章》《爱国精神谈》《宪法精理》《代数易知录》等共一百余种。[③]

---

① 吴趼人：《吴趼人哭》，见《吴趼人全集》第八卷，北方文艺出版社1998年版，第227页。

② 紫英评：《新庵谐译》，魏绍昌：《吴趼人研究资料》，上海古籍出版社1980年版，第335页。

③ 刘望龄：《张之洞与湖北报刊》，载《近代史研究》1996年第2期。

吴趼人最初也大吃一惊，但数月后到街上的政新斋书局、文贤义记石印书局一看，才知道这是以前张之洞掌管湖北下武汉书肆一向的文明风气。书店门口广告上公开标明：“专办中外史鉴、政治策论、各国律例公法、天文绘测、地舆算法、格致军制、声光电化、重化水矿、农商工艺、医理诸书，凡有裨于经济实学者，无不悉备。”[①]吴趼人开始意识到，张之洞确不可少窥，武汉也并不都是铁板一块，发行杂志和书肆就比办报纸开明进步得多。是故，吴趼人产生了眼前这种张之洞式文化开明进步、舆论开放的错觉，在沈、蒋、王之协助下，欲借《汉口日报》施展一番作为。

《汉口日报》是一份中英合资经营的报纸。除英人股份外，中方股东众多，而且前后去留有变化，实难以弄清。最初为宋炜臣、蔡永基。中方渐有入股者，继有股东：黄邦俊（字尧臣、候补知府）、张赓飏（候补知府）、杨公辅、程鹄云以及招商电报两局庄、施两总办。[②]英方股东自然知道中方是借洋牌子做庇护，所以从不管办报经营方针，只要真金白银分红；中方股东，虽各人均有官场背景，但只要销路好，政治又不至于惹出大麻烦，也对具体业务不予置问。

经数月筹划，《汉口日报》于1902年3月初开张，地址在花楼花河街。日出报对开一张半，铅字印刷。对折上下排印，报头横排，注有英文名称*HONKOW NEWS*，折叠式，16开书页型报纸。文字与广告各占四版。内容庞杂，有上谕、论记、公文照录、外省和本省新闻（分武昌、汉阳、汉口）、专访等栏目。还有行情栏目，分烟土、茶、棉花、杂货、食用油、工业油、赤米、饯洋等八类，并附有轮船进出航期。十分适合武汉大商会的生意人和知识分子使用。

由于吴趼人与沈、蒋二人在办报中实行了改良社会的办报方针，针砭时

① 刘望龄：《张之洞与湖北报刊》，载《近代史研究》1996年第2期。

② 《吴趼人与〈汉口日报〉》，见王立兴：《中国近代文学考论》，南京大学出版社1992年版，第65页。

弊，揭露官场丑恶，文趣并重，但又做出一定灵活的让步，因而该报不但销路颇佳，而且得到当时知识界的称许。但是，据苏报透露，即使是这种清议性质的办报宗旨，当局却不领情。“官场多固畏而撼之，警察局总办金鼎，武昌府梁鼎芬尤有切肤之痛。”①这为下文所述的政治阴谋多了一层个人复仇的政治动机。

《汉口日报》所显示吴趼人这种开明和进步的办报方针，在湖北地域真可谓有独树一帜、敢向虎山行的意味。因为十多年来武汉三镇的舆论界，大大小小二十几份民办的风月小报和商报，无不在湖广总督张之洞的官威和霸道之下，服服帖帖，从不宣传维新，更不敢言革命。其新闻限制之严，全国罕见。

1896年初，日本人方宗小太郎在汉口创办《汉报》，作为日本在华首个舆论机关，在两湖培植亲日势力，采取“抑制旧党，援助新党，以助维新之气运”的办报宗旨。又以文章抨击太后为首的顽固势力和亲俄派，公开宣扬“康梁为一时之英杰”。张之洞即下令给予制裁，严禁该报在租界外发行。《汉报》销路顿时大跌，无法经营下去。日本政府几次出面干预，扩大为外交纠纷，亦无从改变《汉报》四年后被迫售归湖北官方、败在张之洞手下的命运。②

又如同一年梁鼎芬经张之洞首肯，创《正字报》，聘章太炎为主笔，旋因讥评《劝学篇》，张之洞竟不念旧交，不经警告，下令逮捕。吓得章太炎竟连夜亡命上海。③这是杀鸡儆猴的两个中外例子。

若论清廷的新闻政策，可说是时松时紧。光绪“百日维新”的开放政策早不复存在。经过戊戌政变对已出版维新派报刊的血与火的大镇压，有如文禁如毛，缇骑遍地，对稍微讲真话的开明报刊旋开旋禁。到1900年还有二十

---

① 《吴趼人与〈汉口日报〉》，见王立兴：《中国近代文学考论》，南京大学出版社1992年版，第65页。

② 刘望龄：《张之洞与湖北报刊》，载《近代史研究》1996年第2期。

③ 刘望龄：《张之洞与湖北报刊》，载《近代史研究》1996年第2期。

多种海外出版的改良派报刊和宣传小册子被严行查禁。

最令报人记者心寒的是，1903年上海《申报》驻北京记者沈荩，因把从外交界获得的《中俄密约》在《申报》全文披露，引起各国之质问。慈禧闻之大怒，沈荩旋即被捕，最后未经审判，即行杖死。“打至二百余下，血肉横飞，犹未至死，后不得已只好用绳紧其颈，勒之而死。”[①]杖杀下的惨叫，声声在耳。可以预见，这次吴趼人主笔《汉口日报》将有一场艰难险恶的风波。

1903年《江苏》第三期《国内时评》栏载：

> 湖北自有《汉口日报》馆以来，端方久欲封禁之，以碍于该报馆悬洋旗也，乃密以三千金尽购该馆之所有，而后封禁之令始下。[②]

事情没有个人恩怨，也没有谁得罪谁，只有政治利害和权欲横流。

肉案和屠刀，都准备好了，屠夫多的是，猎物是一间民办报馆——《汉口日报》。接下来的是筹划阴谋，运作奸计的次序。火候的分寸，一切都在官方的监督、密谋和掌控之中。[③]

只有吴趼人和报馆同人们浑然不知，《汉口日报》已经危机四伏，临到尽头。

---

① 方汉奇：《中国近代报刊史》，山西教育出版社1981年版，第599页。

② 方汉奇：《中国近代报刊史》，山西教育出版社1981年版，第599页。

③ 方汉奇：《中国近代报刊史》，山西教育出版社1981年版，第606页。

第二节　回收的丑剧

1903年，是一个极为重要的年头。长江两岸反清运动高涨，尤其是江浙和两湖的知识界。在这一年里，以留日学生的爱国斗争与国内学界风潮互相呼应为开端，迎来了拒法和拒俄运动。

对吴趼人来说，1903年也是再次改变人生、极为重要的一年。吴趼人在这一年是否能赶上不断滚动向前的形势呢？有两个考验摆在他面前，等待着他的实践抉择。

一是在报界为民主持公道与正义、监督政府、支持拒法拒俄为中心的学生爱国运动。这也就意味着批评端方、梁鼎芬为首的武汉府当局；不惜风险，以笔为剑，履行一个编辑和报人的职业道德和应有的使命。自然，也遭到警察局长金鼎、候补知府王元常的嫉恨。

二是抛弃自己在第一本长篇小说《上海名妓四大金刚奇书》中所暴露的种种庸俗和低下观念，响应并投身梁启超所发起的“小说革命”的新文学运动，接受梁启超“以小说家言以发起国民政治思想，激励其爱国精神”和“提倡新学，开发国民”的核心宗旨。

如果能通过这两个人生重大的考验，吴趼人在这个阶段仍是站在反清爱国（民族资产阶级维新、革命两派意义上的统战联盟）运动的前列，不因为吴氏思想是拥护君主立宪、一个坚定的“帝党”而失去1903年这段顺应历史潮流作出贡献的光彩。

1903年1月，有浓厚革命倾向的《湖北学生界》在日本东京创刊。此月刊在湖北学界和军界乃至全国颇有影响，湖北学运风潮从此拉开序幕。

实际上，时兼湖广总督的端方对“湖北自有《汉口日报》馆以来，久欲封禁之，以碍于该报馆悬洋旗”[①]毫无办法，只好请示暂调两江总督张之洞筹划对策，亦寻找机会向对清朝“大不利”的《汉口日报》开刀。

4月全国拒法、拒俄运动波及武汉三镇，学生们停课告假，奔走串联，急速地掀起高潮。4月17日，两湖书院及武昌自强学堂和武备学堂学生，在武昌三佛阁前空场内集会演说，“各学堂魁杰均有演词”，声讨《中俄密约》和拟用矿权换取法军镇压会党之广西巡抚王之春。武昌知府梁鼎芬适巧坐轿子经过学生集会现场之侧，于是便发生了梁鼎芬生平最尴尬的丑剧和笑剧。几个月后，此事被吴趼人题作《梁鼎芬被窘》，刊于《新小说》第八号杂录栏《新笑史》中。全文如下：

癸卯三四月间，中俄密约事发，日本留学生会议编义勇队拒俄。事闻于内地，湖北各学生亦停课会议，于四月十七日，两湖书院及自强、武备各校学生集中武昌三佛阁前空场内演说。

梁鼎芬时署武昌盐法道，时乘舆呵殿而过。在舆中自脱其冠，置扶手板上面。架铜边大眼镜，就眼镜中见此情形，喝令停舆，问何事。从者告之以学生会议东三省事。梁怒曰：“叫他们不要胡闹，快回学堂去！”众学生闻之，齐声一哄。舆夫大骇，疑学生之将来殴也，舁之狂奔，冠坠舆外，仆从错乱，不复成列，梁亦大错愕。道经都司署，急降舆避入。都司见之，亦大惊随后。诸人喘定后，大索本官不得。一时鄂中人传为笑柄。[②]

事后，被羞辱的梁鼎芬竟不顾学生的学业，下令对参加拒俄演说的学生予以悬牌开除。吴趼人主持的《汉口日报》于5月14日载文给予反击，以维护学生爱国权利，伸张正义。

① 方汉奇：《中国近代报刊史》，山西教育出版社1981年，第606页。
② 吴趼人：《梁鼎芬被窘》，见《吴趼人全集》第七卷，北方文艺出版社1998年版，第323页。

梁鼎芬事必躬亲，多次到学堂去召集学生，反复说教，冷血训斥学生。这段低水平的演说，事后在当时的上海《苏报》也有过记录：

> 日前武昌府梁鼎芬因湖北学堂中各学生愤于俄、法、东三省、广西之事，公同停课，欲筹所以挽救之策。梁乃亲至学堂，反复演说。大旨是：俄人要东三省，法人要广西，政府且不能拦阻，何况学生！尔等不可轻信人言，无理取闹，只宜用功写字读书，以图上进。此等不干己之事，管他则甚！就使以东三省送给俄人，以广西送给法人，尔等亦不必干预云云。①

此等卖国嘴脸和言行，霎时传遍上海和武汉三镇。

当时湖北巡抚兼署湖广总督的端方受到章太炎《訄书》和《湖北学生界》的抨击，也恼羞成怒。于是和梁鼎芬一拍即合，认为破坏学生运动与铲除《汉口日报》一举两得的时机已到，随即密谋策划，开始实施把《汉口日报》收归官办方案。

当时的《苏报》透露过一些内幕：②

1903年5月14日，梁鼎芬阻止武汉三镇学生集会抗议俄约之事，被《汉口日报》署文抨击，社会反响极大。梁恼羞成怒，遂发电告知当时为商务大臣的张之洞，“托令驻京英公使禁之”。原因是《汉口日报》开业时挂上洋牌，报馆楼顶飘扬的是英国国旗，其事可大可小。官阶太小的梁鼎芬自然不敢造次，只能向张之洞求援。

据传，张复电说“英公使不允”。无奈之下，只得请教新主子端方，端方打趣地笑着说：“节安（梁鼎芬字），你现在可成为武汉三镇众人的靶心

① 《告已亡〈汉口日报〉记者》，见王立兴：《中国近代文学考论》，南京大学出版社1992年版，第65页。

② 刘望龄：《张之洞与湖北报刊》，载《近代史研究》1996年第2期。

了，我可不想替你成为众箭之的。”

梁说：“哪里敢叫大人去得罪人，仅借重大人之威，让张赓飏将股权转让给官方而已。”

端方说：“这篇文章你来做，告诉那个候补知府，就说我的意思如此如此。”

于是一场对《汉口日报》的突然袭击，拉开序幕。

梁大喜过望，连忙找到张赓飏。张本是常州钱店一个伙计，恰逢那时见张之洞的机要心腹赵凤昌在湖北厘金局当权，于是买通这条上层关系捐了个同知，候保知府。又听闻开报馆最赚钱，才与其他四人合伙。现在梁主动投怀，以万金求购，且端方又应承立即委任肥缺，便乐不可支。随即对其他五个股东黄俊邦、杨公辅、程鹄云、庄氏、施氏晓以利害，共同退出股本。于是决定5月27日（初一）停报，并在前一日在报端宣布“整顿”和“改章”，以掩外人耳目。

这次《汉口日报》改为官办，不惜耗费巨资，除还清股金还要代认亏空，官方实际共耗银一万一千两。在与外方股东英商谈判中，为了达到迅速收回的目的，除收买洋股外，复加四千元作为酬谢。最后还要幕后人梁鼎芬出面求藩司委任王元常代理随州知府肥缺，作为酬劳，才算结束。

1903年5月27日，武昌府正式下达官文，将《汉口日报》改归官办，当时吴趼人已洞察其奸，忍无可忍，凛然宣告辞去主笔职务，拂袖而去。

在沈敬学留下担任主笔的官办期间，规定宗旨：

一、行文论说须以和平。

二、每日论说新闻均先一日呈之武昌府裁定，才准注销见报。

三、凡紧要新闻概不准录。

整个版面不外乎某官场升迁补调及某官过境、某官病故、某官寿诞嫁娶之类的文字内容而已。不到一个月，沈敬学也被辞退。端方批示：梁鼎芬“暂代”《汉口日报》报馆主笔。凡有涉及改良进步等和“敏感”的题目、文章，一律砍去。每日仅登些会试闱墨及两湖书院课艺度日，销量极滞，只好大半赠送，直至1904年一场大火焚去报馆为止。张之洞干脆在原址重建《湖北官报》馆。

梁鼎芬因镇压学生拒俄拒法运动有功而被擢升为安襄郧荆道。

湖北革命学生为此曾编过一本小册子《梁鼎芬》剥下他“激扬忠爱、开通智慧、实兴实学”“极中极正”的画皮，痛加抨击。在上海《警钟日报》的售书广告上称他为“政学界的大蠹贼，为吾党之公敌”。

1906年，梁入觐时弹劾庆亲王奕劻受贿，又弹劾直隶总督袁世凯权力过重，反受朝廷呵斥。越二年，请求开缺回乡。辛亥革命后，他跑到光绪崇陵守护，并募集修建经费，建成后又结庐守护三年之久，受到废帝溥仪多次封赏。1915年，为逊帝溥仪之师，直至老死。废帝溥仪小朝廷为表彰这个忠于亡清的“忠臣”特赐谥“文忠”，晋赠“太子少保衔”。[①]

端方与梁鼎芬这次对支持学生运动的进步报纸强行收买、改为官办，是一件妄使报界完全失去新闻自由、向舆论监督反攻倒算的严重事件。其意在于张之洞和端方合谋建立一个虚假和顺从的舆论世界，为晚清其他地区的统治政权树立一个控制舆论和报界的办法和榜样。当时上海《苏报》早就洞察这一点，不但专门追踪和多次报道事件的来龙去脉，如何得售其奸的真实内幕，并以专门“论说”的方式，向广大报界示警，对端方与梁鼎芬的报复行为给予迎头痛击。但是历史的发展却没有这么简单和一目了然。吴趼人也受到了《苏报》某些撰稿人同盟者的误伤。

第三节　误伤与归志

《汉口日报》被地方最高当局几个头面人物施以阴谋改为官办，又排斥

---

① 《梁鼎芬传》，见《清代人物传稿》下编第3卷，辽宁人民出版社1984年版。

吴、沈等进步报人，是湖北首府三镇报业界的一次严重事件。

吴趼人压抑着内心的愤怒，意气难平。一个具有自由、平等社会进化观的报人，决不会让自己无声无息地溜回到上海。他决不会屈服于权贵和高压，夹着尾巴一走了之。他需要在报纸以一封当事人公开信的形式，活画出端方和梁鼎芬等官方黑手扼杀《汉口日报》的霸道，宣告自己的严正立场和把官方见不得人的阴谋摊在阳光下。

吴趼人选择了一家火药味甚浓的报纸——上海《苏报》，公开信在6月21日发表。发表时，题目经报馆改为《已亡〈汉口日报〉之主笔吴沃尧致武昌知府梁鼎芬书》。[①]“已亡”即逃亡，语带讥讽。如果不是这个《苏报》编辑拟题目时站到吴趼人对立面去，就是带着偏见。同报还写了《告已亡〈汉口日报〉记者》一文[②]，再次对吴趼人诘难。全然不顾公开信作者在湖北对梁鼎芬所做有理有据有节的斗争的表现，批评作者对梁“一垂青盼”而“狂喜”，又“挖出”所谓梁、吴两人是14年前在上海也是园曾“一通姓氏”的同乡旧交，大有指责吴趼人今之“逃亡”，是咎由自取；写公开信辩解，是“逃避清议”。

历史往往就复杂在这里，即使是同一战线的人，也会发生冤枉、失察、偏执，乃至误伤流血。吴趼人百口莫辩，只好连被打落的牙齿带着血咽下肚子里。

时当晚清，谁也不敢说，在敌我两个阵营都能“看得真切”，“不曾误伤过谁”。吴趼人就处在这种极为复杂、阵线模糊的历史境遇中。

吴趼人在给梁鼎芬的公开信中首先做出事实的剖析，指出《汉口日报》尽管慑于梁之淫威，逐步捐弃自由而日见腐败，但仍未能逃过其黑手——收归官办。其志不在办报，而是要纳入其势力，进而取媚于端方。再次是揭露梁大人野蛮违法，强买报馆民股之阴谋。最后在信中故设四疑，把梁知府假

---

① 王立兴：《中国近代文学考论》，南京大学出版社1992年版。

② 王立兴：《中国近代文学考论》，南京大学出版社1992年版。

惺惺要馆中主笔继续蝉联和“谊属桑梓”的面纱通通撕下，表明他“浩然归志，不可复遏”，决不为官方收拢和所用。

吴趼人在公开信中捍卫的思想和立场，可以说首先是从郑观应《盛世危言·日报》那里学习来的。但也可以推定，从李伯元初办的小报也受益不少。1896年6月6日，李伯元在初创的《指南报》第一号写了一篇题为《谨谢报忱》的发刊词，把创刊缘起和办刊宗旨做了说明。李伯元用骈体文表达了五点西方近代的新闻观念：1. 有闻必录；2. 新闻自由；3. 新闻真实；4. 维护正义；5. 向读者负责。吴趼人在《苏报》所发表的公开信就鲜明地体现了上述近代新闻观念。

吴趼人这封公开信是向社会声讨湖北官方打压报界的一篇檄文。其事实有据，掷地有声；其人格高尚，无惧权势；其捍卫言论，大义凛然。这封公开信显示了一个中国近代普通报人的高风亮节，是吴趼人一生思想上一个光辉的高度。

经历了这一场报业的政治风波后，六月，吴趼人回到上海，终于静下心来，原来心中未了之小说情缘和以小说为职业的愿望又涌上心头。

第十一章

新小说之崛起

第一节　小说也竞赛

1899年，林琴南所译的《巴黎茶花女遗事》，以反封建的主题和哀艳的爱情故事打动了中国知识分子的心，从而使中国人知道，西学除了船坚炮利、声光电化、自由民主之外，还有如此美妙动人、高尚优雅的文学，向人们打开了一道通向崭新文学世界的大门，启示着日后必然根据对西学深入的认识，重新评价一切中外文学，包括以往的旧文学和新产生的新文学在过渡时代应具有的社会价值和审美价值。

一个具有中国情结的外国人傅兰雅，比林琴南先生早四年，或者说，在维新精英们否定文学的功用时，他却用实际的行动最先做到了这一点——倡导新小说的到来。

傅兰雅（1839—1928），是一位从英国来华的传教士，在中国近代西学东渐史上占有重要地位。他整整有二十八年在上海江南制造局翻译馆担任翻译员译事主管。

傅先生一生的光彩和伟大的贡献，并非来自传教士的身份和活动，而是他为中国的社会和人民翻译了170多本科技工程学书籍。从维新变法和小说革命的角度看，他还翻译了一本被认为是对康有为的《大同书》和吴趼人的乌托邦小说《新石头记》有重要影响的著作——《佐治刍言》。他亲力亲为兼顾多个社会机构的大量文化启蒙工作，如推动格致书院、益智书会、格致书室的文化开展，创办杂志《格致汇编》等。目前加州大学伯克利分校藏有傅兰雅生前赠给该校的2000多部从中国带去的图书，包括他在中国的译著和刊物、他的全部档案等。[①]本节只涉及他作为主持人在中国上海举办的新小说竞赛。

---

① 顾长声：《从马礼逊到司徒雷登：来华新教传教士评传》，上海人民出版社1985年版，第204页。

征文竞赛，在傅兰雅看来，是推广新文化而吸引知识分子兴趣的一种试验模式。先是为了推行生动活泼的白话文，反对腐朽的八股文，傅先生在上海格致书院曾举办时文（白话文）竞赛。为了扩大影响，邀请了两江总督李鸿章以及其他官员和名人参加出题和评阅。这件时闻，当时吴趼人是十分看重的，不然就不会收入《二十年目睹之怪现状》的第十五回。可见，吴趼人对这个外国士大夫并不陌生。

《马关条约》签订后不久，傅先生写了《战争在社会各阶层引起的真正爱国主义的巨大爆发》一文，虽然原文难以找到，但他肯定已经察觉和洞悉了甲午中日战争对中国人心灵的巨创，和所带来的思想和文化冲击的契机，并相信盼望已久的中国觉醒即将到来。

就在康有为、梁启超发起“公车上书”后的第三周，即离梁启超在日本横滨创立《新小说》杂志还有七个年头的1895年5月25日，傅兰雅决定在上海自己开办的格致书店发表征求新小说的有奖公告，其组织模式也与时文竞赛相同，并在上海《万国公报》第77册、《申报》（登了五次）以及传教士的英文期刊《中国纪事》6月号上都刊载了署名傅兰雅的一则有奖征文启事——《求着时新小说启》。全文如下：

> 窃以感动人心，变易风俗，莫如小说。推行广速，传之不久，辄能家喻户晓，气习不难为之一变。今中华积弊最重大者计有三端，一鸦片，一时文，一缠足。若不设法更改，终非富强之兆。兹欲请中华人士愿本国兴盛者撰著新趣小说，合显此三事之大害，并祛各弊之妙法。立案演说，结构成编，贯穿为部，使人阅之心为感动，力为革除。词句以明显为要，语言以趣雅为宗，虽妇人幼子，皆能得而明之。述事务取近今易有，切莫抄袭旧套，立意毋尚稀奇古怪，免使骇目惊心，限七月底满期收齐，细心评取。首名酬洋五十元，次名三十元，三名二十元，四名十六元，五名十四元，六名十二元，七名八元。果有佳作，足劝人心，亦当印行问世，并拟

请其常撰同类之书以为恒业。凡撰成者，包好弥封，外填姓名，送至上海三马路格致书室。收入发给收条，出案发洋亦在斯处。

英国儒士傅兰雅先生谨启[①]

这篇小说竞赛启事有一句话是大多数人所忽视的，那是“并拟请其常撰同类之书以为恒业”。这又是傅兰雅先生以其大半生促进“能使中国跨上文明进军的轨道”[②]的理想之外的第二个理想——培养职业“时事”小说家，而且如他个人坚信中国能发展强大，“广兴格致至中西一辙耳”[③]一样。他认为把新小说写作“以为恒业”的一天必然会到来。几年后梁启超的《新小说》创刊，李伯元、吴趼人等职业小说家崛起，报人自此走上了中国小说漫长的近代化道路。傅兰雅先生对中国文学新型小说的关心，望促其成，是与西方各国基督教（包括新教）对维新变法的立场和所关心的态度是完全一致的。

其实，较早的一次小说征文发生在光绪丁丑年（1877年）十月十七日，署名“寓沪远客”者，在《申报》，所登载广告：“《有图求说》出售。”文曰：

兹有精细图画十幅，钉成一册，名曰《有图求说》，托《申报》馆代售，每册收回工价钱三十文。但图中之人名、地名以及事

---

① 王立兴：《一部首倡改革开放的小说——詹熙及其小说〈醒世新编〉》，载《明清小说研究》1994年第1期；《新小说前的新小说——傅兰雅的小说竞赛》，〔美〕韩南：《中国近代小说的兴起》，上海教育出版社2004年版，第147页。

② 顾长声：《从马礼逊到司徒雷登：来华新教传教士评传》，上海人民出版社1985年版，第204页。

③ 王立兴：《一部首倡改革开放的小说——詹熙及其小说〈醒世新编〉》，载《明清小说研究》1994年第1期；《新小说前的新小说——傅兰雅的小说竞赛》，〔美〕韩南：《中国近代小说的兴起》，上海教育出版社2004年版，第147页。

> 实，皆未深悉，尚祈海内人才，照图编成小说一部，约五万字，限于十二月十五日以前，缮成清本，由《申报》馆转交。择其文理尤佳者一卷，愿送润笔洋二十元，次卷送洋十元，便装印成书出卖，余卷仍发还作者，决不有误，惟望赐教为幸。

虽然此征文还类似于“看图作文”的初级阶段，而且，无法知道“图画十幅”的内容，但仅以形式上敢于公开征文，不啻是文学的地位和小说观念开始转变的一次半遮面的试啼。据《申报》载，第一次期限已到，却只有“安闲先生”一卷应征。几经延期，直至光绪戊寅四月二十一日（1878年5月22日），广告征文者“寓沪远客”才在当日《申报》公告结果：“以安闲先生为第一，酬洋二十元，蓬山居士居二，酬洋十元。”并指出两人作文“俱未见甚佳”。说明了公车上书前的晚清社会环境和士人观念仍未对小说欲登大雅之堂表示认可。

傅兰雅经过一年征集，应征小说共有162卷，数量可谓不少。可能是要求过高，却无一篇或一部符合傅兰雅先生的需要，但征文善后总要完成。据1886年3月出版的《万国公报》第86册“杂事栏”所载《时新小说出案》，有不少值得我们重视的信息，选录如下：

> 本馆前出告白，求著时新小说。以鸦片、时文、缠足三弊为主。立案演说，穿插成篇，仿诸章回小说，前后连贯，意在刊行问世，劝化人心，知所改革。虽妇人孺子，亦可观感而化。故用意务求雅趣，出语亦期明显，述事须近情理，描摹要臻恳至当。蒙远近诸君，揣摩成稿者凡一百六十二卷。本馆穷百日之力，逐卷披阅，皆有命意。然或立意偏畸，说烟弊太重，说文弊过轻；或演寄稀奇，事多不近情理；或叙事虚幻，情景每取梦寐；或出语浅俗，言多土白；甚至词尚淫巧，事涉狎秽，动曰妓寮，动曰婢妾，仍不失淫词小说之故套，殊违劝人为善之体例，何可以经妇孺之耳目哉？

更有歌词满篇俚句，道情者虽足感人，然非小说体格，故以违式论。又有通篇长信纸，调谱文艺者，文艺固佳，唯非本馆所求，仍以违式论。既蒙诸君俯允所请，惠戒嘉章，足见感情有辅劝善之至意。若过吹求，殊拂雅教。今特遴选体格颇精雅者七卷，仍以前议酬以议润资。余卷可取者尚多，若尽弃置有辜诸君心血，余心亦觉难安。故于定格之外，复添取十有三名，共加赠洋五十元，庶作者有以谅我矣。姓氏润资列后。

茶阳居士五十元　詹万云三十元　李钟生二十元
青莲后人十六元　鸣皋氏十四元　望国生十二元
格致散人八元　胡晋修七元　刘忠毅六元
杨味西六元　张润泉五元　玫甘老人五元
殷履亨四元　倜傥非常生四元　朱正初三元
醒世人三元　廖卓生二元　罗懋兴二元
瘦梅词人一元半　陈义珍一元半[①]

应征小说的内容与形式都令傅兰雅很失望，还是计奖20名，比原定取录7名，几近三倍，其殷切冀望之情可恸可鉴。可知，观念之变并非易事。

傅先生当时并不知道，符合征文条件、能写出优秀时新小说的中国作家不是没有诞生出来，而是如后起的李伯元和吴趼人还未从报界步入文坛。耐心一些，过几年他们这些职业小说家才会大显身手，一鸣惊人。

傅兰雅先生这次的时新小说有奖征集，虽然有沈毓桂、蔡尔康、王韬等国内知名人士参与评选，有知识界众多的读者和维新精英们的支持，而且还发了奖，但因其中不能出现如美国废奴主义作家斯托夫人（Mrs.Harriet

① 王立兴：《一部首倡改革开放的小说——詹熙及其小说〈醒世新编〉》，载《明清小说研究》1994年第1期；《新小说前的新小说——傅兰雅的小说竞赛》，〔美〕韩南：《中国近代小说的兴起》，上海教育出版社2004年版，第147页。

Beecher Stowe，1811—1896）所创作的《汤姆叔叔的小屋》的大作，内心有些失望。虽说傅先生是“有意种花”，但实际上他的小说竞赛收获却是“无心插柳”，直接或间接地促进“柳成荫”——新小说时代真正的到来。

不久，社会上出现了两本新小说。1895年仲夏，一个姓詹名熙的浙江衢县人，善画，兼通“中西化学”，在苏州读到《万国公报》上傅兰雅刊登的《求著时新小说启》，于是有感甲午中日之役不振，内心激奋，用两个礼拜写成一篇小说，取名《醒世新编》[①]。两年后经王韬审阅，称善。光绪丁酉年（1897年）七八月间修改补缀成书，重阳九月九日写序于上海书画社，正式付印。这样，第一本具有近代意义的、现实主义风格的新小说诞生了。

《醒世新编》描写魏姓一家三代和孔先生、郑芝芯等人所经历的各种痛苦遭遇，明白了八股、鸦片、缠足是人生之害，决心游历各国，学外文、学科技、造机器，使村人富足。最终总结为只有把西方科技与“三纲五常”结合起来，才能使中国富强。

遗憾的是傅先生在1896年带着“中国情结”阔别了江南制造局和中国，应聘回美国加州教书。因此并没有看到其中一本因响应他的号召而言，但最终没应征竞赛的时新小说。

另一本“时新小说”的出现，时间却稍晚几个月，即光绪二十一年十一月（1895年10月），香港起新山庄十二回石印本，题“饮霞居士编次，西泠散人校订”的《新辑熙朝快史》[②]。书叙主人公康济世有救世之才，旁及泰西诸学。在平定回乱后上书皇帝三万言，改革时政十二条。有改科举、设议院等，一切仿行西法。朝廷恩准施行，督抚照办，国强民富。康氏功成身退，归隐山林。这是近代第一本阐释政治理想、具有浪漫主义色彩的新小

① 王立兴：《一部首倡改革开放的小说——詹熙及其小说〈醒世新编〉》，载《明清小说研究》1994年第1期；《新小说前的新小说——傅兰雅的小说竞赛》，〔美〕韩南：《中国近代小说的兴起》，上海教育出版社2004年版，第147页。

② 《中国近代孤本小说精品大系·熙朝快史》，内蒙古人民出版社1998年版。

说，意义十分重大。作者可能长期在资本主义社会下生活，又有香港社会制度做写作参照物，因而思想毫无压力和掣肘，形象思维如天马行空，自由发挥政见和理想。

按晚清文化的习惯划分，因传奇与杂剧同被歧视，一律列入说部，因而，还会有不少"时新戏剧"有所遗漏。据说上海南洋公学的学生在1899年排了几出新剧：《六君子》《经国美谈》《义和团》。但今天仅知剧目。再有，1899年吴梅先生亦写过有关六君子殉难的传奇《血花飞》[①]，可惜全佚。这比1902年梁启超在《新民丛报》第一年第一号发表的《劫灰梦》早四年。那时专登刊新小说新戏剧的《新小说》杂志远未出世。

即使有晚清小说材料的新发现，任何人说到晚清"新小说"，都绕不过傅兰雅的小说竞赛和两本最早出现的时新小说——《醒世新编》和《新辑熙朝快史》。

国内公开出版物最早提到后者的是1960年出版的北京大学中文系1955级学生所写的《中国小说史稿》。在那个时代和环境，即使稍微离开一下小说史的"既定方向"，需要的不是天赋，而是慧眼和勇气。

第二节　小说也启蒙

吴趼人思想上和小说创作指导上，实际得力于两个人，第一个是翻译了《天演论》、又最先发表新小说理论的中国近代启蒙大师严复。严复在甲午时一直是高论奇出，令社会石破天惊。他以深厚的西学根底为指导，在天津《直报》一气发表了以《原强》为首（包括《论世变之亟》《辟韩》《救亡决论》）的四篇雄文，提出使中国富强的根本办法："一曰鼓民力，二曰开

① 田根胜：《近代戏剧的传承与开拓》，上海三联书店2005年版，第177页。

民智，三曰新民德。”确实已足够吴趼人一辈子受用。粗略比较，吴趼人和严复有几点相似的地方：

第一，两人都先在洋务派军事企业工作，又因不满洋务派而离开。不过职位大不一样，吴趼人是小小的绘图员，而严复在1900年已是北洋水师学堂的总办（校长）。

第二，吴趼人自小厌恶科举而布衣终身，中年朝廷经济特科举荐榜上有名而不屑就；而严复九年考了四次举人，均名落孙山，终大悟觉醒。因而两人都曾从不同角度猛烈地抨击科举。

第三，两人的思想都是在甲午之战中成熟起来的，不过严复是思想家，产生的是指导性的论著，其深厚的西方学术功底，当时无人能及；而吴是小说家，他可以吸收别人的思想，耕耘的收获是大众欢迎的小说。

第四，两人都是坚定的维新派。

第五，1906年前后两人都在文化上渐趋于中西结合式的保守和折中，真诚地回归到孔孟道德上去；两人都在文化观上因西方先进科技和拜金的冲击而感受到进退两难的痛苦；而且晚年同样从国民教育入手，做些工作。

自甲午一役后，吴趼人开始信服严复引入的西方进化论。在吴趼人心目中，严复无疑是最先了解西方、贯通中西之学、在天津《直报》上首先介绍西方达尔文的进化学说著作《物种起源》的启蒙思想家。但就对他个人而言，“物竞天择”和“世道必进，后胜于今”的社会进化观，却是影响和促使他离开制造局、破茧而出、重新寻找价值、选择人生道路的思想指引。

对吴趼人小说观念直接发生过重要影响的，是严复与夏曾佑在天津《国闻报》发表的《本馆附印说部缘起》，当时正是吴趼人于1897年11月初进报界主笔《消闲报》之时。

在这篇文章中，作者构筑了新小说理论的主干，严、夏二人公然在报纸上冒天下之大不韪，喊出：

夫说部之兴，入人之深，行世之远，几几出于经史上。[①]

轻轻的一句，足令中国“说部”和“经部”的位置，天翻地覆。

从现在看，当然是为已出世和未出世的“新小说”寻找理论的护法盔甲，但对于当时满脑旧小说观念又欲身投小说界的吴趼人来说，却是一记当头棒喝和清醒的洗脑剂。

严、夏的《缘起》又说：

且闻欧、美、东瀛，其开化之时往往得小说之助。[②]

这就把小说的社会作用和正在进行的维新变法运动结合起来，显示出新小说（包括小说理论）与生俱来的政治倾向和时代特征。当时正在上海任《时务报》主笔、又企盼小说改革同道战友出山助战的梁启超，看到了严、夏这么一篇高水平的文章，非常激动，当时即赞其为 “雄文”，而“狂爱之”。

吴趼人面对着自己写的正要出版、既庸俗又拙劣的小说《海上名妓四大金刚奇书》[③]手稿，充满沮丧和懊悔之情。自此，此书在文学上终生不再提起。

吴趼人精神上第二个导师是最先提出小说救国的梁启超。

如果说严复（以及夏曾佑）代表当时《新小说》创刊前小说理论的最高

---

① 陈平原、夏晓虹编：《二十世纪中国小说理论资料》第一卷，北京大学出版社1989年版，第1页。

② 陈平原、夏晓虹编：《二十世纪中国小说理论资料》第一卷，北京大学出版社1989年版，第1页。

③ 吴趼人：《海上名妓四大金刚奇书》，见《吴趼人全集》第六卷，北方文艺出版社1998年版。

水平，那么梁启超则以维新改良派和文学革新运动、政治与新文化双重领袖的身份推动了小说的理论和实践。而他所创立的《新小说》杂志就是三者互补滚动式发展的阵地。

吴趼人比梁启超年长八岁，是佛山书院的前后同学。吴趼人不但在康、梁所领导的、由“公车上书”拉开序幕的维新变法运动中与广大爱国进步的知识分子一样，激奋、动容、奔走顾盼，而且撰写《政治维新要言》60篇，表示衷心地支持和拥护。

1897年初，梁启超在《时务报》发表了著名的《变法通议》一文。梁启超的新小说理论终于在维新变法的背景下，以新民和开民智的面目新鲜出炉。虽然该文没有半年后才发表的严、夏二人的《本馆附印说部缘起》所阐述小说变革的理论那么深厚，可这毕竟是近代新小说理论第一次登上历史舞台、第一次提出小说改革的主张。梁启超从小说“读者反多于六经”的事实，发现小说在最广大读者当中的魅力传播和社会教育之间的关系，从而提出以“新编”的小说代替“诲盗诲淫”的旧小说：

> 近之可以激发国耻，远之可以旁及夷情，乃至官场丑态，试场恶趣，鸦片顽癖，缠足虐刑，皆可穷报异形，振励末俗。[1]

吴趼人在1897年秋将去《消闲报》任职时，第一次从《时务报》看到梁启超的《变法通议》之时，虽然也觉合其心意、切中小说现状，但不会产生太大的感触和激动。但当1902年至1903年重看该文时，心里感受却有天壤之别。特别是在与梁鼎芬在办报方针宗旨上互相对峙，对官方的恶势力手段之阴险和横蛮，已由刻骨仇恨到溢于言表。

“揭露时弊，改良社会”，这不就是他在编辑小报时期的宗旨吗？吴氏

---

① 陈平原、夏晓虹编：《二十世纪中国小说理论资料》第一卷，北京大学出版社1989年版，第12页。

不能不感谢这个年纪比他小的同乡。可以想象吴趼人看后会多么激动，能点燃多么大的写作能量和热情。

吴趼人看到《变法通议》中的“穷报异形”，一下子停住了，刹那间，“异形”和“怪现象”一下子对接贯通，心灵中顿时产生了巨大的勇气和决心：他将在后半生，把社会的魑魅魍魉和社会种种“异形”的“怪现状”通通在光天化日下展示出来。这大概是吴趼人之成名作《二十年目睹之怪现状》的“怪现状”的来历。

梁之新小说理论，虽然并不是中国小说理论的突破，但一旦社会有此需要就会产生改变局面的伟大力量。

1898年，梁启超因戊戌变法失败，逃亡日本。他在《清议报》第一册发表《译印政治小说序》[①]，第一次倡导译印“政治小说”，有力地喊出了“小说为国民之魂”的呼声。这对吴趼人来说，犹如天外雷声，振聋发聩。同年底，梁启超在《清议报》长期连载他与人合译的带有示范性的日本政治小说《佳人奇偶》，令吴趼人眼界大开。

1902年11月，梁启超创办的《新小说》——中国近代第一本有影响的资产阶级文学杂志，在日本横滨山下町百六十番新小说社诞生。刊物的取名与日本1896年创办的杂志同名。据实藤秀惠所著的《日本文化影响中国》认为，梁启超把杂志改名为《新小说》，与1896年在日本东京春阳堂出版社出版的名为《新小说》的杂志有些关系。一言以蔽之，正如它在《新民丛报》第四号刊登预告的卷头上所写：“本杂志之宗旨是专借小说家之言，在于启发国民的政治思想，激励爱国精神。”梁启超正是意图借小说这根金箍棒，把充满中国晚清国民头脑的毒素：状元宰相思想、才子佳人思想、江湖盗贼思想、妖巫狐鬼思想等通通肃清打倒。

《新小说》以发表“新”小说为主（包括翻译小说），也登载文艺理

---

① 陈平原、夏晓红编：《二十世纪中国小说理论资料》第一卷，北京大学出版社1989年版，第21页。

论、戏曲、诗歌、笑话和灯谜，以及世界名作家、名演员的照片，编排不落俗套。该刊首期发表了梁启超的《论小说与群治之关系》，作为发刊词。文章一开头就宣布：

> 欲新一国之民，不可不先新一国之小说。……人今日欲改良群治，必自小说界革命始。①

正式提出以“小说界革命”为口号，号召“大雅君子”投身于新小说创作，拉开了近代新小说创作实践和创办小说期刊的序幕。

随即而来是刊登梁启超创作的宣传君主立宪的政治小说《新中国现在记》和羽衣女士（罗普）发表的鼓吹革命的小说《东欧女豪杰》……再随之汹涌而来的是中国小说杂志创刊和新小说创作绵绵不绝的浪潮。暂且不论康、梁在丧失执政可能性之后日趋保皇反动的问题，但就其《新小说》杂志对待革命派和改良派一视同仁的开放心态和首创作用而言，应该说是进步的。它填补了革命党人在文化战线上的空缺，推动了中国近代小说的繁荣和发展。

第三节　希望在横滨

吴趼人有阅读改良派报纸的习惯，他所写的《新石头记》就描写过其的化身贾宝玉下凡，来到上海住下，在房间翻出了：“一个纸包，上面题着四个字，是‘此是禁书’……原来里面只有三本书；却是第一、第二、第三的三册《清议报》。便拿过来看，觉得精华又较《时务报》胜些。”

---

① 陈平原、夏晓虹编：《二十世纪中国小说理论资料》第一卷，北京大学出版社1989年版，第33页。

同一回另外一处，又说贾宝玉："在书堆里拣出三部全份的《时务报》，还有许多《知新报》……"

这些不经意的小说细节，都再次证明，或有理由相信吴趼人通读过改良派的报纸。

1903年5月底、6月初，武昌。吴趼人辞去《汉口日报》主笔一职，行将回沪。桌面放着一册已经打开的、于清光绪二十八年（1902年）十月一日出版的《新民丛报》第十九号和《新小说》第一号，窗外是流经武汉三镇的白茫茫远去的长江。

趼人翻开中国销售量最大的维新派报纸——《新民丛报》第十九号，竟然看到刊登了一版《新小说社征文启》。在今天看来，这是中国第一份近代小说杂志向海内外广泛征求著译小说、戏曲、杂记及歌谣等文艺作品的征文广告。趼人再翻开《新小说》第一号，肯定这是一本专门刊载小说的杂志。

无论从何种角度都有理由相信，欣喜欲狂而又细心的吴趼人会不止一次地、反复地读了又读《新小说社征文启》。它需要广大有志于新小说、翻译小说的同盟军参加。为了和读者共享，兹录全文如下：

小说为文学之上乘，与社会之风气关系最巨。本社为提倡斯学，开发国民起见，除社员自著自译外，兹特广征海内名流杰作绍介于世，谨布征文例及润格如下：

第一类，章回体小说在十数回以上者及传奇曲本在十数出以上者：

自著本甲等每千字酬金四元	
同乙等同	三元
同丙等同	二元
同丁等同	一元五角
译本甲等每千字酬金	二元五角
同乙等同	一元六角

同丙等同　　　　　　　　　　一元二角

凡有惠寄此类稿件者，若能全书见寄最妙，不能则请先寄三回或三出以上，若本社不合用，即将原稿限五日内珍复，决不有误；若合用，则拟其酬金等第奉告。如投稿者或不满意于其等第，亦请速惠函，俾将原稿珍复。

本社所最欲得者为写情小说，唯必须写儿女之情而寓爱国之意者乃为有益时局，又如《儒林外史》之例，描写现今社会情状，借以警醒时流，矫正弊俗，亦佳构也。海内君子，如有夙著，望勿闷玉。

第二类，其文字种别如下：

一、杂记或如聊斋或如阅微草堂笔记，或虚构或实事，如本报第一号“杂记”之类。

二、笑话。

三、游戏文章不拘体格。

四、杂歌谣不必拘定乐府体格，总以关切时局为上乘，如弹词、粤讴之类皆可。

五、 灯谜、酒令、楹联等类。

此类投稿者恕不能遍奉酬金，唯若录入本报某号，则将该号之报奉赠一册，聊答雅意。其稿无论录与不录，恕不缴还。

凡投稿诸君务请书明姓氏住址，俾得奉复。

日本国横滨山下町一百六十番（新小说社）①

无疑这是中国近代文学第一次由一个小说杂志刊登的征文启事，象征着文学从中古向近现代的过渡的开始。有宗旨、文例、品种、润格和指导性意

① 郭浩帆：《〈新小说社征文启〉及其价值和意义》，载《明清小说研究》。

见，几乎与当代的征文启事毫无二致，包括了小说杂志社与小说作者之间，在市场条件和政治条件下供求关系的全部要件和元素。

今天看来，吴趼人虽然会因梁启超横滨之小说杂志激起热情，但又觉惭愧，心中有四件事使他感触颇深。

第一件事是他在1902年辞《寓言报》主笔而归，准备“闭门谢客，行将著书，承诸友爱我勉我，以开化为宗旨；又承诸友爱我，代为踌躇：‘薪水或不给否？’此两种朋友，我均甚感之敬之。更有一种人闻我此事，笑语他人曰：‘此无理之举动也。’是言也，居然和我老婆一般见识”（《吴趼人哭》）。结果，还是暂时妥协，暂不写小说，先到《汉口日报》当主笔去。

吴趼人想在家中写作，做一个专业作家，并把这个决定告诉了老婆和朋友们，结果是朋友和老婆喋喋不休地反对，怀疑靠写小说能否维持一家生活。另有一些人更是将他看作是傻子。提出并真正地去做一个专职的小说作家，这是中国自古以来破天荒的一个进步。这种第一次“吃螃蟹”的大胆勇气，令吴趼人的亲朋戚友大惑不解。当然，小说和吃饭哪一样也少不了。

第二件事是越发敬佩梁启超这个老同乡。几年前吴趼人从《变法通议》之“穷报异形”中之“异形”，贯通到社会种种牛鬼蛇神之“怪现状”，解决了能不能写、应不应写、是不是“异”、是不是“怪”的大问题；现在《新小说社征文启》又以吴敬梓的“《儒林外史》之例”，“示意亦佳构也”；又从内容上阐明以“描写现今社会情状，借以警醒时流”，“寓爱国之意者”。趼人从来也没有像这样激动，这不仅是激动，而且是那种久旱逢甘露、英雄所见略同、不能溢于言表的感戴之情。梁启超新小说之要求与宗旨，实际上从外部诱发了一个自17岁浪迹申地、20年游遍大江南北、饱经沧桑和见尽魑魅魍魉的血性汉，一个热肠人的胸中块垒：国事忧患、民生水火、目睹之牛鬼蛇神、改良社会……全都熔于一炉，状如火山熔岩。吴趼人正在寻找出口和喷发的机会。

真正给吴趼人重大刺激的是第三件事：李伯元的长篇章回小说《官场现形记》开始在他本人创办的《世界繁华报》上连载。据孙玉声回忆：“购阅者踵相接，是为小说报界极盛时代。”而且万分巧合，五月二十七日是《汉口日报》改为官办、吴趼人愤然辞职之日，而这正是李伯元受聘主编半月刊《绣像小说》之时。此期创刊号，李伯元所创作的《文明小史》《活地狱》《醒世缘弹词》，以及时调、戏曲，无一不意气风发，生气勃勃。

第四件事，是指1899年2月林琴南的译作《巴黎茶花女遗事》在福州正式出版。此书立即以“外国《红楼梦》” 征服大江南北的市民和士子，一时出了多种版本又多次重印。自始，外译小说如拍岸之海涛一浪接一浪，促使本土创作小说高潮之来临。

吴趼人感到自己落后形势，愧对康梁，也愧对同行。他对自己还没有拿得出手的成名小说，感到十二分羞愧。

吴趼人一生中，对其有深远影响的还有一人。此人可以称得上是师友之间，是对吴趼人办报有引导和帮助之功，后又成为小说家、期刊家的李伯元。在上海办文艺小报，李是开山祖，创作良多，身后他人只是亦步亦趋，无法竞美。吴趼人在写《李伯元传》回忆上海初兴小报时说：先“创为《游戏报》，为我国报界辟一别裁，踵起而效颦者，无虑十数家，均望尘不及也。君笑曰：一何步趋而不知变哉！又别为一格，创《繁华报》”。

其笔下充满对李伯元的敬佩之情。

即使是吴趼人的文体优势——寓言体，李伯元也对吴趼人有导引之功。那时吴趼人初办《采风报》才一个月，李伯元在《游戏报》撰文《论本报多寓言》。他批评有人以为报纸为大雅之堂不应刊登那些“专以鼠肝虫臂之谈为一家言”的小道寓言，并以本报馆主人身份说：世事变得太坏，每每“迫我忧伤”，已无心高谈阔论，只好“以嬉笑怒骂之词，庄谐齐语，半属寓言，作如是观”[①]。这种来自办报同道中人提高寓言文学品位和战斗力之言论，对开始尝试写作寓言的吴趼人，真如炎夏之冰、醍醐灌顶。

① 《论本报多寓言》，见《李伯元全集》第五册，江苏古籍出版社1997年版，第32页。

1902年12月3日，天津《大公报》刊出《保举经济特科员名单》，其中列有曾国藩之孙曾慕陶保举李伯元和吴趼人。马上有官员弹劾李伯元，阻止推荐。李伯元大笑曰：是乃真知我者，“辞不就征”。吴趼人公然以伯元为榜样，亦“夷然不赴”，坚与伯元共同走上职业小说家之路。两君如双子星座，互相辉映，至今传为佳话。看来，李伯元对吴趼人的人生确有导向作用。

1902年11月14日，梁启超《新小说》发难问世，真有雄鸡一唱天下白之首功。李伯元主编的《绣像小说》在1903年五月创刊，紧追而来，在晚清四大文艺刊物中时间最长，实绩最佳。吴趼人虽说与《绣像小说》有业务联系，而且与李伯元个人情谊甚笃，思想更近于维新改良。不料，第八期连载小说栏中突然杀出一位47岁的甲骨文专家刘鹗，所描摹景象、人物极为卓越的成名之作——《老残游记》；而李伯元更是以半生汇聚之精力，毕其功于一役，蓄势三路迸发，从当年至1905年，同时写作和发表三部小说：《官场现形记》《活地狱》和《中国现在记》。李伯元三路斩获，突飞猛进之态势，不能不使吴氏汗颜而感到压力日增，于是暗下决心，拍马直追。

吴趼人曾在宣统二年（1910年）《近十年之怪现状·自序》一文中谈到七年前（1903年）开始创作小说时那种高度自信和一发冲冠之心境：

> 落拓极而牢骚起，抑郁发而叱咤生，穷愁著书，宁自我始？夫呵风云，撼山岳，夺魂魄，泣鬼神，此雄夫之文也，吾病不能。至若志鱼虫，评月露，写幽恨，寄缠绵，此儿女之文也，吾又不屑。然而，愤世嫉俗之念，积而愈深，即砭愚订顽之心，久而弥切，始学为嬉笑怒骂之文，窃自侪于谲谏之列。

吴趼人1903年辞去《汉口日报》主笔时转入小说创作之心境，是郁积20年之牢骚，其抑愈久，其发愈速。当是时，先不说拒俄运动进入高潮，革命报纸杂志似雨后春笋，如《浙江潮》《江苏》《湖北学生界》《中国白话报》等纷纷创刊，各种杂志达数十种之多。它们刊载政论、杂感、小说和戏曲，并大量译介西方社会科学著作，蔚然成风，不可遏止。清廷和各省有关禁报、禁书目之上谕、公告、告示，如同废纸。

梁启超曾对这段特殊时期的文化形势有过评述："壬寅（1902年）、癸卯（1903年）间，译述之业特盛。定期出版之杂志数十种，日本每一新书出，译者动辄数家。新思想之输入，如火如荼矣。"①

十分明显，吴趼人这种"落拓极而牢骚起，抑郁发而叱咤生"的时代忧愤和蓄势待发，是有1903年革命新文化的整个大局势迅猛发展做背景的。当然，还有一个"著书只为稻粱谋"，即家庭众口要吃饱肚子的实际需要。

吴趼人对自己的文字风格的认定和群众对自己讽刺艺术风格的认同和欢迎，心中是有数的。

大刀阔斧，气撼山河之雄文，吴趼人自知不能；风花雪月，儿女情长之文，更不屑亦不合自己的个性情怀。吴趼人心中明白自己的语言长处和文字优势在于讽刺。他的好友李葭荣说："君能言善语所至演坛，皆大哄曰：吴君来。君每一发言，庄谐杂出，能了见人心理，不爽毫发，听者舞蹈歌泣，诸态皆备。"②

看来，吴趼人不但继承了从先秦两汉至唐、宋、元、明、清"谲谏之列"的讽刺文学，而且高度自信完全掌握了这种带有自己个性的嬉笑怒骂之文笔。

吴趼人在《近十年之怪现状·自叙》继续总结道：

> 犹幸文章知己，海内有人，一纸既出，则传抄传诵者，虽经年累月，犹不以陈腐割爱，于是乎信此文字有神也。爱我者谓零金碎玉，散至可惜，断简残编，掇拾匪易，盍为连缀之文，使见者知所

---

① 梁启超：《清代学术概论》二十九，人民出版社2008年版。

② 李葭荣：《我佛山人传》，见魏绍昌：《吴趼人研究资料》，上海古籍出版社1980年版，第10页。

宝贵，得者便于收藏，亦可借是而多做一日之遗留乎？于是始学为章回小说，计自癸卯始业。[1]

在五年的报人生涯中，吴趼人不断地收集读者反馈的信息，而后深知创作的生命在于读者，文稿中的几行格子是没有生命的，要每一个读者赋予它灵魂，才会使一篇文章变成“零金碎玉”，才“于是乎信此文字有神也”。

这正是吴趼人在报纸上不断发表讽刺性寓言和诙谐文学性短文所带来的声誉，这是他准备向梁启超《新小说》杂志投稿的巨大信心和根植之基础。他几乎不想再提起前几年自己写了一本《海上四大金刚》，吴趼人决定从头开始，重新“始学为章回小说，计自癸卯（1903年）始业”。

上帝之手，把一个17岁佛山大族的破落子弟带到了黄浦江边，送进了全国最大的军事工业制造之城，走进了中西文化结合、中国西学翻译的最大中心，他在这个“军事工业制造之城”，虽若甚微，但发愤自学，佣书、绘图、学工学文；坎坷而入世，看尽制造局和社会的“怪现状”；这个青年以毅力自学成才，以“补”天下为己任，“破茧”几次，艰难求索。小报花丛伤心痛史、阅尽糊涂世界里的劫余灰和黑籍冤魂、七尸八命、瞎骗奇闻里的发财秘诀、《汉口日报》之恨海情变、最近社会龌龊史……这个“中国一分子”的热血人，胸中的小城里的大千世界，所蕴藏的国事、家事、天下事，商场、官场、欢场、名利场……忽然自1903年始，汇结为九死一生的万千说部——《二十年目睹之怪现状》《新石头记》……

于是，1903年某月某日便发生了近代小说史上十分重要而不可忽视其细节性的一幕：一个中年人，提着厚厚一包书稿，走到上海“虹口蓬路日本邮便局，买了邮税票粘上”，寄到梁启超先生的编辑室——“日本横滨市山下

① 吴趼人：《近十年之怪现状·自叙》，见《吴趼人全集》第三卷，北方文艺出版社1998年版，第299页。

町——百六十番新小说社”。[1]

于是就在这一年十月，《新小说》第八期开始连载吴趼人的名作《二十年目睹之怪现状》第一、二回，鞭挞贾似道卖国求荣的《痛史》的第一、二、三回，探求译述文体的外国翻译小说《电术奇谈》第一、二回。当然，同期发表的，还有和吴趼人一起加盟支持《新小说》的周桂笙所译法国小说《毒蛇圈》。

从此，吴趼人胸中的万千说部，如天女散花，缤纷而下，也如朝霞初现，喷薄而出，亦似排山倒海，浪涌滔天 —— 一发冲天而不可收。

① 吴趼人：《吴趼人全集》第一卷，北方文艺出版社1998年版，第15—16页。

第十二章

大事和小事

1903年对于反清形势和新文学运动都很重要，就吴趼人而言，这一年，他的三部长篇小说在日本横滨《新小说》杂志开始发表；1905年也令人瞩目，吴趼人就在这一年，积极投身上海反美华工禁约运动，是他一生反对帝国主义的高潮。

那么，1904年呢？之所以值得注意，是因为发生了国人注目的日俄战争。这是一场旨在争夺朝鲜和我国东北地区的罪恶的外国战争，关系到中国东北领土的安危。这场日俄战争发生之前立宪声势不大，此后情况骤变，迅即高涨，形成了一个全国性的运动。这场战争确实大大刺激了立宪派！也刺激了吴趼人。

1905年5月，俄国波罗的海舰队在对马海峡全军覆没。战争结局确如立宪派的预想，他们大声疾呼："全球富强之国，不是立宪，便为共和。"

预想被证实又使他们注入了百倍热情、千倍勇气，看到了中国立宪可以救国的大好前景。一场战争刺激了许多中国人猛醒，转移阵营，许多守旧人物也顺势鄙弃专制，投入晚清立宪的洪流。

吴趼人虽因日胜俄败而兴奋一时，却始终不减对清廷立宪的怀疑。当然，吴趼人是从思想到内心真心实意以立宪救亡图存的，但他却又是一个看穿了清政府，不断揭露它假立宪，不对它寄予希望的十分清醒的立宪派。这是吴趼人思想道路的大事。

第一节　有事到日本

吴趼人到过日本，生平唯一的一次。但什么时间，为何事，为何与周桂笙先后到横滨，见过谁？至今还没有发现中日文献上的记载。

据魏绍昌先生推定的时间为1903年冬，然而十分重要的阳历或阴历却没有说明。为何事？周桂笙在他所著的《新庵笔记》卷三《新庵随笔·吴趼人》上，说："趼人先生及余，皆尝任《新小说》社译著事，自沪邮稿，虽先后东渡日本，然别有所营，非事著书也。”

有人说，周桂笙在《清议报》时期就与梁启超打过文字交道。这一说法，无论对周桂笙还是吴趼人究竟去日本横滨干什么，都没有说清楚。因而魏绍昌在《吴趼人研究资料·鲁迅之吴沃尧传略笺注》注释（九），仅采用了吴趼人堂弟吴植三在1962年的说法：“趼人在沪曾助理广智书局业务，此去与新小说社联系出版发行事项有关。”[①]

因是孤证，而且缺乏吴植三当时与吴趼人之关系的背景情况，无法进一步考评，因此大多数学者只当作一种无法证实的说法待考而已。如果就其合理性，考虑吴趼人当时情况，在“出版发行事项有关”八个字上推敲，估计有不少人会赞同。研究梁启超的夏晓虹女士就是一个，也是她第一个提出：几个月内，吴趼人和梁启超两次会面，第一次在日本，第二次在上海。

这里首先将思考的重点，改放在吴趼人去日本期间，梁启超在不在日本这个关键问题上。

从梁启超《新大陆游记》得知：梁启超是1903年11月28日由“湾高华乘‘中国皇后号’归亚洲，12月11日抵横滨，船程14天。次日，诸同志开欢迎会于大同学校。越年，梁启超以“正月杪返（中）国，往香港开会（保皇大会）”。[②]

杪，即末，可解为下旬，意为梁启超在1904年正月下旬（3月7日至16日之间）坐船离开横滨赴香港。计梁启超1903年在横滨的时间只有月份牌上最后20天。那么，梁启超在国内还在被通缉、报纸报道极少的情况下，除非吴趼人有内线消息，掌握梁启超的行踪和包括船期的精确计算，不然，1903年内是难以见到梁启超的，1904年却不难见到。若吴趼人不是12月出发，是11月出发到日本，那么梁启超要一个月后才会回到日本。按吴趼人的个性和情

---

① 魏绍昌：《鲁迅之吴沃尧传略笺注》注释（九），见魏绍昌：《吴趼人研究资料》，上海古籍出版社1980年版，第5页。

② 丁文江、赵丰田：《梁启超年谱长编》1904年条，上海人民出版社1983年版，第836页。

况，恐怕不会在横滨无所事事而滞留下来。

当然，吴趼人并没有什么非见梁启超不可的理由，那么到日本为何事呢？我以为吴植三的说法：“与新小说社联系出版发行事项有关。”有参考价值。

这要从吴趼人家庭生活开支说起。吴趼人要负担的有：母亲、妹妹、本人婚事开支、购书、朋友场面、资助朋友、每天喝酒费用、看病（可能是肺气肿），还有依附吴家生活的亲戚……

“破帽遮颜过闹市，著书只为稻粱谋。”以吴趼人知名度，光是以写小说养活一家人生存容易，但顾及其余或突发什么事就十分困难，以致去世时家无余财，无力办丧事可证。试想生活在沿海发达商业城市佛山，颇有商业头脑的吴趼人，若选择兼营广智书局的《新民丛报》《新小说》以及各种类新学书籍（一百几十种）的批发，联系上海以外（如《汉口日报》王华轩经理的售书处）出售，以折扣拿佣金是完全可能和合理的，而且这对广智书局增加营收销售也有利。

何况，他与广智书局总经理冯镜如同是南海人，政见也相同。但是，广智书局除了初期有利润，后来一直亏损累累，梁启超从美洲回日本横滨后所烦心之一，正是此事。然而若吴趼人今后把自己连载完的小说，同意将版权转让广智书局出版，那么，之间的利润分成和以后他兼营批发的折扣的经济问题，恐怕在广智书局严重亏损的情况下，上海无人敢于做主，只能让横滨的当家人决定，当然，最好是当事人面见梁启超，当场拍板。

再是从吴趼人和周桂笙小说出版稿费是否稳定的角度，《新小说》杂志在1903年前途甚不明朗。若是魏绍昌所说吴趼人1903年冬去日本是指农历，那么，吴趼人当是在阳历1月才去日本的，作为每月15日必定发行的月刊《新小说》，从1903年第八号（10月15日）始至少已有二期不知为何脱期。这不是小事情，是与吴趼人家庭生活和今后稿件去向有关之大事，光这个缘故就有足够理由去横滨问清楚。

其实横滨新小说社也正想在稿源严重缺乏的情况下见到吴趼人和周桂笙

这两个救星，亟须由他们两人当面承诺长期支持《新小说》。不然，徒然少了三分之二稿件，只好关门。实际上《新小说》从第三号开始就难以为继，暂由披发生（玉瑟斋生、罗普）等支持着。当然，两人若能见到当家人梁启超，一切疑问都最后澄清和解决了。所以说，横滨吴趼人和梁启超见面，实是双方互有所求、自然一拍即合的事情。

根据霍俪白的回忆文章叙述吴趼人之表现和心情推断，吴趼人应该在横滨会见过梁启超，而且皆大欢喜。从梁启超看，结果是《新小说》得两位生力军之鼎力支持，得以延续。《新小说》有吴趼人帮助发行，自然从下年1月交由广智书局出版发行。

从吴趼人看，“助理广智书局业务”，与“新小说社联系出版发行事项”是佛山人善经商的强项，此举大有利于广智书局，互利，岂有谈不成之理。

然而两个月后再与梁启超会面，是两人当初也意料不到的。吴趼人早计划好，若《时报》在上海成立，业务便需要大家的扶持，尤其是吴趼人的“我佛山人”之名，在《二十年目睹之怪现状》发表后的声誉，如日中天。

第二节　上海会面

无论趼人在横滨有见或没有见到梁启超，都是推断而已，然而有文献确证的是1904年4月在上海，有人见到了吴趼人约请梁启超。

1904年正月下旬，梁启超坐船离开横滨，目的是去香港开保皇大会。二月末，再赴上海与罗孝高、狄楚清策划和筹办《时报》。是时梁启超还在清廷的追捕中，“未便露头角，乃改名姓，匿居虹口日本旅馆‘虎之家’三楼上”。[①]霍俪白的《梁任公先生印象记》是这样记载的：

弱冠游学沪滨，适值先生自日本潜赴香岛，路过上海稍事勾留，偶于乡前辈冯挺之先生席上一遇之，初见平易无异常人。次日复于吴趼人先生（即我佛山人）座上再瞻丰采，趼人先生固淳于髡之流，多方为余揄扬，并谓是君虽少，曾居印度有年，深知印度国情，熟谙梵文等语。实则余虽曾随父执旅印三年，略操印度流行语，他非所习也。[②]

上文叙述见霍俪白会见冯、梁二人经过所述，应皆是事实。冯挺之是梁启超的心腹信徒，亦多有任用，在日本横滨大同学校任教已数年，1904年4月初，护送梁的侧室“王姑娘”先行到沪“坐月子”。冯的另一任务是担任迟两个月后才出版的上海《时报》编辑。若霍俪白早些日子来沪，莫说见不到南海乡前辈冯挺之，也无从见到梁启超，因而霍俪白文中说梁启超“路过上海”，自己“适值”来沪，又“偶于……”见到了冯梁二人，这是实情，表述亦十分准确。

其次是文中说到“趼人先生固淳于髡之流，多方为余揄扬”“不可方物”的仪态，反映了吴趼人这个性情中人，先后两次会见梁启超，心中刊物脱期的疑团和一切营、销问题均已顺利解决，其愉快心情表现在为乡人后生见梁启超的多方揄扬中天真地流露。因而这段回忆文章，可信度十分高。

说到《时报》，这对吴趼人晚年关于中学和西学的思想是有一定程度影响的刊物，梁启超在《时报发刊例》指出：“于祖国国粹，固所尊重也，而

① 丁文江、赵丰田：《梁启超年谱长编》1904年2月条，上海人民出版社1983年版，第336—337页。

② 霍俪白：《梁任公先生印象记》，见夏晓虹编：《追忆梁启超》，生活·读书·新知三联书店2009年版，第163页。

不迂于当世之务者，束阁之。于泰西文明，固所崇拜也，而不应于中国程度者，缓置之。”这无疑给吴趼人晚年对吾国文化和道德在欧风美雨的冲刷下迅速崩溃的担心和困惑，指出了一条新路。有关这方面的见解，吴趼人固执而夸大其中一端，见解大不如梁启超。

第三节　报人作家的夜生活

1909年初，吴趼人在上海《中外日报》发表和连载《近十年之怪现状》（又称《最近社会齷齪史》），此书的批判性和深刻性比《二十年目睹之怪现状》大为减弱的问题，暂且不论，但其第五回《奇举动盛宴贺期丧，叙琐屑绮筵呈丑态》，内有一段晚清文学史上四个作家在社交场合聚会的描写，引起了研究者的浓厚兴趣。晚清报人作家聚会饮花酒，生动真实的过程，不但是吴趼人在1904年与晚清报人作家群交往活跃的证据，也是研究晚清报人作家难得的历史见证。移录如下：

> 到了晚饭过后，紫旒的催请条子到了，二人便相约同行，到了花锦楼处，只见主人伊紫旒之外，已有了两个人，彼此招呼通名，原来一个是秦梦连，一个是袁伯藜，都是上海有名人物。大家无非说些久仰大名的客套话。过了一会儿，外场又报说客来，紫旒起身招呼，原来是任剑湖，已经吃得满面春风，走来便道：“时间正好呢！”剑湖招呼鲁、李二人。通过姓名，紫旒便叫罢席，一面问剑湖道：“想是先赴了一局？”剑湖道：“不要说起。今天赴了一局，犯了个名教大罪。我起先是不知道的，所以去了。及至问出情由，托故要走时，又被他百般拉住。没奈何只得借他的酒，浇我的愤懑，所以多吃了些。不知可有豆蔻？我要讨点解酒。回来还要吃呢！”

花锦楼听说，便去抽屉取了半颗，递给剑湖。剑湖接在手里，瞅着花锦楼道："好好的一个人，为什么要犯无名肿毒！"花锦楼道："我好意给你豆蔻解酒，怎么你谢也不谢，倒咒起我来！"剑湖道："请教你芳名叫什么？"花锦楼道："难道你头一回见我，不知我的名字叫花锦楼？"剑湖回顾紫旒道："他们不懂倒也罢了。难道做客的也不懂？总不提醒他们？自陆兰芬作俑，门外面只贴一张'陆寓'的条子，这一班人就纷纷效尤起来，都改成了'某寓''某寓'，以为时髦。及至叩她芳名，她就叫'某寓'，你说不是笑话吗？近来又不知怎样又行了什么轩啊、馆啊，什么楼、台、阁，都弄出来。从前有一个名士沈玉笙，代谢湘娥题了一个什么仙馆，后来他们也纷纷效尤，都是一个某某仙馆的灯笼。然而仙馆是仙馆，问她名字，她还有个名字。就如陆兰芬，她虽用了'陆寓'门条，然而她还是叫陆兰芬，不像现在的亭、台、楼、阁，你问她的名字时，她就叫什么亭、什么台、什么楼、什么阁。贵相好花锦楼，明明是个楼名，不是人名。既没了名字，岂不是和无名肿毒一般，叫不出什么名字来的吗？"花锦楼笑道："呸！还要说呢！"剑湖道："就不是无名肿毒，也应是个无名小卒。"一句话说得合座都笑起来了。剑湖又道："还有，写起局票来，今日在这里吃酒，叫别人到花锦楼来，还说得过去，若在别处叫花锦楼去，岂不是要把一座花锦楼翻造到那里去吗？上海不少文人墨士，怎么都随声附和，不通到这步田地，岂不是怪事？"

伯藜笑道："你何必在这个里头和他掂这个斤两？到底上海有几个通人？通人又哪个去管这个闲事！不过任凭那一班附庸风雅的名士去胡闹罢了！倒是你说什么赴了一局，犯了名教大罪，把这件事说一说，或者倒是我明日报上的材料。'剑湖道：'这件事说起来话长呢。我是吃过了，恐怕别位肚饿，且上了席再谈吧。'梦莲道：'是极，是极！我来写局票。"说罢，提起笔，问了各人，一一都发了出去。紫旒便起身让座，薇园问道：“乔子翁、李伯翁今天没有来吗？”紫旒道：“他两位……”说到这里，忽然回头问伯藜：“我托伯翁代邀贵本家袁聚鸥，怎么不见到？”伯藜道：“他此刻正是忙的时候，怎么得来？”

这段小说引文使晚清文学研究者大感兴趣之处，是作者把几个作家的业余聚会、吃花酒以及和妓女打情骂俏的情形融入小说情节，以十分自然和真实的状态反映出来；谁要历史地、客观地以“知人论世”的方法切入他们的生活，就不能不充分了解他们鲜为人知、非道貌岸然的夜生活那一面。有趣的是，作者先名字的倒读和谐音，把几个著名作家变成“陌生的熟悉人”。如袁伯藜倒读为藜伯袁，即谐音李伯元；任剑湖倒读为湖剑任，即谐音吴趼人（沪音湖、吴同音）；秦梦连倒读为连梦秦（沪音秦、青同音）；在报馆“正是忙”值夜班，并未出场的袁聚鸥倒读为鸥聚袁谐音则为欧（阳）巨元。

吴趼人不改本性，善饮、幽默和善侃，兼抨击时尚又讽刺道学文人；而李伯元在酒酣中不愧报人本色，不忘寻找新闻，追着吴趼人问遇上的那桩“犯了个名教大罪”的头局酒席，其中有什么内幕真相，嚷嚷“倒是我明日报上的材料”。

花枝招展，衣光鬓影，杯盏交错，时尚在说笑中变成幽默，故事在讽刺中成为明天的新闻。

类似以李伯元和吴趼人为中心的小说家和报人晚上松散的花酒聚会，每晚在上海各处盛行。当然与《时报》主编狄葆贤在编辑室楼上题名“息楼”的新派知识分子聚集大有不同。前者无政治目的。后者有两股幕后力量：一股是来自康梁，光《时报》报馆开办就费去了十多万资金，但已经觉得对实权难以掌控；梁启超显然对狄氏看走了眼，种瓜有时却会得豆。另一股隐藏得更深，如五大臣出国考察宪政前，端方托人带信到上海，要求他们在离沪出发时“风光风光”。于是在狄葆贤组织下，“息楼”同人，那些在张园演说的江浙资产阶级的政治代表，如沈恩孚、袁希涛、黄炎培、龚子英、林康候、史量才、吴怀疚、朱少屏、杨白民、杨廷栋等等，一起讨论要不要欢送和如何欢送五大臣。[①]而张謇和赵凤昌却躲在《时报》隔壁的“一品香”西餐厅喝着咖啡遥控。[②]前者花酒聚会上的话题虽时有警世、纠风，却搞笑、轻松和官方势不两立，视官如土匪；后者在“息楼”沙龙精算着各方势力的博弈。维新的上层精英们在自立军失败后，又转武为文；笼络五大臣只为争取盟友，最终却想自己上台。真是此一时也，彼一时也。

吴趼人并没有小看刚出炉的《时报》，反而时常留心着它明快冷峻的短评，据说也是令胡适少年时心仪的文字。果然不久，《时报》在十月二十九日开始连载清廷秘密出卖路权的独家新闻——粤汉铁路交涉的秘密档案，[③]令上海大小各家报纸瞠目结舌。《时报》表面在文件按语上说，是“顷有友人由美国将全案始末奉抄寄赠”，实际上“系由任公（梁启超）、杨哲子（杨度）觅得全案电稿，加以按语”。[④]说句实在话，这种惊世骇俗的报界壮举，别家报馆连想都没想过，即使有机会得到文件，只怕没那胆色和勇气刊登，回想不久前同行沈荩被太监勒死的惨状，大半人都会英雄气短，豪气顿失。

吴趼人看到家乡粤汉铁路的消息却甚为兴奋，他在上海比在广东家乡所住的时间还要长，家乡发生的事反而陌生。这是他所不知道的极其难得的官方和美国华美合兴公司的交涉文件和交易过程，现在看了《时报》才知美方如何违反合同，我方却又反而赔付美方675万美元的补偿费的内幕。至赎回时，粤汉铁路（广州—汉口）仅修了几十千米（广州石围塘—佛山16千米，佛山—三水32千米），广州以北至汉口全然没有动工。[⑤]

---

① 马光仁：《上海新闻史：1850—1949》，上海复旦大学出版社1996年版，第255页。

② 马光仁：《上海新闻史：1850—1949》，上海复旦大学出版社1996年版，第255页。

③ 马光仁：《上海新闻史：1850—1949》，上海复旦大学出版社1996年版，第257页。

④ 马光仁：《上海新闻史：1850—1949》，上海复旦大学出版社1996年版，第257页。

⑤ 杨勇刚：《中国近代铁路史》，上海书店出版社1997年版，第33—34页。

第四节　浪迹齐鲁

从现代人的角度，要弄清和理解在1904年39岁时吴趼人的思想变化，有相当大的难度。最使人不解的是在两次会见梁启超后，三部长篇小说刚开始发表，小说和收入都颇为顺利之际，竟然在表面看不到有任何特别的原因和事由的情况下，不顾肺疾刚刚好转，冒着寒冬飞雪，在并无实用目的的情况下，到山东齐鲁，悠悠忽忽地转了一大圈。

事情得从秋天吴趼人病况说起。

1904年秋，若以文字记载为凭，吴趼人走上报人和作家道路后，第一次生大病，吴趼人自己有记录：

> 甲辰秋，余得虚怯之症，闻声则惊。叩诸医生，云服天王补心丹，至一年可愈。厌其久，就诊于陈仲篪。仲篪，西医也，授以药，十四日愈。西医固未可尽诬，吾特恶夫挟西医以诬中医者。[1]

这段话，尤其最后一句，所传达的信息十分丰富，也是吴趼人写《红痧》一文的总结。《红痧》表面讲中西医诊病各有优劣，实则讲中学国粹与西学潮流的关系，这是他在对待西潮东进所抱持倾向国粹思潮的苗头，也许吴趼人早已注意到他的两个珠三角同乡邓实和黄节在《国粹学报》《艺政通报》发表有关国学、国粹和“古学复兴”的文章和言论。

吴趼人得什么病呢？文章只说“虚怯之症”，十分笼统。初看《红痧》一文，也吃了一惊。天王补心丹和冷香丸是小说《红楼梦》中林黛玉和宝钗常吃的著名中成药丹丸，凡读过《红楼梦》的读者都知道的。吴趼人是一个壮男子，怎么会与一个弱女子吃同一药丸呢？难道病情也会相同，或为判错

---

① 吴趼人：《趼尘笔记·红痧》，见《吴趼人全集》第七集，北方文艺出版社1998年版，第217页。

病症？

林黛玉体弱兼阴亏血少，思疑多虑，导致心神损耗而恍惚不宁，天王补心丹当然是对症下药。而吴趼人多喝酒，少食粮，心血不足；日劳多、晚上酒局多和编辑房值班夜眠少，一下子三部长篇小说开写，过度劳顿而心火过盛；潜在的文化苦痛心结和时代矛盾更使他无法走出精神困局。

从西医和心理角度，这种心理底层的内部压抑的不时泛起，导致神经衰弱，神衰而志不宁，难以安眠。《古今名医方论》说“心者主火，而所以主者神也，神衰则火为患，故补心者必清其火而神安。”从这心火和心血一盛一亏讲，也不能说不对，只是天王补心丹含有朱砂和水银，是不能连续吃一年的。

吴趼人是个急性子，中医自嫌太慢，只得求助于西医。

陈仲篪医师，吴趼人之珠三角同乡。1871年生于香山茶园乡，1887年自费考察美国，三年后入读奥马赫（Omahe）大学医科。1897年获医学博士学位，入加州大学医科。越年回国，1900年任博济医院医生。两年后又兼广州时敏学堂教员。越年到上海开诊所。吴趼人在《趼尘笔记·红痧》一文说“甲辰秋”找陈仲篪看病之事，是陈仲篪来上海第三年（1904年）。从西医看吴趼人病情，有肺结核的可能。

一是肺部感染兼有肺气肿，加上多喝酒的刺激，气管痉挛。六七年后，可能发展成严重致命的肺气肿和严重肺结核病。

二是严重神经衰弱，健忘、失眠。须静养、镇静、安神。很有可能是陈医师提议先停止写作一段日子，外出旅游，开阔一下心胸，多呼吸新鲜空气，缓和休息一下大脑。以上当然是猜想，但最重要的是，肺病当时无药可治，即使再迟20年，肺病克星药——“雷米封”还未发明出来。

这个同乡西医陈仲篪在上海挺有名气，辛亥革命前一年被授予医科举人，任上海海关税务司和邮政司的医官。一个中国医生能够得到上层洋人圈子的认可任医官，医术和社交同样高明。

究竟是否因病而引起这次出游呢？还是先回到当时人们讲述吴趼人这

次出游的有限文献上来。下面是杜阶平所写、在1917年出版、题为《书吴趼人》的一小段文字，对于认识他后半生的思想状态十分重要，不改标点，移录如下：

> 年四十，浪迹燕齐，既郁郁不得志，乃纵酒自放。每独酌大醉，则引吭高诵腐迁游侠传，邻舍妇孺，恒窃窥而笑之，卒以沉湎致肺疾。返沪三年，日从事于学务，心力瘁，病益剧，而纵饮如故也。①

如杜先生所论述吴趼人年四十，“郁郁不得志”和沉湎，继而“纵酒”，为“肺疾”之主因，最后导致英年早逝，应与事实不远。真是令人吃了一惊，又不能不信服。

吴趼人从戊戌政变（1898年）康梁失败后，政治情绪开始低落，亦对清廷庚子（1900年）后所谓改革立宪、出洋考察、设皇室内阁等一系列表演，让腐朽的政权苟延残喘的措施，深感失望。这不是一个人的不得志和失望，而是一层真诚寄望资产阶级君主立宪政体在中国大地出现的知识精英的不得志和失望。自上而下建立立宪政这种用不着暴力和大破坏、避免战争的政治变革方案，完全适应了如吴趼人刚刚由贵族世家意识形态分化出来的资产阶级的治世心态，吴趼人那本薄薄的《维新要言》忠诚地记录了一个民间的改良狂热分子，在“百日维新”时那种浑身沸腾、刻骨铭心和至死难忘的政治兴奋，也造成了日后因始终无缘“补天”而郁结，一旦被情景触及挑起，内心便无法平息，隐隐作痛。

然而，吴趼人不比常人，而且在思想上又继而衍生出企图解决晚清社会由于腐败而无力避免瓜分和西学西风劲吹而传统中学和道德沦亡的双重矛

---

① 魏绍昌：《吴趼人研究资料》，上海古籍出版社1980年版，第21—22页。

盾，反映了时代潮流在他内心所纠缠的多元复杂心结。

从中医来看，这种时代心结聚合所产生的内心困惑完全可以转化成中医概念上的焦虑和心火，最后造成西医器官上的肺叶生理病变或中国医道所讲的精、气、神的严重亏损。

吴趼人“浪迹燕齐”，最引人注目的是欲谒二圣，欲游孔林孟庙。情况如何呢？据吴趼人去世前一年友人摄影集《东鲁灵光》[①]所写的跋文透露：

> 泰山为五岳之至尊，圣人为万世之师表，二者皆萃于山左。古人有言“地灵人杰”，洵不诬也。光绪甲辰，余游济南，二三同乡相约登泰岱，谒孔林。车马已成，阻于雪，不果行。名区胜迹，失之当前，于今耿耿。

虽临近二圣之邻地，因大雪封路，纵有面圣之心而无法成行。吴趼人虽不是尊孔狂热分子，但在他看来，当前各种思潮、阵营、派别的中西学体用之争，乃国脉危亡之所系，孔子诚为中学（儒学）之创始人，亲谒圣地之情，油然而生。因而，吴趼人在最后几年，时若有所失，似魂无所归宿，人无所安身立命，“失之当前，于今耿耿”，而无法释怀。

然而，更不合他本人思想逻辑、令人错愕的是，据老报人钱芥尘说他跑到黄河工务局就任职事，“因不惯官场生活，只待了三个月就回上海”。[②]

结局是早注定的。这个黄河工务局，在历朝早就丑闻远播，亦被李伯元在《官场现形记》四十六回描写过，是从清初以来大大小小脑满肠肥、不顾两岸人民生死、臭名昭著的贪官窝。聪明一世的吴趼人，怎么会到那里去？

---

① 吴趼人：《〈东鲁灵光〉跋》，见《吴趼人全集》第八集，北方文艺出版社1998年版，第203页。

② 魏绍昌：《鲁迅之吴沃尧传略笺注》注释（八），见魏绍昌：《吴趼人研究资料》，上海古籍出版社1980年版，第5页。

看来吴趼人行止有时不按常规，会有突发之奇想。再看钱芥尘所讲令人吃惊，但其实也并无大不合理。

钱芥尘在1886年出生，1904年18岁已得到蔡元培赏识，聘为《警钟日报》的编撰校对兼跑印刷所，吴趼人是名人，钱芥尘爱慕名家，留心吴趼人平日行止也属正常。好在这是孤证，目前为止也没有多少人注意和深究，只当一个难解之谜，姑且搁之罢了。

第十三章

黄浦江的弄潮儿

第一节　山雨欲来

1905年对于已经成为著名小说家的吴趼人，是继续耕耘的一个丰收年。年初，他在李伯元主编的《绣像小说》开始连载反迷信小说《瞎骗奇闻》；在梁启超的《新小说》（已从日本迁回上海，由广智书局发行）上继续连载未完的《二十年目睹之怪现状》《痛史》《九命奇冤》《电述奇谈》等四部长篇小说，成为《新小说》每一期的主脊梁。而且还有为周桂笙翻译的法国小说《毒蛇圈》所写的眉批和评语，以及《新笑林广记》等未计在内，一时才“甫出版，人争购观”。

当是时，新小说已遍地开花，晚清四大小说家名著已全部陆续登场，气象蔚为大观，吴趼人在晚清四大小说家中论品种、数量、气势一马当先，最为突出。这时候，一股外交飓风渐起于太平洋彼岸美国白宫的青萍之末。

先是1904年底，十年前美国强迫清政府签订的臭名昭著的《华工禁约》期满，中方政府包括华侨和国内舆论一致要求废除此约，另外再议平等之条约。美方拒绝。美方外交人员拒约和中方驻美公使梁诚据理驳斥之间，形成一废一拒的谈判僵局，其实美方正准备以恐吓手段催促清政府签约。消息传来，举国愤慨。

1905年5月，上海各帮商董在商务总会召开会议，公决要求清政府对美国限制华工条约“峻拒画押，以申国权而保商利”，并决定了抵制美货的具体步骤，即以两月为期，如到期美仍迫我续签旧约，就马上实行抵制美货。

暴风雨快要来了！

先是代表上海资产阶级的《时报》和“人镜学社”呼吁国人“奋起抗争，设法抵制”。上海成立了24个抵制美货团体，抵制行业达72个。全国各地反美拒约运动亦风起云涌，世界各大洲华侨声援高涨。

当时运动的领导人曾铸说：“不用美货以为抵制之议，风传海内无一埠不表同情，内而穷第僻壤，外而英荷属岛，亦均函电纷来，一律照办，人心团结，大异从前……义声所播，震动全球。”[①]

上述这股全球华界反美拒约的大旋风，把吴趼人吸引进中国民间和商会与美政府对抗和政治商战角力的旋涡中心。

第二节　反美拒约风云

美国新任驻中国全权公使乘远洋轮“满洲号”于1905年4月末到达中国上海。罗克希尔公使本人十分清楚美国政府派他到中国的外交使命，一是绕过中国驻美大使梁成，另辟蹊径，让清朝尽快签约；二是对以上海商会为首的民间拒约力量实施隐蔽的分化和打击。其实这种外交伎俩，国人早有所察觉。

5月9日，上海《时报》，不经意地刊登了一则美国对华外交人事任免的普通消息：“……美国新任驻华大使罗克希尔（柔克义）来华，与清政府交涉，欲盖以恐吓手段，催我迁就订约云云。”

上述消息和一针见血的评论证明上海商会、报界和爱国市民对美政府的警惕和阴谋的估计已有最坏的打算，做好了充分的准备。

罗克希尔公使有没有意识到暴风雨快要来临已经不重要了，中国大地上所掀起的一场反美拒约运动，正是由于公使先生的来到，风起云涌地拉开了序幕。

吴趼人当时身在汉口，是受美国圣教会（教士阿奇波尔特任社长）的英文《楚报》（*The Central China Post*）之聘，任新设中文版编辑。这份中文《楚报》由富商刘歆出面主办，为日刊。虽然，上次“《汉口日报》风波”的对手端方、梁鼎芬还在湖北坐镇，但是考虑到此报是教会背景，且在香港

① 《近代上海大事记》，上海辞书出版社1989年版。

注册，吴趼人才应聘来鄂地，再展身手。

“美国驻华公使来华交涉续约”一事，在汉口早就传开，吴趼人一方面觉得山雨欲来，另一方面自身已处于两难之地。

第一，吴趼人少年时生活于美国华侨众多往返之南海一隅，美政府刻薄刁难华工时有所闻。1900年，檀香山美国当局竟以检疫为名，把华侨居住区全部烧光。美方排华此举，所造成老少流离，损失达260余万美元之巨的惨剧，早已传遍广东和沿海侨乡。吴趼人恰好当年回到家乡佛山，再去香港，并收集包括华侨状况的写作资料，日后写出反映华工生活的小说《劫灰余》。

第二，吴趼人应聘《楚报》中文版后，国内拒约风潮的发生使吴趼人顿时陷入尴尬的境地，即要站在中国民族的立场上密切注视中美续约与废约的事态发展。一旦双方势成水火，中国掀起反美拒约浪潮，莫说自己这个美属中文《楚报》的主编的立场无法调适，就连个人的去留也势必要重新抉择……

1905年5月10日，全国反美拒约风云中心，坐落于上海靶子路的上海商务总会，紧急召开各帮商董共同参加的拒约特别大会。福建帮领袖、上海商务总会议董曾铸登台演说，力主两个月为限期，若到期“美国不允将苛约删改而强我续约，则我华人当合全国誓不运销美货以为抵制”，全场一致赞成。

会上还公议致外务部、商部，坚拒签约，电请南、北洋大臣合力抗阻，并拟通电全国21个重要商埠之商会，要求共行抵制。是时这三通抗争电文应领衔之总理、协理却“逡巡却顾，面有难色”。若再无商董领衔，拖延搁置，导致群龙无首，等于先自乱阵脚和示弱，后果不堪设想。

此时，曾铸挺身而出，对在场商部、商务局官员及全体议董们表示：“即有风险，亦不过得罪美人，为美枪毙耳。为天下公益死，死得其所，我领衔可也。”

此大义之举，全场为之感动，掌声经久不息。

此时此刻，上海总商会作为新兴资产阶级，首次倡导和发起一场波及全国、声势浩大的反美爱国运动，第一次以独立的政治力量正式登上近代中国的历史舞台。

更重要的是曾铸的一番敢为天下赴汤蹈火之豪言和上海总商会告谕全国抵制美货的三封通电，感动了正在汉口《楚报》密切注视上海商会抵制美货动态的吴趼人。他毅然向美籍出版人辞职，以疾恶裂目、独特的个性方式，投身这次爱国运动。

吴趼人有诗曰："此行别有雄心在！"他恨不得马上插翅，飞赴到这股伟大旋风的中心——上海。

第三节　天风吹我到杭州

美国驻华全权公使罗克希尔发觉曾铸和各商董的坚决态度，超乎他的估计和想象，即使威吓对方，并不会发生实时效用。

暂时性的铁板一块——这是他对多次与中方代表会谈，包括非官方发起抵制美货的上海总商会负责人所得出的初步印象。

他不需要先下什么结论，也不急于向国务卿汇报。他与上海领事劳治师交换意见时说过：目前只能以"六个月"作为拖延。要多收集不同利益阶层所反映的更多的情况，需要详细地分类和分析，以及耐心地等待，等待对手弱点的出现，哪怕是出现一丝的动摇。

这是一只外交上懂得如何分别对付上、中、下层中国人弱点的老狐狸。

接踵而来的是每天频频的会议和演说，吴趼人第一次全力以赴于这个规模巨大的群众性反美拒约运动，确实十分兴奋。

1905年7月8日，吴趼人从汉口《楚报》辞职回上海，刚看望过只有四个月的女儿铮铮，便出席上海人镜学社的茶会。会上做抵制美货演说，号召全体人民，均要努力对待抵制美货这一无形战线，战而胜之。

7月15日，吴趼人首次致信上海总商会首义者曾铸，表明本人这次“辞汉口《楚报》之席以归，亦为实行抵制起见”，并提出要顾全专办美货资本家，“凡有标志者，不在禁用之列”，表明吴趼人此时还是一个有限度抵制美货者。

7月20日，抵制美货期限已到。上海的四马路、南京路等商业大马路，天空不时飘下鼓动传单，电线杆和商店门口到处挂满“抵制美货”“支持在美劳工”“反对苛约”的口号和标语。人镜学社成员还把美货品种、牌号、商标等识别记号，列成图表，印在传单上；有的还组织“抵制美禁华工议”征文比赛；戏院上演《苦旅行》配合抵制美货；《时报》《申报》社论、漫画、图片配合宣传。社会上爱国和爱国货的热情激发起来，反美拒约运动开展得轰轰烈烈、有声有色。

上午，曾铸拜会美领使劳治师，正告其抵制美货即日开始，劳治师面无表情，仍重复罗克希尔制定的“六个月”后美国会终可裁定，重弹“拖”字诀的老调。

下午，上海召开了两个“互为表里”的重要大会。

其一，上海总商会各帮商董经过激烈的交锋辩论，决定禁销美货之办法，以各行业自行签名允认。现场包括经销美货的洋布、火油、面粉等七大行业，共11个商董鱼贯签名。全场即时掌声雷动。

其二，同一时间，上海商学会召开的上海各商界各民众团体的大型会议，吴趼人应邀参加。会上有上海70多个商业行帮及广帮、天津帮、宁帮、徽帮相继宣布参加抵制美货。

7月22日上午，上海总商会召开第二次会议，各商帮和行业大亨11人签名同意“不定美货之法”。同日，吴趼人为抵制美货事再次致函上海总商会总理和反美拒约领袖曾铸：

侧闻近日消息，只求将此次禁约改良，卑仕商学生得其优待而已，禁士则仍其归，所不计也。窃以为未可。夫自美国工党之视我国工人，不啻夺其食而食之，故但是禁例，而自我视之，则无论仕商学生工人，均我同胞也。此次合我全国之群力以抵制之，徒为此仕商学生出死力，而置工人于度外，他人其谓我何？岂此工人非我族类耶？且仕商学生出洋者居少数，工人居多数，合全国之群力，乃仅为少数人争权利，于理未免不顺，于心乃不安！故仆窃谓不然也。此次抵制之议，由公发起，各省同志，如响斯应，人心不可谓不齐，谓而乘此机会，使美政府竟废某工之约，为第一要首。当此人心齐一，风起云涌之势，必能达其目的，公其图之。

从此信扑面而来的凛然大义和坚定的立场，可以感受和了解到吴趼人在运动中的巨眼卓识，坚决支持华侨工人的利益绝不放松。吴趼人长期处于“手停，笔停，口停”困窘的经济状态，生活在上海平民百姓之中。从以“保民”为首的改良维新方案，至体恤广大华工的辛悲，在改良主义者的行列，有如此宽阔的胸襟和博大眼光能有几人？

第二天，吴趼人出席各报关行会议，并在会上做抵制美货演说。上月22日，上海关（江海关）书吏、翻译、工人相约一致抵制美货。运动扩展和深入至美货入口之关键领域。事隔不久，8月下旬，罗克希尔公使在给美国国务卿的报告中对烟台海关、邮局等要害部门的联合抵制十分重视，指出这类扩大联合抵制是由上海这类业务部门的工作人员发起的，已要求外交部和海关邮政总监注意这个问题。

7月31日，吴趼人不顾女儿出生才4个月的家室之累，决意和李毅轩由沪乘“北京轮”前赴宁波、杭州，参加当地商界、学界抵制美货会议。准备收集动态，联络热血志士，组织全国反美拒约和抵制美货联合会……

吴趼人作为一个小说家和文人，投身运动中心，致书信、做演讲；奔走苏杭，联络热血志士，大声疾呼，每发言，同情倾注于旅美华工轭下之悲苦，对美帝极尽抨击讽刺之能事。“所至讲坛，皆大哄曰：吴君来。君每发一言必庄谐杂出，能瞭见人心理不爽毫发，听者舞蹈呼泣。”对听众产生强烈的鼓动性和感染力。其态度之真诚与坚决，行动之积极与热忱，见识之超群与卓越，反美拒约计划之全面，在当时改良行列之文人中无人可及。

8月1日，吴趼人赶到宁波，参加宁波商界学界抵制美货之特别大会。39岁的吴趼人想起父亲死时来过，那时宁波死气沉沉，现在千人大会人气沸腾，口号喧天，国民一旦觉醒了，令人振奋，精神面貌大不一样。

8月8日，吴趼人回沪，参加沪学会在务本女塾举行的抵制美约大会，会上极少人谈抵制美货，中心议题竟是如何销疏已订美货，以维护业美货者。又通过马相伯提出以8月10日为期，之前订的美货可贴上印花，自由销售。很显然形势开始出现逆转。戈忠代表公忠演说会带头反对，吴趼人也站出来表示不同意，但孤掌难鸣，无济于事。从8月8日，不少人开始动摇，一部分美货商边口头抵制边卖美货，形势开始反转，正是在此逆境中吴趼人愈战愈勇，从抵制有限派转为抵制美货彻底派。

大约在这一时期，吴趼人对运动全面出现反复，表示担心，向商会领袖、拒约运动负责人曾铸致以第三封信。信中首先指出，现阶段运动“抵制之举，在于坚持不变”，关键在于“唯恐无恒心耳”。然后，根据自己不久前到宁波和杭州各地拒约团体联络，得出虽有函电联络内地，“究不如专人前往运动之为愈”的经验，对运动前途和方法关怀备至。

美公使三次照会清政府，施加压力，对曾铸指名攻击，要求“将其革惩”。软弱无能的清政府竟又两次电令两江总督周馥严厉处置。周馥慑于运动声势与曾铸声望，不敢下手。

8月11日，美国公使罗克希尔几个月来所盼望的事情终于发生了。无比悲愤的曾铸终于发表《留别天下同胞书》，宣布退出反美拒约运动，并说自己是“死于美人，死于业美货者”。自5月20日宣布领衔以来，实际处于上海商界抵制美货领袖地位的曾铸，身受美方点名攻击和清政府密令缉惩，以及种种私利者阴谋构陷的恐怖气氛中…… 终于深感到无力将运动进行下去，流露出无可奈何的悲怆心情。

美国领使罗克希尔看到上海总商会由分化到开始逆转的势头，看到了胜利的曙光。他觉得是时候出手反击了。

第二天，8月12日，他对大清正式发表“宣言”，反指“华人抵制美货是违反了一千八百八十五条和约第十五条款”，要清政府负完全责任。

24日，他拜会庆亲王奕劻。过了两天，清外务部照会他，给他一个软钉子，指出现时抵制美货风潮与政府无关。全权公使罗克氏暗下骂了一句：老滑头。

第四节　尾声的高度

1905年8月最后的一天，美利坚花旗布的广告又在上海大街上飘飘扬扬，美国火油又在社会上大行其道。在此逆势下，吴趼人出席在上海徐园外十二楼召开的抵制美货特别大会。运动显然转入低潮，商界中只有以戈忠为首的公忠演说会、文明拒约社、人镜学社等三五个组织大声呐喊，代表上海中小商人坚持抵制。吴趼人与戈忠等坚定者，呼吁广大同胞“勿为伪言所迷惑，抱定一个忠旨：不用美货，坚持到底”。

9月，除广州稍微有模有样、气势不减外，沿海绝大部分中心城市的抵制美货拒约运动冷冷清清。以往气壮山河的示威场面，一去不复返了。剩下貌似公正者所云的“美货用否，各人有权”，便烟消云散。

但吴趼人并不为逆境所动，还坚持参加了多次拒约活动和演说。根据不完全的文献，吴趼人广陵散式的最后演讲是在1905年10月5日，公忠演说会联合各地拒约硕果仅存的组织，在徐园召开预防美约恶果的会议。吴趼人与戈忠、王清甫、尹鹤林均发表了申明“除去苛约是抵制美货根本目的”的演说，告诫美国国会，号召同胞不惧压力，“誓永远不用美货”。

吴趼人曾在给曾铸的信上深刻地指出：拒约运动危机之消除，在于能不能坚持到底。其结果不幸言中。最后，运动在清廷和美国高压之下，虎头蛇尾，结局终以分化而涣散、渐退而式微。

9月28日，美国驻华全权公使罗克希尔在报告给国务卿的一份公文中说："只要他们（指曾铸为首的上海商会）再坚持一段时间，他们就会得到条约上的一切。"[①]这是为吴趼人而多次缄言拒约运动必须有"恒心"，战略正确之佐证。

1907年，吴趼人因拒约前事的豪情未了，爱恨交加之情如地火潜行，愤然写出歌颂浙江人民争路权的时事新剧《邬烈士殉路》。借剧中人物之口痛切地指出：如今路权之失，当是前年反美拒约失败之果："叹前年，抵美约，虎头蛇尾；志不坚，心不齐，讪笑贻人！"

他不只于谴责美帝与出售路权之奸佞，而且以人民的血泪史，控诉"盲政府"，把火山之怒喷引向清廷："倚北斗，望京华，切齿痛恨。戴人冠，披人衣，禽兽居心。犹肆口，说大义，天良丧尽。"[②]

这些唱词饱含着吴趼人总结民众二十多年来希望破灭的痛苦经验，包括英法联军、八国联军先后侵占北京和《辛丑条约》悲惨的教训。经过深思熟虑，吴趼人看到了清廷无可救药，哀大于心死；代表了被清廷迫害得痛不欲生的人民血泪的控诉；曲文中那种呼天抢地、撕裂心肺的愤恨，达到了与那个"盲政府"不共戴天、"誓与汝偕亡"的程度；这也是吴趼人的爱国主义冲破改良主义对君主的幻想桎梏，达到了一生之中最为光辉的高度。[③]

---

① 阎广耀、方生选译：《美国对华政策文件选编》，人民出版社1990年版，第491页。

② 《曾铸致伍廷芳书》，朱嘉士：《美国迫害华工史料》，中华书局1958年版，第147页。

③ 吴趼人：《邬烈士殉路》，《吴趼人全集》第八集，北方文艺出版社1998年版，第174页。

第十四章

吴趼人在《月月小说》

第一节　应运而生

有人已正式提出1906年是近代小说不可忽视的一年，名曰：新变与挣扎。[①]这个重要阶段有五个特点：

一是彰显了言情小说的价值规范，见广智书局出版吴趼人的言情小说《恨海》。

二是短篇小说在吴趼人领军下，向传统章回体小说叙述程式冲击。

三是小说中内心叙事心理描写逐渐瓦解了传统的叙述格局，也是为了适应市民言情的文化价值观。

四是叙事时间变形，吴趼人《九命奇冤》开篇倒叙手法的出现，具有开创的意义。

五是第一人称和流浪儿式叙事因时代个性的彰显，在长篇小说中运用连环套、环珠形的结构，如《二十年目睹之怪现状》，表明对传统的叙事方式有所背离。

从小说叙事学的角度而言，1906年，因上述五点，集于吴趼人一身，因而，可以称为吴趼人年。

这一年，《新小说》停刊，《月月小说》创刊，短篇崛起。《恨海》出版，言情开山；叙事时间顺序开始重新洗牌，第一人称叙述人颠覆传统小说的叙事格局；等等。这些富有文学创新性的现代小说步伐都集中到一起，而且都和这本书的传主吴趼人有着斩不断、说不完的关系。总的来说，吴趼人在文学编年上，还保持强劲创新的势头——不停地创造和探索。

1903年2月，梁启超由他的刊物发源地和大本营——横滨起航，开始了他梦想已久的美洲之行，历时九个月。临行前，他除了担心《新民丛报》外，最令他放心不下的是《新小说》的稿源不足。哪知当他回来时，却发现

---

① 张菡：《1906：新变与挣扎》，载《明清小说研究》2001年第4期。

杀出两匹良种的“黑马”——吴趼人和周桂笙。

以第一次刊登他们二人作品的《新小说》第八期论，吴趼人的三个长篇《二十年目睹之怪现状》《痛史》《电术奇谈》和《新笑史》十一则，以及周桂笙翻译的法国侦探长篇《毒蛇圈》。这两个人的作品和译文竟占该期全部作品的四分之三，可见稿源储备已经见底，也反映了以后各期基本上是靠吴、周二人稿件维持《新小说》运行的事实。这种“二人为主之局”直到1906年11月，吴趼人、周桂笙被汪惟父主持的《月月小说》杂志挖走，聘为总撰述和总译述，散局为止。

将军一去，大树飘零。辉煌了五年，往日一呼百应、领导群雄的《新小说》杂志，亦因使命完成，随之结束。另外一份重要的小说杂志《绣像小说》，也因主编李伯元去世而停刊。于是，以吴趼人为主帅的《月月小说》，自然成为这一时期小说的核心和中流砥柱。

第二节　砥柱和先锋

翻开1906年11月创刊的《月月小说》第一页，即第一年第一号目录，栏目有：图画、历史小说、虚无党小说、哲理小说、理想小说、社会小说、侦探小说、侠情小说、国民小说、写情小说、滑稽小说、传奇小说、札记小说、短篇小说、集录、附录。若统计由创刊到终刊24期的小说类型，竟计有36个子目，其丰富性和探索性，一时无双。

先不说在小说期刊进化上的意义，如何超越《新小说》，光是子目显示所触及的内容和范围，真可谓是水银泻地——无孔不入，辐射到社会每一个人群与每一个角落。

目录后刊登了五位人物的照片。按顺序：

一是题为“中国元代小说家巨子施耐庵遗像”。

二是题为“英国大小说家哈葛德像”。

三是“本刊总撰述吴君趼人像”，下还有英文“Mr Wu—Kien–Zeng”，显示出开放性和世界性。

四是“本社总译述周君桂笙像”，是吴趼人早在小报生涯时期的老搭档和挚友。

五是“本社总经理庆祺君像”。向读者摆出了中国古代和西洋世界级以及现代（本刊）小说家、翻译家、出版家三套马车的明星阵容。

开篇是“月月小说出版祝词”，第一句是“方今立宪之诏下矣”。现在看来，未免有点不伦不类。刊头是一篇鼓吹小说可以提升每个国民的立宪素质水平的改良主义祝贺词，表明了梁启超所定《新小说》政治性大于艺术性的宗旨在《月月小说》得以继承。

在创刊号，吴趼人写了三篇序文。他在《两晋演义总序》详细讨论了历史小说的思路和经验；又在《月月小说序》和《历史小说总序》里发了两个意思一样的大愿：“吾于是发大誓愿，编撰历史小说，使今日读小说者，明日读正史如见故人；昨日读正史而不得入者，今日读小说如身亲其境。”中心在于民众便于阅读正史。

吴趼人为什么选择历史小说，准备续写《三国演义》、继写二十史，为此投放巨大的精力，雄心勃勃呢？无非历史小说会助读正史，比正史更为生动、通俗而更受欢迎。但更深一层，更重要的是能够激发读者提高爱国主义精神和国民素质。这恰恰是康梁们所认为导致变法失败重要的社会人文环境因素低下的缺陷之一，也是梁启超为什么在横滨办杂志、提倡新小说的原因——新民。

自《新小说》在《新民丛报》刊登创刊广告，征求“历史小说”稿约以来，吴趼人响应积极，用力最勤。他在《新小说》连载了《痛史》二十七回（未完）。在《月月小说》新创和连载了《两晋演义》和《云南野乘》，可惜，这两部历史小说直至《月月小说》最后结束都未能续完。

吴趼人三部“未完成状态的历史小说”与开始时的誓愿产生了极大的反差，而且与我们所知吴趼人一向“言必信，行必果”的个人做事风格并不相符。这中间究竟发生了什么问题？难道正如某些研究家所言，吴趼人真的到了“江郎才尽”的地步吗？

细读吴趼人的序言和誓愿，就可以发现：吴趼人发大誓愿要创作百十部真实和通俗的历史小说，达到新民救国的目的，是在历史小说创作中通过一个“求真”和“求俗”的中介环节去实现的。

“求真”就是以小说诠释和演绎正史，这恐怕是小说和文学难以胜任的社会功能。这是小说由中心走向历史——被历史消解，而不是历史从边缘走向小说中心——历史被小说消解。“求俗”，从三部未完成的历史小说的创作效果看，吴趼人无法走出古人章回历史演义的老路，当然更比不上创作这种小说类型模式已成绝活的古人。

由于各人的经历、学养和机缘不尽相同，历史小说从古典迈向现代之路，完成里程碑式的成功探索，恐怕不是来自最初誓愿的吴趼人，而是由两个都具有深厚的18世纪法国文学修养的小说家——曾朴和李劼人先后完成的。

吴趼人一时在小说与信史之间、文学与历史之间徘徊和困惑，创作气势自然大不如前。正当《月月小说》出版至第八号之时（1907年5月左右），突然停刊。隔四个月之久，第九号才姗姗来迟。出版时读者才发觉，最大的变动是换了老板。

主办者由汪庆祺改为沈济宣和许伏民，据说是前老板纯为经济上之原因，后主办者却是“凑足了资本”才“接着办下去”。然而，吴趼人和周桂笙的地位却开始动摇，有了很大的变化。首先是吴趼人不再担任主编，换上报界名人包天笑和陈冷血。自然，也无须晚上继续“住馆”编辑。

第二是刊内排名，不用说吴、周两人排在包天笑和陈冷血之后，后来又聘天僇生专著小说论说，加强对刊物的调整与改良，吴、周二人只剩下“仍聘综事撰译”几个字的礼遇。一至九号吴、周二人新作为40种；第九期后，吴、周除四种续作外，实际新作仅为十五六种。但包、陈、天三人由第八期前一种，后上升为20种。后来居上，风头正劲。

但是，吴趼人在《月月小说》并没有黯然失色，他最后的13篇短篇小说，使其爱国主义和短篇写作技巧在探索中双双大放异彩。

第三节　清醒的冲刺者

自《月月小说》第九号经过更换出版人和编辑班子以及方针的调整，历史小说开始悄然走向低调，短篇小说作为多元主角之一，历史性地以新姿登场。

那时，短篇小说这个文体还未觉醒。《新小说》诞生之前，杂志上多是些清人老式的文言笔记，《新小说》创刊时所征求的几类小说并无短篇。即使李伯元《绣像小说》所刊亦均为长篇。唯独《月月小说》的短篇稿约广告，不时连篇夺目，大力提倡。这是前后两个编辑班子唯一大力提倡、“英雄所见略同”的地方，因而贡献斐然。

《月月小说》所刊短篇小说共计73种，占全部小说总量110种的65%，这在众多的晚清小说杂志丛中如鹤立鸡群，非常突出；可以说是尽领短篇风气之先，开拓此前未有之局面。而吴趼人以12篇之多，独占鳌头。

吴趼人所写12篇短篇有两个鲜明的特色：一是高度关注国家前途和社会现实，一如既往，发扬不畏强权的战斗精神，其嬉笑怒骂的矛头直指清廷；二是继续成功借鉴欧美写作方法的经验，大胆尝试多种技巧，如《九命奇冤》。

自庚子事变及《辛丑条约》之签订，朝廷自感底气不足，大不如前。1904年夏，驻法公使孙宝琦上书，请求清政府仿英、德、日三国制度，实行君主立宪。随后包括两广、湖广、两江、直隶等总督级大员也纷纷上奏，要求“更变政体”，实行立宪，永保江山。

维新派及地方缙绅势力，也再次掀起立宪运动，为召开国会造势，以期参政，请愿之声直逼皇城。慈禧故作新政姿态，先是五大臣出洋考察、开党禁，但不赦康梁。又预设九年筹备国会，玩弄宪法大纲，最后拒开国会，钦定皇族内阁……正如革命派指出：一切都是一场骗局。意图消弭来自各方的斗志与压力，以缓解爱新觉罗政权的危机。

正是在这种假象纷纭登场、暗里激烈交锋的社会背景，吴趼人在立宪的重大问题上，保持清醒，并没有盲目跟随康梁，这是他思想的一个突破。他在晚年创作的《庆祝立宪》《预备立宪》《大改革》《立宪万岁》《光绪万年》等五短篇小说中，以艺术的形象化作一支支短戟和匕首，向披上假立宪外衣而垂死的皇朝，做最后的冲刺。

1906年9月1日，清廷颁发“仿行预备立宪”谕旨，吴趼人马上在《庆祝立宪》上借莽夫之口戳穿，因“民智未开”之所要“预备”的鬼话。

小说《大改革》把那拉氏掌权一伙比作染上了嫖、赌、吹三大恶习的浪子，表面上接受众人劝告，洗心革面了；实际上变本加厉，只是弄弄假把戏。作者写作时用情至极，说：“我这篇《大改革》是欢欢喜喜作的吗？不然也，我一面作，一面气恼，一面冷笑，一面叹气，一面落泪。”

反映了吴趼人对清廷恨其不争又最后绝望的复杂心情。

《立宪万岁》《光绪万年》《预备立宪》这三篇小说，矛头一是指向紫禁城的“在朝者”，二是勾画在假立宪中形形色色、各怀鬼胎的既得利益者。

《立宪万岁》运用寓言的表现形式，以玉皇大帝拟作清廷最高掌权者，把大臣比作诸天神佛，把投机附势钻营者比作畜生一群，共同演出与下界争先立宪的丑剧。天界立宪是下界立宪的镜子，所谓立宪，只是把礼、兵、工、农、商、学、法、度支、海军、邮传、民政、陆军、外务等诸部互换官职。临了，“诸仙卿议定，诸天神佛，一律照旧供职。今晨入奏，玉帝已经允准，定于明日早朝，再降玉旨”，于是神佛和群畜一片欢呼：“我们的饭碗是不用多虑的了。……立宪万岁！立宪万岁！”

这种笔无藏锋、疾恶如仇、爱恨交加、达到竖发裂目的地步的讽刺描写，与广东优秀漫画家廖冰兄的作品风格十分相似。诗中有画，画中有诗，诗画相融。文学与绘画的通感，有时实在是胜于文字。

吴趼人晚年，思想上通过艺术的描绘，不时散发出清政权从中央到地方“整体腐烂，无可救药”的文字信息，使人感到这是一个曾经虔诚膜拜立宪与皇权的信徒，当他经过漫长的痛苦过程，深深地彻底绝望，于是产生一种全局洞然、水火分明又寒气入骨至心、冷静的艺术描写。他在《光绪万年》里沉痛地慨叹：

> 自光绪三十二年七月十三日，诏文天下，预备立宪。
>
> 于是在朝者旅进旅退，揖让相语曰：“立宪！立宪！”
>
> 在野者昼眠夕寐，引颈以望曰：“立宪！立宪！”
>
> 在朝者对在野者曰：“封、锁、拿、打、递、解、杀，立宪！立宪！”
>
> 在野者对于在朝者曰：“跪、伏、怕、受压制、逃、避、入外籍、挂洋旗，立宪！立宪！”
>
> 如此者年复一年，以达于光绪万年。

能把清皇权立宪的本质看得如此深刻、透彻，晚清能有几人？这仿如作为一个叛逆者，向沉迷康梁一派或信立宪为真的善良人们敲响了绝望的警世之钟。

吴趼人这种有时灼热如电、已冲出立宪底线的激进火花，在其思想上呈现出一种极其错综复杂、不稳定、不清晰、游移的多元矛盾的关系态。其分析过程中，谁若执其一段、一端或一迅间，只能豹窥管视，都难于把握吴趼人思想的总体和全貌。

第四节　短篇明珠——《查功课》

《查功课》，是吴趼人在《月月小说》第一年第八号（1907年5月29日印行）发表的一篇反映晚清学生生活的短篇小说。虽然题材新颖，形式活泼，应得好评，但是当时却无慧眼识英雄者，以致长期以来淹没在眼花缭乱、新奇百出的晚清小说海洋里。直至20世纪80年代，才收入《中国近代文学大系》，在短篇小说发展史上的历史地位才初步确定下来。

《查功课》的故事情节十分单纯。深夜政府“四个委员”借“查功课”为名，突然到学堂的学生宿舍地毯式搜查，学生机智地收藏好革命报刊《民报》，令查抄者一无所获，灰溜溜地跑了。

《查功课》是吴趼人眼中笔下学生们在晚清政治动荡的学堂生活的一个缩影。

时当1907年，同盟会的书刊在学生界争相阅读，广为流传，早已不是秘密。阅读禁书，“重视之过于正课”，是当时学生一大快事。清朝当局连下禁毁乱党书报的禁令，严斥“这类文字流入内地贻误青年”，“为害风俗人心者，较洪水猛兽尤为残酷”。有的学校干脆禁读一切报刊。实际上，根本无学生理会政府的三令五申。因读禁书而屡记大过者、不惜开除者，比比皆是（这些学生却被视为英雄），由此引发出来的罢课和退学风潮层出不穷。

《查功课》正是反映了辛亥革命前夜，学生胜而政府败的一次典型的突袭“攻防战”。在这种形势下，新式学堂变成了革命党人的半解放区和安全而可靠的联络点。由《民报》陶冶出来、具有新思想的学生，大部分同情或趋向革命，最终成为镇压这个学堂的皇朝的掘墓人。这篇小说的题材和内容其意义的重要性，恐怕连作者也始料不及。

《查功课》从现在的角度看，是一篇由对话和动作组成的戏剧小说（类似话报剧）：具备了戏剧应有的元素，但又兼有小说的特征。难怪发表后长期以来毫无反应，因为时人看来，小说形式有点怪诞不经，四不像。

作者一反喜好直接表达自己意见（评曰、趼曰）的小说风格，而是把自己收藏起来，消解了，仿佛只是现实生活的客观展示、记录和拍摄，其他由读者判断。这无疑是十分成功的大胆尝试。

单从形式而言，整个短篇极其简洁，达到惜墨如金的境地。73句对话，最长者25字，最短者1字。10句为对话描述句，2句为响铃声，8句为动作，最长16字，最短为2字。这83句精练的句子，又可以说由8幅无声画面和75幅有声画面，按故事情节的发展，跳跃和闪过读者的眼帘和大脑。

这些画面和对话、句子，短促、重复、兔脱、顿挫，在读者脑中形成了本篇小说的节奏和复调。如二字句："送客""不知"，各连续重复四次；三字句："是是是""请请请""有有有""当当当"；四字句："没有，没有"，连续重复两次。句内节奏如三字"曰何事"，连续在四个不同的八字句头，重复四次。整篇由头到尾都充满着对话和动作的强烈的音乐韵律和节奏感，以及类似川剧或上海滑稽剧的独特幽默风格。音乐性、戏剧性、节奏性，三位一体的结构元素统摄着具有漫画和讽刺意味的83幅画面，真如大珠小珠落玉盘，节奏有序，错落有致，形成一曲短小、活泼、跳跃、灵巧、流动、独特的音乐小说乐章。

吴趼人所处的晚清，是一个西风东渐和社会文化转型的时代，在中西学之间的碰撞下，到处都呈现出各种适合中国社会的大胆和天才的创造。尤其是小说，虽因闭塞既久，准备不足，但是姿态各异，百花齐放，琳琅满目。吴趼人自来上海之后，人生和小说写作都在不停地探索，他晚年加盟的《月月小说》也是开放型的小说杂志。从吴趼人晚年发表过的一些传奇剧本来看，他具有相当深厚的戏剧和音乐素养。因此，近代短篇的明珠《查功课》出现于晚清《月月小说》杂志，吴趼人为作者，并彰显着当时短篇小说的最高水平，还是相当合理，有迹可寻的。

《查功课》处于由古代文言笔记短篇到现代短篇小说的现代性过渡早期阶段。它早熟的品格和超越性都给读者留下一个十分深刻的感受和卓越的印象，因而在近代早期短篇小说史中占有一个相当重要的位置。

令人着迷的地方是，这篇小说的超前性和现代性似乎不应该在1907年出现，而确实出现了。

第五节 小说界之大幸

1906年初，先是李伯元病危，吴趼人前往探望。在这特别的时分，两位一代文豪最后见面，说了些什么，发生了什么，至今没有第一手文献予以证实。但事后显然易见，第一个重要内容是李伯元委托吴趼人为他续写小说《活地狱》。此书李伯元已写了第三十九回，在他本人主编的《绣像小说》（半月刊）连载到1906年2月为止，才因病搁笔。吴趼人在病床前欣然受托，续写了三回，署号茧叟。讲述了一个知县胡图丹（糊涂蛋）和辛大头栽赃鲁老大瘐弊狱中的故事（第十四个故事）。这才有读者在《绣像小说》杂志所看到的第四十至四十二回。此三回皆有评语，亦可能是吴趼人的手笔。

再后是李伯元的合伙人欧阳巨源续作，可惜只写了一回，第四十三回（第十五个故事），全书虽未完，乃终。不过，欧阳巨源所写的是一个看过卢梭《民约论》、亚当·斯密《原富》，被官府误作革命党的秀才、准革命党王国重，他被官府抓到牢房中，才见识了原来人间真有如吴道子所绘画的“地狱变相图”。他被人搭救出狱后，变卖了家产，出东洋求学。在乘去日本的轮船上，遇到了一个叫辛国明（新国民）去日本调查警务的官员。他看着海洋上的太阳，听了王国重的诉冤，叹息了一回，方说：“中国黑暗到极点，外国监狱制度他们是不曾梦见过的。”“王秀才听见辛国明说外国监狱制度，便要请教。辛国明慢慢地说出一番话来。”欧阳巨源写到这里，戛然而止，四十三回的《活地狱》结束了。这就如同一出极大气魄的精彩戏剧，刚演过了楔子——“全是黑暗的地狱”，观众正兴奋地翘首以待，有许多新人物、新国民、新希望的光明故事演出，但却突然落幕。说到底，这最后一回的终篇，令《活地狱》生色不少，从烂泥中长出一线绿色和添上光明的前途。这是欧阳巨源比李伯元与吴趼人思想激进的地方。

话接回来，吴、李两位知交见面时所发生的第二件事，同时代的许天啸说：

> 我的老友吴趼人先生，他是一位道德完全，肝胆照人的义士！……我还记得他有一件值得人传说的故事。他有一位穷朋友（指李伯元），向他借了几百元钱，写了一张借票。后来那位朋友害病快死了，自己打量没有力量还这笔钱了，便把吴趼人请去，求他放弃债主的权利。”吴先生听了他朋友的话，便慷慷慨慨地把那张借票拿出来，撕成纸蝴蝶，笑着说道：‘我吴某生平焉保无负人处，岂能苛责人负？’到现在，他掀着一部短须，张着嘴哈哈大笑的笑容，还留着我们做朋友的眼睛里。[①]

1906年4月7日，晚清一代报人先驱和杰出的小说家李伯元，病故于上海大马路亿鑫里寓所。

吴趼人五内悲痛。

一、在上海创办小报时，李伯元主编的《游戏报》是自己每天学习的榜样，受益匪浅。可谓亦师亦友。其敬佩之情，非饮花酒、咏诗钟的文人酒肉之谊可比。

二、在慈禧政变后追查维新党人，迫害报馆主笔和反对朝廷大阿哥立诏的报禁劫难中，李伯元的《游戏报》与吴趼人主笔的《采风报》，如报海中两面代表市民特立独行的旗帜，在皇权和镣铐的恐吓下，张扬个性，嬉笑怒骂；以滑稽为护盾，以搅笑为利矛，刺向朝廷；并冒菜市口六君子之后尘的天大风险，以《采风报》馆代售梁启超所撰写的《戊戌政变记》和《游戏

① 魏绍昌：《吴趼人研究资料》，上海古籍出版社1980年版，第27—28页。

报》出售和发行“维新党人照”惊人之举，达到当时民间小报支持维新变法所能达到的反抗高峰。这是吴趼人和李伯元两位大文豪在中国近代第一次资产阶级民主革命——戊戌变法和辛酉政变的报禁劫难期间，所结下的志同道合、生死患难的情谊。

三、时当1902年11月，梁启超的小说杂志《新小说》在日本发难问世。其“征文启事”触发了吴趼人的人生转折契机。几个月后，李伯元主编的《绣像小说》在1903年五月创刊，紧追而来，并以同时写作和推出三部小说《官场现形记》《活地狱》和《中国现在记》，三路斩获，气势如虹。趼人自感形势扑面，警策快马加鞭。终以《新小说》第八期（1903年10月）开始连载吴趼人的名作《二十年目睹之怪现状》第一、二回；《痛史》的第一、二、三回；译述外国翻译小说《电术奇谈》第一、二回，当红一炮，锐不可当，一发而不可收。

在吴趼人人生几个转折和关键时刻，都有李伯元导向、支持和鞭策的身影。

沉默了七个月后的吴趼人痛定思痛。1906年12月15日，在《月月小说》第三号上发表了《李伯元传》：

> 武进李征君，讳宝嘉，字伯元，一称南亭亭长。夙抱大志，府仰不凡，怀医救之才，而耻手趋附，故当旭无知者。遂以痛哭流涕之笔，写嬉笑怒骂之文。创为《游戏报》，为我国报界辟一别裁。踵起而较颦者，无虑数十家，均望尘不及也。君笑曰：“一何步趋而不知变哉？”又别为一格，创《繁华报》。
>
> 光绪辛丑，朝廷开特科，征经济之士，湘乡曾慕陶侍郎以君荐，君谢曰：“使余而仕，不俟今日矣。”辞不赴。会台谏中有忌者，竟以列诸弹章。君笑曰：“是乃真真我者。”自是肆力手小说，而一以开智谲谏为宗旨。忧夫扫孺之梦，梦不知时事也，摈为《庚子国变弹词》；恶夫之鬼蜮百出也。撰为《官场现形记》；慨

夫社会之同流合污，不知进化也。撰为《中国现在记》及《文明小史》《活地狱》等书。每一脱稿，莫不受母人欢迎；坊贾甚有以他人所撰之小说传。假君名以出版者；其见重可想而知。使天假之年，其著作又何止于等身也。乃以愤世嫉俗之故，年仅四十，即郁郁以终。呜呼！君之才何必以小说传哉？而竟以小说传，君之不幸，小说界之大幸也。君生于同治丁卯四月十八日，卒于光绪丙午三月十四日。卒后逾七阅月，其后死友吴沃尧为之传。

后人以为，上传记文中“君之才何必以小说传哉？而竟以小说传，君之不幸，小说界之大幸也”一句，与其述伯元，不如说更适合吴趼人自己。人生所走之道路，非主观所能安排，大多是个人条件与所遇之机缘结合，择机而成。其实二人从思想到写作道路，相似点太多，若换去姓名、生卒、业绩等，几乎是一篇吴趼人碑传和墓志铭。

第十五章

1907年吴氏的情感

第一节　与贾凫西

1907年在《月月小说》第七号、第八号刊载标“弹词小说”《贾凫西鼓词》。先是，吴趼人向周桂笙推荐这个由明入清两朝老人的鼓词，桂笙以为旧，曰：“《月月小说》皆新著，忽阑入此，毋乃成瑕？”桂笙当然有他的道理，趼人乃止。后越看竟“越读而愈爱之”，乃“决意重梓之，以公同好”。而且特撰写一序和眉评四条。这是吴趼人一生少有地对一部古人作品重视再三，我们也不妨先来看看，贾凫西是什么人？

贾应宠，字思退，一字晋蕃，号凫西，别号木皮散客。祖籍山东曲阜以西，地近兖州府城滋阳，约生于明万历十八年（1590年），卒于清康熙十三年（1674年），享年84岁。

贾凫西有家庭教养，自幼博闻强记，但科举却并不顺利，崇祯时，才考了一个贡生。因有实绩，随之陆续升迁，担任过县令、部曹、刑部郎中、户部主事等官。但他生性疾恶如仇，看不惯顶头上司户部尚书傅淑训公开向他索贿，一气之下引病告退。经历了明清之际的战乱后，辞官避居乡里，拒绝和清朝合作，同时又秘密进行反清复明的活动。但是，到了63岁时，为了报复一个仗势恶意对待自己的县尉，贾凫西应召进京任了刑部郎中，虽然这是一个痛苦的抉择。与凫西相识的孔尚任所写的《木皮散客传序》说他“常着公服以临乡里，催租吏至门，令其跪，曰否则不输；故旧科跣相接，拱揖都废”。确是一个疾恶官场又不拘小节的性情中人。他终于在故乡令人把那个恶霸般的县尉捆绑起来，掷于阶下痛打。贾凫西大叫“痛快”！不数月，引疾乞放。晚年更把他的全部精力都用于木皮鼓词的创作演唱。其实，贾凫西一生活动，并非为官，而是作为一个针对当时现实嬉笑怒骂为能事的“木皮散客”。木皮鼓词是一种流行于民间的说唱艺术。木是醒木，皮是鼓，演唱者以这两种乐器伴奏，大概类似于今天的大鼓或者渔鼓。鼓词明白如话，通俗晓畅，唱腔朴实无华而又韵味悠长，特别适宜表达那种悲壮中又有哀婉无奈的苍凉情绪。在清代初年的兖州，经常可以见到一个白发苍苍的老人，手持鼓板，边敲边唱自编的鼓词。他唱于“诸生塾中”，唱于州县府堂，说于“郎曹之署”，说于市井坊里。他评判上古三代，指点唐宋明清；冷眼看奸人好报，天道伟人多艰。字字诙谐有趣，句句上口铿锵。他的声音略带沙哑，顿足捶胸，如泣如诉。一个老人家，放着京城里的大官不做，却到处去说什么鼓词，疯疯癫癫，而且内容绝非歌功颂德。曲阜一带人家闻者咋舌，以为怪物，贾氏全家只得迁往邻县滋阳，至今县城西牛王村，墓碑尚在。[①]

那么，为什么吴趼人如此欣赏贾凫西其人其词呢？简单说来，是两人作品的思想和艺术风格十分相似，以至吴趼人产生“越读而愈爱之”的共鸣。

其一，两人的作品都把统治者的光环扯下，露出名利相争的龌龊本质。吴趼人把官场、官员比作豺狼虎豹和牛鬼蛇神的害人精，把朝廷当局最高之“龙”称为“杂种”；而贾凫西却把尧、舜到秦、汉、唐、宋、元、明所有君王虚伪的圣衣剥去，还原为一个个争名夺利、杀人如麻、给百姓带来巨大灾难的无道昏君。在贾凫西的鼓词字典中，帝王将相，已经没有了神圣和庄严，而是那么可笑、滑稽、丑恶。

其二，还有对宋儒共同的憎恨。贾氏鼓板一敲唱道：“雄赳赳契丹并阿骨打，中原拉碎乱如麻。满朝里通天讲学空拱爪，铁桶乾坤半边塌。”趼人看到这里，心中一阵畅意，写下12字眉批：骂尽宋儒，令人通体为之一快。李葭荣说，吴“君恶宋儒之学，于朱氏熹尤多诟病”。吴趼人恨“中古贱儒，附会圣经，著书立书，偏重臣子之节，而专制之毒愈结而愈深”。贾凫西憎宋儒空谈误国而断送三百年江山，殊途同归。

其三，两人的作品都猜度到中国封建社会制度根本上的不合理、不平等，有变革的一天。贾指出，整个社会“忠臣孝子是冤家，杀人放火享荣华。太仓里的老鼠吃得撑撑饱，老牛耕地倒把皮来剥”！一针见血地揭示出

① 关德栋、周中明校注：《贾凫西木皮词校注·前言》，齐鲁书社1982年版。

人世间的不公平和社会的黑暗。这一个个“比鳖不如”“乌龟蛤蟆”的狗皇帝，“干了多少杀人的勾当！费了多少心机！教导坏了多少后人”！而几千年的罪恶又不仅是皇帝的个人好坏问题，而是整个社会制度走向末期所造成：“是天地气运渐薄，人生知识日变，就是那皇帝自家也做不得主。”

而吴趼人痛恨政府卖国，也通过戏剧《邬烈士殉路》的邬烈士唱道：

倚北斗，望京华。切齿痛恨。（吐〈血〉介）戴人冠，披人衣，禽兽居心。犹肆口，说大信，天良丧尽。心问口，口问心；一桩桩，一件件，一回回；思前想后，想后思前；哪一年，哪一回，哪一桩，哪一件，可对国民。手捶胸，足跺地，愤恨不平。[①]

这是一个忧国忧民、在江浙护路权、拒借款的普通百姓呕心沥血的抗议和心声，但是百姓看得政府卖国多、败仗多、丧失领土多、灾民多、倾家荡产多、流血多、民不聊生多，也会总结，也会算总账。情绪往往流露出立场。百姓和朝廷激烈的对立，已经到了万众一心、不共戴天、誓与汝共亡的地步，也回答了为什么清朝会被它的革命者和小民所推翻倒台，最后连帝制也一块儿抛弃的问题。

再是彼此的作品所运用的讽刺和幽默的文学手法和语言风格十分接近。我国说唱史研究专家关德栋先生赞誉说：在贾凫西之前，不仅在说唱方面，即使在文艺史上，也是十分罕见的。对我国民间说唱文艺的发展有划时代的贡献，贾凫西不愧是我国讽刺艺术的大师。同样，由上几章所述可知吴趼人在近代笑话、寓言的文学地位也是艺术大师级的作家。

虽然相隔两百多年，但两人以鼓词表露出来的志趣而神交，吴趼人显然被其讽刺统治阶级的鲜明战斗性和离经叛道精神所吸引，为其类似李贽的

① 详情见本章的“大风歌”一节分析。

初步民主主义的新因素而注目。而且，我们发现两位古人性格豪爽，愤世嫉俗，傲岸自异，安于清贫，不苟同流合污，悲愤愈深佯狂和悲观愈甚。贾凫西笑骂不倦，醉后“狂歌叫骂”，“挝郑元和乞食莲花落一套，如吴下风流子弟；歌尉迟公饯别，如明北曲老乐工”。而吴趼人“纵酒自放，每独酌而大醉则高声吭诵司马迁之游侠传，邻舍妇孺，恒窃窥笑之”[①]。

最后两位讽刺艺术的大师，也在洞悉人情，尘世无恋，又无法“补天”之际，产生了悲观厌世的牢骚，向往隐居恬静的生活。为何悲观？当然，找到新路，真正的离经叛道者是不会悲观的。是因为类似吴、贾的悲观者，眼见正统儒家那一套变了形，新路不知在何处，也未必认同；自己又过于虔诚执着，顿足捶胸，哪能不悲！这种悲伤，使他难受，在心里受着煎熬，过于负担沉重。这种精神困局令他无法不说出一走了之去逃避的话，但事实上又不能完全办到，时时处在言语与行动、心理与实际又分裂又矛盾又统一之中。

从某种意义上说，吴趼人是一个坚决彻底的先秦儒家道德信徒，贾凫西亦如此，因此不能简单地说贾凫西和吴趼人都是一个封建礼教的叛逆者。这使我们想起了鲁迅先生对嵇康、阮籍的评价。一般人认为嵇、阮是魏晋时候礼教的破坏者，鲁迅指出，“这其实并非他们的本意”，他们“实在是相信礼教到固执至极的”。吴趼人和贾凫西正是这样的两个典型人物。

第二节　百年公案

先从吴趼人对清政府的态度说起，这个问题十分复杂，其中吴趼人情感和理智在这个问题上常常难以统一和平衡，言言不一，言行不一，并不奇

---

① 魏绍昌：《吴趼人研究资料》，上海古籍出版社1980年版，第22页。

怪。即便让吴趼人本人自己来说明，也不是三言两语可以说得清楚。

首先，他如同吴氏大树堂各支派成员，自小继承了吴荣光的清廉、爱国、爱民、忠君的家学和家训传统。

吴趼人并无做官，无所谓清廉，而实际是清贫，从他去世时家无余财，即可说明。吴氏家族自来佛山后，每一代经商和做官都不断。吴趼人鄙弃做官，讽刺官场，是他冲决吴荣光家族传统和精神枷锁的开始。

爱国，是整个吴氏家族优秀的传统。从荣光、尚志、保福、宝震这吴氏四代人来看：第一代是吴荣光率领广东民团和佛山人民在鸦片战争中抗击侵略英兵；在第二次鸦片战争中，英法联军在北京斫破及凌辱趼人祖母的棺柩，趼人父亲保福被洋兵追杀，受吓而狂奔且误堕沟中，后成痴病一年，因而，吴氏第二、三代人蒙受帝国主义的奇耻大辱而结下深仇大恨；趼人每读到父亲叙及此事之手抄日记，心犹有余痛。后来在上海，凡议事提及列强侵华而大愤，“怒目翕张”。参加反美华工禁约运动，奔走苏杭，演说鼓吹，写信建言，竭尽全力。吴趼人的爱国行为是吴荣光传统的优秀部分，是第四代人在新时代新环境下的发扬光大。吴趼人的族叔吴荃选，上京考试时参加了爱国的“公车上书”，趼人当时亦为此引以为傲。

爱民，以儒家标准，吴荣光一生宦途多有爱民政绩。在贵州任督抚时，不辞劳苦，督办从山东引柞蚕入黔，又自捐薪俸购蚕种，引蚕师，收购时又免其税收，真心实意地为地方少数民族创立副业，提高收入。

“诗是吾（吴）家事。”吴荣光本人善诗画，书法被近代鉴赏家称为上品。家族中诗画结集，是吴荣光同代和后代至今的家族传统。族叔吴荃选路过上海与趼人会面时，曾商谈过何时汇编吴氏家族诗集之事。据说，凡吴氏读书人必藏有吴荣光诗文集及奏稿和吴氏后人的诗画结集，家族各人实际上也收藏了一些吴荣光遗留下来的著作和画作、印章等遗物。进入民国后，硕果仅存的已大部分佚散。吴荣光爱民的政绩和传统亦凭此让后人学习流传。吴趼人一生亦都在收集由于家族衰落而散失的吴荣光遗书遗墨。由此可见，吴氏家族这个精神偶像的人文传统对后代的思想影响之深远。

趼人对吴荣光爱民传统的继承体现在《维新要言》第一篇《保民》中，其中有一段“爱民”的名言：

> 今当变法之始，首重内政，当何者为先？吴沃尧曰：保民。我中国抚有四百兆，生齿之繁，甲于环球各国，而民穷财竭于此极者，何也？不知所以保之也。……而地方有司咸以具文视之，坐使名实不相副，驯至于饥馑载道，流亡相望。呜呼！斯民何罪而至于此极也。[1]

变法以“保民”为“第一”，在中国大小维新方案中确实罕见，这种以保民生作为变法首选的特色，充分表明了吴趼人继承了曾祖吴荣光的爱民之风。观其在上海投身参加反美华工禁约运动之言行：奔走苏杭，演说鼓吹，写信建言，竭尽全力，堪称之为民族中小企业和下层市民以及华侨工人的代言人。

忠君，即忠于三百年一贯制的大清皇朝政权。设想吴趼人若不早一年去世，恐怕亦如大多数立宪人士在最后各省宣告独立或起义之际，识时务者为俊杰，顺应革命潮流。忠君，新时代亦应有新解，无论是戊戌变法还是清末立宪，都可以看作忠于资产阶级立宪，在君王权力被限制的政治前提下的“忠君”，是忠于资产阶级宪法和宪政的“忠君”。问题来了，当那拉氏和爱新觉罗皇族不愿意被宪政所束缚，一边在搞拖延的“预备立宪”、皇权永固的“皇族内阁”；而另一边革命党正以不断武装起义来冲击垂死的大清皇朝。吴趼人对待这个除了金钱和权力不知革命潮流和不知改革为何物、冥顽不灵的皇朝，态度和心情就会显出十分彷徨与犹疑的一面。而对待孙文革命党的态度就会发生混乱和矛盾中的倒退，甚至创作中出现“思维失语”，如

---

① 吴趼人：《趼呓外篇·第一·保民篇》，见《吴趼人全集》第八卷，北方文艺出版社1998年版，第4页。

与人民大众作对，逆潮流的《剖心记》在创作中就会气急败坏、心情恶劣，以无法写下去，无法完书。

撇开内容，以趼人所拥护的康梁变法、百日维新的方式方法而论，有四点是大多数原先长期在守旧营垒的封建知识分子和士大夫所认同的：

第一，对待清皇朝要用非暴力温和的方式。这是吴趼人的底线和安身立命之所。试想，假如对待方式转为暴力，由吴趼人看来，岂不是堕入叛臣反贼太平天国洪杨、陈开之流，哪里还有吴荣光的道统教诲？哪里还有佛山吴氏大树堂？还有安身立命之所？一句话，就没有了这一个吴趼人。

第二，循正规上书方式，以臣劝谏、死谏，士大夫集体上书之类。

第三，以自上而下方式变法，不能自下而上，不然就变成违反正统的以下犯上。若以变法之名和无学识、无资格的百姓、泥腿子相混其间，未变法已不成体统（即非正统），莫论其他。

第四，以皇权至高无上、发布上谕的方法变法。无论是维新派还是立宪派大多数人还是喜欢听那八个字："奉天承运，皇帝诏曰。"在旧阵营浸淫大半生的人物，应允许有一个情感上不适应、波动、犹疑、反复的过程。但在评价上，时间、地点、轻重分寸，极难掌握。

上述四种方式方法虽为形式，一旦与强烈的政治内容相结合至天衣无缝，就会变化为有内容意味和身份意味的形式。因人而异，吴趼人更将第一点"以非暴力温和的变法方式"转化为内容，吸收为晚年社会观中政治思想的重大原则和最后底线。

根据现在所知的有关吴趼人文献资料，对社会有关暴力、革命、起义等问题，有过若干次或明或暗的说明和表态，特别是在1907年7月。

（1）被清廷破获而未遂的孙文兴中会乙未广州起义。

1900年9月，趼人以事返粤（可能是与广东三水女子冯宝裕完婚），回家乡佛山，顺路出香港，造访诗友潘兰史先生，并收集港粤两地小说写作题材。估计他把1895年即五年前未遂广州起义的史料和传闻，融入《二十年目睹之怪现状》第五十八回中。吴趼人表面隔岸观火，持外地人路过粤港侧目客观事变的中立态度，实际上处处揶揄港粤两地政府勾结，大小官员为保命收拾行藏、准备外逃、惊慌失措的丑态……但明眼人都看出作者同情革命党的倾向。

（2）在《吴趼人哭》五十七则中有二处涉及。

①“庚子拳匪作乱，外兵逼都，两宫西幸……”[①]

②“是此百姓自受生之日起，至老死之日止，曾未受国家一日之教，一日之养也。不教不养，饥寒乘之，遂起而为盗，国家乃饬地方官捉之杀之。天下冤枉之事孰过于此，故强盗缚赴市曹时，吴趼人哭。”[②]

吴趼人把为衣食之故做“强盗”与意在推翻大清的造反“匪逆”，如太平天国、义和团，区分得极为清楚，以示其他可以商量，而皇权最高，神圣不可侵犯。但他既同情起义革命党又把义和团视作“拳匪”，同一书中吴趼人竟不察自身两处言论极为矛盾，头脑与内心在这个“政治底线”上，时左时右，犹疑徘徊。多年能量的积累，终于在1907年7月民营报刊舆论“在革命党人徐锡麟案应不应该同情”的争论问题上“爆发”起来。

（3）吴趼人在标为法律小说《剖心记》第一回中的一段，回应社会舆论同情徐锡麟的反应：

> 因为皖抚冯中丞，却又想起前任皖抚恩中丞来。这位恩中丞，被徐锡麟刺死了，恩中丞手下的人拿了已经抵罪的徐锡麟来剖心致祭，但是社会上的人，都说是野蛮野蛮。依在下说起来，野蛮不野蛮，我是分辨他不出来。剖心致祭，虽然没有这条法律，然而返躬自问，譬如此刻出了一个大有造于中国的英雄，眼看着强国强种、

① 吴趼人：《吴趼人哭》（五十七则），见《吴趼人全集》第八卷，北方文艺出版社1998年版，第227页。

② 吴趼人：《吴趼人哭》（五十七则），见《吴趼人全集》第八卷，北方文艺出版社1998年版，第227页。

文明进化，一切种种，都是他提倡的，他又能设法实行，一旦无端被刺客杀了，只怕社会诸公，也未尝不想拿这个刺客剖心致祭呢？若是权力办得到，也未尝不想实行剖心致祭呢！再说得近一层，譬如我的父，无端被人刺杀了，为人子者，拿住了这个仇人，岂有不想生啖其肉之理；只怕剖心致祭还安放在第二呢！恩中丞虽然不能比得大英雄，更比不得我父，然而人物虽然不同，其所亲之感情是无有不同的。①

尽管吴趼人说出这样丧失理智的话仅一次，并且多年在吴趼人研究中很少有人涉及，无论怎样，上面所引，仍是吴趼人最赤裸、最恶毒咒骂安庆起义的革命党人徐锡麟的一段原话。笔者不是苛求以现代标准、非历史主义来评价吴趼人，而是拿当时民营报纸舆论作为辛亥革命前几年社会的平均觉悟坐标和晚清后期那个时代的参照物，以显示他逆历史潮流而动的立场和内心是否存在最野蛮的部分，还原一个真实的光辉、灰色和阴暗面三面俱存的吴趼人。

1907年7月6日皖浙联合起义领导人徐锡麟在安庆巡警学堂，借毕业典礼率学生起义，成功击毙安徽巡抚恩铭，后不敌被捕。恩铭手下先将徐杀害，再剖心致祭。当时报刊舆论多认为剖心是“野蛮”之举。

先是徐锡麟被捕后，在其行囊抄检到一首《金缕曲》，是秋瑾1902年深秋在绍兴泱猹湖上送徐锡麟去安庆的赠曲。不料，这曲竟促成两江总督端方围捕和杀害秋瑾。13日徐案牵连秋瑾被捕，15日就义。

自16日《申报》“专电”第一条消息，即由绍兴太守福贵查封徐锡麟家所开天生绸庄，而提及“拘拿徐锡麟创设之大通学堂学生，内有学生被兵役枪伤”开始，社会上各种报刊每日均有关于徐、秋二人绍兴党狱的各种消

① 吴趼人：《剖心记》第一回，见《吴趼人全集》第三卷，北方文艺出版社1998年版，第519页。

息、要件、专栏、论说。7月19日，《申报》刊出的《西报论徐锡麟被刑之酷》的“紧要新闻”，又引英人致《字林西报》书，将徐锡麟被惨杀“放在中国政府正在商议立宪”的背景中讨论，代表“文明中国人”之义愤，凸显清政府的“野蛮”：

> 彼官吏已杀徐，而又取其心以祭死者，果已野蛮矣！竟又株连其亲族朋友，此等手段，徒使吾外人增轻视华政府之心耳。

上述是《申报》引外国人批判政府“野蛮”之恶行。7月27日《内廷消息》栏又登《两宫办理徐党之意见》：“除著名死党严惩不计外，凡所胁从，断不可妄事株连，致乱人心。”《申报》在后两句特意加上重点，意为徐案已经株连，秋瑾已成受害人。[①]又登留东全浙学生7月18日致浙抚电：“皖案逮捕株连，显背去年谕旨，祸及学界，犹恐酿成巨变。”

所据“去年谕旨”，正是1905年4月光绪皇帝批复伍廷芳、沈家本奏请有关改革行刑方法的旨意：嗣后凡死罪至斩决而止，凌迟及枭首、戮尸三项着即永远删除，以及“缘坐各条，除知情者乃治罪外，余着悉予宽免”。

于是8月10日《申报》编辑部的《论说》栏，利用中央上谕刊出的犀利大文章《论法部严禁各省州县官滥用非刑事》：

> 以近事言之，刑律脱已减轻，枭首、凌迟、戮尸等律，皆以删除矣。何以皖省之变起，而徐锡麟有剖心之事；何以徐锡麟之案发，而绍兴大通学堂之秋瑾女士有不得口供而冤杀之事？……黑暗如是，而犹曰减轻刑律，而犹曰严禁州县府滥用非刑，吾恐此后州县官，且有以不滥刑而获咎者矣。

---

① 《晚清人眼中的秋瑾之死》，见夏晓虹：《晚清社会与文化》，湖北教育出版社2001年版，第212页。

应该说，凡有一点良心之人，都会把“剖心致祭”看作十分野蛮之举，而且与走向文明和人性的现代化法律逆历史而动。而且顺便一说，吴趼人打抱不平的皖抚恩铭绝不是那一类“身在官场，身不由己”无可奈何的官员。下面说一件险之又险、与恩铭有关“一人死，令一人生”的故事：

“一人死”当然是皖抚恩铭，“令一人生”指的是险些被杀的许承尧（1874—1946）。许承尧，字际唐，号疑庵，晚署芚公，歙县唐模人（今属徽州区），是晚清著名的诗人、书法家、史志学家和地方著名的新教育改革家。1905年，他首先在徽州府城（歙县）创办了新安中学堂，附设师范科；第二年创办了紫阳师范学堂，并亲任两校监督，聘请革命志士、同盟会会员黄宾虹、陈去病等为教习（教员）。他还协助其祖父许品三公在家乡唐模创办了私立敬宗小学和端则女子小学。从小学、中学到师范，多层面揭开了徽歙新教育的序幕。百万字的民国《歙县志》就是他主持编撰的，还出版了《疑庵诗集十四卷》，他编撰的《歙事闲谈》被称为古徽州文献志的里程碑。

许承尧一面办学，一面和一批进步教师成立了“黄社”，以研究明末进步思想家黄宗羲为名，暗地进行反清革命活动。他任理事，黄宾虹任助理。闭塞的徽州，一时革命风起云涌。不料被人向省城告密。安徽巡抚恩铭赶紧修本请旨捉拿问罪。幸亏第二天（1907年7月6日），恩铭就被革命党人徐锡麟刺死。来不及发出的奏本，亦被开明人士布政使沈子培抽出销毁。这场与徐锡麟起义同时进行、暗中发生的惊险一幕，终得以“意外徼天幸，悬崖化坦途”。安徽代理巡抚冯煦在给光绪皇帝的奏本中称许承尧办学有功，“皖南学务以徽歙最早，歙县则自许氏”，许氏才安然渡过一关。[①]

从上述“恩铭死，而许翁生”的故事可知，恩铭欲加罪致死之人多是好人。官员也有多种，有经办秋瑾案、不肯用刑、愧恨无法庇护和开脱秋瑾而

---

① 朱寿朋：《光绪东华录》，见夏晓虹：《晚清社会与文化》，湖北教育出版社2001年版，第213页。

自杀的山阴县令李钟岳，也有救革命党人一命的开明布政使沈子培和皖抚冯煦。可惜吴趼人此时一叶障目，看不见，也不想知道。

第三节　偶像的光环

吴趼人因这段话的政治性失误的公案也很快结束了。然而还有读者最后很想知道的一个问题：究竟是什么刺激和缘由，在1907年勾起吴趼人埋藏在内心最底层、最阴暗、最野蛮的感情沉滓呢？

事情要从1907年农历三月的一件事说起。趼人的老友蔡啸甫在粤东求得一帧吴荣光的手书立轴，带来上海，归还趼人，说：我虽然对古书字画也有嗜好，但不忍心看见你失去祖上家珍。趼人见“家珍璧返，欢喜可知”，又感极而悲。趼人想写一跋，以志纪念，但又担心自己的字不甚雅观，再转念此手书是祖宗的器物，怎么可以请人代劳呢？于是，“乃自跋此”。

> 道光间，先曾祖以收藏为公卿大夫所知，尤以书名于三湘闽粤间。晚年归里，求书者踵相接，至避地桂林以谢之。咸丰甲寅，家庙所藏金石图书，均毁于兵火。至沃尧，几不复可得见。光绪丁未三月，蔡子啸甫自粤东求得此帧，至沪上归余，且曰：“吾不忍以古书画之嗜，而遽夺子之手泽也。”家珍璧返，欢喜可知。而先人呵护之君，蔡子相知之雅，均有足令人感极而悲者。装潢既竟，思请善书者代志之。或曰：“是子宗器也，胡可以假手于人？”乃自跋此，以志不忘。
>
> 光绪丁未四月，吴沃尧谨志[①]

---

① 许承尧：《歙事闲谈》，黄山书社2001年版。

吴趼人借文物怀念吴荣光有两篇文章，此跋是时间上较前的一篇。先祖文物，何况名家，睹物思人，乃后代之常情，不足为奇。问题是涉及导致吴氏家势中落的原因，按上面跋文所谓“毁于兵火”，实是指太平天国的起义分支、1854年陈开领导下的红兵在佛山起义。

据《佛山忠义乡志·乡事》记载，陈开之红兵起义军曾围攻商业中心区，“遂放火箭，焚烧四十九条街，瓦砾弥望”。吴荣光一族聚居之处大树堂，原不近商业中心，但随商业街区不断扩大，亦渐近繁华地段，因而火势炽张之下，达官贵人之家无可幸免。金石、文物、图书，楼阁财物，多有损失。这就是吴氏大族一蹶不振的历史原因，令吴趼人晚年目睹曾祖手轴时，思念之情不能自已，“感极而悲”。就这样再度勾起对做过多省督抚的曾祖的怀念，对暴力推翻大清皇朝的太平天国红兵（洪兵）造成吴氏一族的致命打击念念不忘、耿耿于怀。

1909年3月，吴趼人在去世前一年，第二篇怀念吴荣光的文章《筠清馆法帖跋》再次提起这段吴氏家族集体记忆中的伤痛：

> 先曾祖晚年，萃毕生搜罗之古碑墨迹，勒为《筠清馆法帖》藏于家，将以遗子孙垂久远也。咸丰甲寅，红羊劫起，家藏金石图书，荡佚都尽。[1]

吴氏的家道中落，受到了农民起义的打击，而实际上最主要是逃不脱“君子之泽五世而斩”的命运，吴氏家族一向并无田地物业之恒产，一是二世祖、三世祖的败家子增多，二是大树堂原来五世同堂聚居的人数因日益迁出而减少，而最后决定的因素是吴氏做官人数剧减，特别是四品以上的大官一个也没有，造成了吴氏一族走上无可避免的衰落和被新生的大豪家肢解之

① 吴趼人：《吴荣光手书立轴跋文》，见《吴趼人全集》第八卷，北方文艺出版社1998年版，第202页。

路。吴荣光之金石、图书、文物“咸同以降，族渐凌夷，恒为豪家所夺，渐至残缺不全”，这才是“中落”的最主要原因，与佛山陈开起义并无大涉。

咒骂徐锡麟的第二个诱因，是周桂笙的几篇讽刺文章。

1907年5月26日，周桂笙在《月月小说》第八号发表《立宪说与革命说之大激战》和《革命有罪立宪亦有罪乎》讽刺康梁维新派和清政府，估计吴趼人虽不会表示反对刊载而造成不团结，但仍会抑郁在心，挥之不去。

本来由徐锡麟烈士和吴趼人小说《剖心记》的一段话引起争议的一件社会公案可以就此了结，双方观点分明，公道自在人心。文化上的分歧，并不一定要斗个你死我活，方能罢休。况且《竞立社小说月报》仅出二期旋即停刊，《剖心记》亦仅刊登二回而止，吴趼人“亦辍笔”。《剖心记》小说之内容，《国朝先正事略》早已有传，但苦无细节，1904年，吴趼人做“山左之游，搜得手抄全案以归，拟就情节，勒为《剖心记演义》两回”。现在小说被腰斩，情绪也因舆论上 “野蛮”不“野蛮”之争，弄得心情不定，连续写下去的心情也荡然全无。时细雨淫淫，前思后想，纷繁杂乱，长叹一声，竟无法再续写小说。吴趼人曾述及当时的坏心情：“雨窗闷损，偶检及之。”其心情之苦“闷”，达到“损”伤之程度。但心又有不甘，只好来重拾旧稿，“复撮其崖略如左”，写成笔记小说一篇《山阳巨案》。案情大约如下：

李毓昌，字皋言，山东即墨人。嘉庆十三年（1808年）进士，发江南知县用，总督铁保任命李毓昌勘查山阳县赈灾账事。李氏亲行乡曲，勾勒户口，查明山阳县令王伸汉浮开饥户无数，已清册为据，将为禀揭。山阳令试赂李氏以重金，不为动。毓昌有三仆：李祥、顾祥、马连升。李祥把李毓昌勘查详情告知其友包祥。包告知主子王县令。王县令主谋，布置四人联手，李祥动手以毒酒强灌李毓昌，他人并伪装自缢现场。报官后，王县令赠棺收殓。此乃嘉庆十三年十一月初七事。李氏兄弟泰清从家中至，受王县令厚赠百金，持丧以归。一日，其妻偶检丈夫遗物见一蓝表羊裘，袖有痕而色异，其嗅腥，审为血。再开棺视之心腹、指尖、面容皆作青黑色。泰清乃入都控于都察，王县令乃遍赂上下。各方遵旨检官时，尸骨如墨，官员支吾，仵作不唱报，有方伯知为钱神作用，怒叱仵作曰：杖之。始报被害委实被毒身死，冤始大雪。其结案后众犯凌迟处死，唯主犯李祥行刑特别。特旨：李祥、顾祥、马连升，均凌迟处死。李祥一犯尤为此案巨魁，着被刑部司官一员将该犯解押山东，饬令沿途地方官多派兵役防护。到山东后押至（被他毒死的）李毓昌坟前，先行刑夹一次，再行处死，作摘心致祭，以泄幽愤。一时人心称快。

此犯人李祥行刑特别之处，在于"特旨"行刑处死后在被害人坟前"作摘心致祭"。于是，吴趼人将革命党徐锡麟与毒死清朝查案官员的杂差同等看待。

总之，吴趼人晚年竟把历史上家族衰落的责任和由此产生的怨恨，全部归咎和责罪于承继了太平天国用武装暴力推翻爱新觉罗皇朝包括徐锡麟的革命党人，另一面对革命党的死敌又起恻隐之心，把皖抚恩铭看作在道光做过多省巡抚的吴荣光的后任同僚，产生"道义上维护"的想法。吴趼人一生自始至终在这个问题上不能前进一步，于是，便产生了进一步退两步、一步三回头的长期思想波动。究其因，一是吴趼人被孙中山领导下的武装起义推到人生十字路口，作为一个社会知名人物更不能回避，被迫表态；二是被家族偶像吴荣光之光环笼罩其中，断送了自己跨进同情革命者行列的机会。这是一个地区特殊的大家族的权威精神力量，化作对后代每一个人从小开始就受包围的精神环境陶冶和文化熏染，这无疑对吴趼人的人生观和社会观产生了极其深刻的影响。

站在什么立场，为什么同情，同情谁，憎恶谁，归根到底最后是吴趼人个人的选择。这种选择早已经成为过去的历史，后人可以叹惜，也可以分析原因，但无须为先贤讳。

第四节　大风歌

1907年11月发行的第十一号《月月小说》，吴趼人发表了“时事新剧”《邬烈士殉路》《苏杭甬路案摭报》《浙江三烈士殉路纪略》以及《邬烈士挽联汇录》，这个“文学、文献、时事”综合专题系列，当时还是吴趼人和周桂笙共同主编，有稿件编辑最后决定权。因此有理由相信，上述有关江浙铁路组稿的系列包括四个单元：一个剧本，一个中外幕后的交涉文件，一篇烈士传记，一组烈士挽联汇录，都是吴趼人主要策划和周桂笙共同决定编辑的。

这组爱国时事系列对吴趼人来说是有由头的。

三年前，即1904年10月29日，《时报》开始连载清廷秘密出卖路权的独家新闻——粤汉铁路交涉的秘密档案，令上海报界对《时报》的胆识一夜之间刮目相看，不得不服。而实际系由“任公（梁启超）、杨哲子（杨度）觅得全案电稿，加以按语”。因为是有关家乡的粤汉铁路，吴趼人对全线各地名较为熟悉，其中的广三铁路（广州—三水）更是经过家乡佛山，因而日后对列强掠夺路权、借款权格外留心。自始，社会的报刊开始注意列强对中国资源的掠夺，洋公司与清政府官员的交易，以及各省商民对本省铁路权、矿权、借款权等等权利的回收和对外商的抵制。

《月月小说》虽是专刊小说的文学刊物，这次所刊登的有关苏杭甬铁路的时事系列，表明在形势迫人之下，政治倾向便由潜伏上升为公开，由不刊载政治文稿（函电），变为在文件后写揭露真相和批判性的按语。此其一。

文学大可不必政治先行，但文学也无法完全离开政治，社会上矛盾斗争趋于激化，两者便会走到一起。晚清最后十年，便是典型。

另外一个由头是，改良京剧《潘烈士投海》的演出，潘英伯烈士是吴趼人剧本《邬烈士殉路》第一折所提到为国为救亡捐躯的六个烈士之一（其他五人：陈天华、李培仁、陈天听、冯夏威、姚宣业），剧本是根据直隶通州人潘英伯投海的事迹写成，剧本署名白云词人，约创作于1906年初，是一出社会上非常著名的时事新戏，名角潘月樵饰潘英伯，孙菊仙、冯子和、夏月珊、夏月润和王鸿寿在上海丹桂戏园和新舞台领衔主演。全剧共4本，描写潘英伯由直隶官员毛庆蕃保举，派赴日本留学。潘英伯到东京后，认识同盟会会员陈天华，两人皆痛心国家的衰弱、昏暗，可惜出现的是有点被歪曲的陈天华形象。

当时为瓦解中国留学生在日本的革命活动，清朝政府曾勾结日本政府，由日本文部省颁布《取缔清韩留日学生规则》。中国留学生纷纷归国，陈天华在日本大森海湾蹈海自杀，以示抗议，潘英伯也在韩国仁川港投海殉国。最后剧本把中国希望寄托在五大臣出洋考察、清政府五年预备立宪和袁宫保（世凯）、直隶布政司毛庆蕃这些人身上。反映了立宪派意欲清廷幡然悔改，重用立宪派并掌握一部分权力的幻想。特别是结尾竟一片祥和与希望。

> （唱）诸君来吊烈士魂，听下官一一说分明。……叫一声教育会友你且听，你须把通州学务来振兴。学务蒸蒸能日进，才不负烈士一片苦心。又叫一声小学生，你们功课要认真。又叫一声众工人，你们工业要改新。事事都求增进，时时刻刻要念那烈士魂。况且国家将强盛，你不见派出洋的五大臣，五大臣归来好整顿，必定立宪可施行。三年五载立宪定，一番气象一番新。（据改良戏曲社单行本）[①]

上引的《潘烈士投海》，应是早期的改良京剧，话多唱少，或只念不唱。作者是乔荩臣，生平难于考索。生年估计为19世纪六七十年代，可能在道胜银行做过买办或职员。1926年去世。长于诗文，可能是世家子弟，据《聊斋志异》的《向杲》改编过剧本《义烈奇缘》。辛亥革命前与田际云

① 阿英：《晚清文学丛钞——说唱文学卷》下册，中华书局1980年版，第364页。

（河北梆子演员）开设戒烟会，还改编过吴趼人小说《黑籍冤魂》。此人在京剧界中小有名气，是因为他是北京谭派著名票友，工老生，亦擅武生，是20世纪初北京遥吟俯畅票房和霓裳雅韵票房的主要成员。百代唱片公司录制谭派唱片时，曾帮助策划。看乔氏生平便知，他是既希望社会变动，但又不希望太大变革，把希望寄托于清廷开明派，寄托于几个所谓开明官员如袁世凯、毛庆蕃等的身上。

从吴趼人的几篇短篇小说《庆祝立宪》《预备立宪》《立宪万岁》《大改革》可知，吴趼人是看穿了爱新觉罗政权实质不愿立宪放权的伎俩，痛心之下，因而决然要写一个与《潘烈士投海》反其道而行之的改良新剧——《邬烈士殉路》，意在讴歌几个烈士和树立一个正面人物，在他们带领民众与政府斗争的同时拆穿清廷假立宪的把戏。

另外一个刺激吴趼人急起直追的原因是，1906年又同时出现了两部时事新剧本。

一是为矿权、路权呐喊的第一部剧本《后怀沙》。作者是洪炳文（1848—1918），浙江瑞安人，家富藏书，兼收泰西西法诸书。光绪十七年（1891年）贡生，以教馆、游幕为生。曾任瑞安中学、瑞安第十中学教习。在近代戏剧上以“四个第一”著称（首创寓言传奇剧、禁烟剧、科幻剧，以创作三十六本戏剧数量为最）。

洪炳文写的《后怀沙》，叙述山西煤矿资源丰富，洋人垂涎已久。意大利商人罗沙与晋绅签订合同共同开采，旋即中止。不料罗沙竟擅自将开采权让与英商，晋人群情激奋，上书朝廷力争，朝廷竟对英妥协。在日本留学的山西人李培仁闻知朝廷态度，愤斥清朝丧权辱国后，以蹈海激励晋人斗志。该剧以屈原自沉汨罗比喻李培仁爱国之心，故题《后怀沙》。据说仅成《惊电》一折。

书中主角李培仁（1866—1906），晚清留日学生。大同市阳高县人。1904年考入山西大学堂，1905年冬被选送日本政法大学留学。时山西争矿运动受当权者和英人干扰，陷入困局，留日学生对清廷的丧权辱国行径强烈不满。

1906年10月，山西争矿斗争出现曲折的消息传到日本，李培仁悲愤交加，决心以死抗争。13日，毅然纵身跳入东京新宿海二重桥下，溺水而亡。留学生同乡会为他殓尸时，从遗物中发现殉矿绝命书和万言绝命书，争相传看。四省留学会在东京神田锦町锦辉馆召开追悼会，中国十八省学生代表以及章太炎、胡汉民等数千人参加，挽幛、挽联挂满会堂，轰动日本。消息传入国内，激起山西人民护矿斗争高潮，当烈士灵柩护送到太原时，省城爱国人士在文瀛湖畔召开规模宏大的追悼会，市民倾城而往，群情激昂，全省学生走上街头声讨、控诉，迫使英银公司接受赎回矿权。1908年，英银公司不得不同山西省商务局订立《赎回英银公司开矿合同》，同意将所有矿权由山西绅民赎回自办。

李培仁是吴趼人的时事新剧《邬烈士殉路》所认同的六烈士之一，他的事迹当然知道甚详，李培仁的新剧《后怀沙》自然不会不知道。

二是反美华工禁约唯一的剧本《海侨春》，收入阿英编《反美华工禁约文学集》。作者贺良朴（1860—1938），字履之，号南荃居士，篑公、篑庐，别署梅雨吟榭。清末举人，任邮传部侍郎，早年入李勉林制军幕府，曾任上海方言馆监督，后入同盟会。善山水画，以仇英为师，四王为法，为中国画学会评议。1918年应蔡元培聘任北京大学画法研究会顾问，著有《篑庐诗抄》《五洲二十年战史》。

这表明，起步稍慢的戏剧和小说一样，也在奋力追赶火热斗争的现实。因而在这个有千万人民参与的风雷激荡的大风潮中，吴趼人撰写一个紧贴时代斗争的烈士剧、斗争剧，应是使命所在，义不容辞。

标明“时事新剧”，署名“佛”的《邬烈士殉路》，是吴趼人在世最后几年的文学创作中与《新石头记》同样重要的代表作。这本十折新剧由于某种原因只发表了两折，虽然在《月月小说》第十一号发表完第一折的同一页刊登了“剧目预告”，但第七、第八、第九三折子目仍然留空，看来还不是最后定稿。兹照录如下：

剧目预告

第一节　先殉

第二节　追悼

第三节　后殉

第四节　协议

第五节　集款

第六节　幽会

第七节　□□

第八节　□□

第九节　□□

第十节　复权

从上面《月月小说》第十一号发表所引“剧目预告”，可以看出吴趼人对此剧十分重视。大局已定，胸有成竹。按以往吴趼人常态，不会有此详细公布的子目，可见在其心中分量。估计因与外商和清政府的路权、借款权的争端还在深入发展，故此高潮之三折的子目一时不好马上落墨，亦显示吴趼人对作品审慎和负责的态度。

苏杭甬铁路案是民族资产阶级带领民众与列强力争全国性回收路权、商办铁路在江浙的典型个案，这种斗争的大方向是发展中国民族资本主义经济，抵制帝国主义经济和政治的入侵。当然，帝国主义银行的投资没有因清末全国各省人民大规模的回收斗争而却步，反而逐步上升。但决不能因此低估这些激动人心的回收风潮对辛亥革命的实际推动作用，也没有因为这些发动各省民众领袖均是立宪党人而不看他们的具体推动的方向。这是评价如《邬烈士殉路》这类作品的社会意义和当时回收斗争的领袖人物的一个总的出发点和立场。

苏杭甬铁路起自苏州，中经杭州，迄于宁波（宁波简称甬），称苏杭甬。1898年10月，英国怡和洋行代表英银公司同清朝铁路公司总办盛宣怀订立《苏杭甬铁路草约》，夺得了该路的修筑权。草约签订后，测勘工作一直没有进行。1903年，盛宣怀致函英银公司声明如六个月内再不勘路估价，则以前合同作废。该公司置之不理。1905年7月24日，浙江绅商在上海议决成立浙省铁路有限公司，公举前署两淮盐运使汤寿潜和在籍京堂刘锦藻为正、副总理，呈请自办全省铁路，呼吁废止《苏杭甬铁路草约》；一面集股，一面立即开工筑路，先修杭州至嘉兴段。次年，江苏绅商亦组成江苏铁路公司，以王清穆为总理，张謇为协理，议定先修上海至嘉兴段，以与浙路衔接。于是英国驻华公使萨道义于1906年3月15日照会清政府外务部，拿出存放了七八年的草约来进行阻挠，催促交换正约，同时要求下令停工，禁止浙江商民自办铁路。

1907年10月30日，经双方商定，外务部提出一个所谓“拟分办路、借款为两事”的方案：“路由中国自造，除华商原有股本尽数备用”，“约仍需款英金一百五十万镑，内向英公司筹借”。清政府立即批准了这个方案，并同英国订立《中国国家沪杭甬铁路五厘利息借款合同》，向英国借款150万金镑，聘用英国人为总工程师，并将苏杭甬铁路改为沪杭甬铁路。

这个仍受英国控制的“借款筑路”方案激起了江浙人民包括工商学界的极大愤怒。浙路副工程师汤绪绝食抗议而死，浙路业务学校学生邬刚愤恨喷血而亡。反抗斗争进一步高涨。江浙马上成立公民拒款会，宣布削去主持借用外款的京官汪大燮、章梫、许宝衡、吴士鉴四人的浙籍。江浙两省铁路公司则揭露清廷“名曰借款，实则夺路”。

10月22日，杭州爱国人士首先创立国民拒路会。苏州、绍兴、宁波也相继成立拒款会或拒约会。两省学校的学生相继聚众抗议。11月13日，众多旅沪浙江士绅在一品香饭店举行集会，与会人士当场认捐2200万两，单宁波一市就认了700万两。25日，又在杭州举行浙江全省拒款大会。

1908年3月，浙苏两省修建的沪杭铁路即将完工通车之际，英国强迫清廷签订年限30年、九三扣付款、共150万英镑的《沪杭甬铁路借款合同》，在北京正式签订。但是，由于江浙民情汹涌，反对之声遮天盖日，盛宣怀和英公使朱尔典密商，将150万英镑借款，转归修筑河南开封至徐州铁路之用。这就是吴趼人发表《邬烈士殉路》之时的大概社会背景。

1907年10月8日，美国陆军部长即后来任第二十七届美国总统的威廉·霍华德·塔夫脱（1857—1930）抵沪，上海官、商、青年代表和各界精英在愚园雅集，举行礼仪隆重的盛大欢迎会，据说酒会中奏美国国歌，以示中美亲善。塔夫脱举杯为之颂祝："大清国皇帝万岁！"吴趼人勃然火冒三丈，这就重新勾起和刺激他已经稍稍安静的神经，吴趼人实在不甘心两年前旋起旋灭的反美华工禁约运动的失败，心痛已极；不满上海商绅善始而无善终，世态瞬间炎凉。他觉得因抗议美方自杀的人镜学社社员南海同乡冯夏威鲜血白流，反美人心之善变，拒美变畏美再变而迎美。悲愤填膺，挥泪命笔，写下闪着森森冷光的短篇小说《人镜学社鬼哭传》。这是吴趼人气宇轩昂的气魄、掷地有声的举止、怒目翕张的个性使然。

当然，吴趼人并不知道这个陆军部长表面说淮河义赈灾民、侈谈退回庚款、扶助中国教育，内里实际负有一项先由德国皇帝倡议、美国总统同意、慈禧首肯中美德三国欲结成联盟抵御日本在东亚和环太平洋扩张的外交使命，不然，吴趼人一旦知晓这个企图拉中国下水的惊天大阴谋，他的小说和论说必然更会添上这个重大的国际题材。

话转回来，吴趼人爱国怒气未消，反帝意犹未尽，随即再含怒切齿，赶写成《邬烈士殉路》头二折和预告子目，再配以《苏杭甬案摭报》《浙江三烈士殉路纪略》和烈士挽联，这是趼人氏在《月月小说》之所以发表要以"时事新剧"《邬烈士殉路》为中心，这个"文学、文献、时事"综合专题系列的第三个由头。

此剧主要写了邬刚烈士和汤绪烈士（铁路副工程师）和一个民众领袖式的商绅汤寿潜，三个不同阶层身份、实有其人的英雄人物。这是吴趼人晚年作品在正面人物上的一个大进步，具有十分重要的意义。显然，吴趼人在加盟《新小说》以来，洋溢着鲜明的爱国主义精神和毫不妥协的民族主义立场，是他的大部分文学作品最显著的特点。但是亦有一个无法回避的缺点，就是在作品的文学形象中缺少既有坚实目标又有理想的正面人物形象。当然，在上面几章讲述吴趼人在江南制造局的19世纪八九十年代时，吴趼人有一个开设船厂、有造大船志向的好朋友，即在《二十年目睹之怪现状》第三十回出现过的中国近代最早的民族机器企业发昌厂的少东家——最早的民族资本家的文学形象方佚庐（方逸侣），可惜，描述不多，后来就消失得无影无踪了。

吴趼人在1907年至1908年间，集中在两三个月，前写小说《人镜学社鬼哭传》的冯夏威，后写时事戏曲《邬烈士殉路》，表彰铁路烈士邬刚、汤绪，他们以一股为民众、国家请命的英雄正气和光彩，昂然闯入由吴趼人以前作品中的牛鬼蛇神和魑魅魍魉所组成的晚清沉沦世界，显示了吴趼人思想上和创作上开始注意加强正面人物和适应自反美华工禁约运动以来社会发展的急剧变化。这样吴趼人的作品似乎可以划分成几个文学世界，一个是以《二十年目睹之怪现状》为代表，你争我夺，丧尽道德人性，向下沉沦，令人绝望的污浊世界；一个是以《新石头记》为代表，中西科技文化结合的乌托邦的幻想世界；一个是以戏剧《邬烈士殉路》为代表，在齐心合力抵制政府和列强的民族（护路拒款）斗争的大风潮中的民众英雄和领袖，非暴力的改良社会力量展示的斗争世界。

吴趼人没有说是什么原因致《邬烈士殉路》只发表了两折，第一节是叙述邬刚如何为政府高压借款，江浙如何拒款而忧心吐血，殉路而亡；第二节是叙述浙江省铁路公司总理汤寿潜主持邬刚烈士追悼大会，浙江民众代表与民商领袖共诉衷情，继承邬烈士遗志，誓死抵拒借款。请看第二折中汤寿潜其中一段唱词：

（杂摆香烛）（外行礼介）（坐矮凳唱）

见灵牌，不由人，肝肠寸断。（哭）邬刚，烈士醉青！哭一声，邬烈士，细听我言：汤寿潜，为总理，资格微浅，承公把公路权，付与一肩。想当日披麻衣，焚香告路，不徇私，速告成。盟誓当天，优先股，励同胞，捐助巨款，方才得，先开办，扩张利源。实指望，早开通，利益共占。又谁料，平地里，大起波澜。银公司，执一见，废约要践。恨只恨，外部郎，全没心肝。有铁案，不引证，层层驳辩，反为护。银公司，表里为奸。挟天子，令诸侯，主持借款。震动了南五省，人鬼不安。哭烈士，求学问，离乡背井。哭烈士，为公益，受尽苦辛。哭烈士，保主权，忧心耿耿。哭烈士，重浙路，一身为轻。满腔血，喷尽了，英雄浩气。身死后，不瞑目，所为何情。

（哭介）都怪我，少才能，不胜重任。不能够，先预防，着着败棋。使成事，大破坏，全浙送弃。汤寿潜，做了个祸首罪魁。哭烈士，哭得我泪枯神惫，何面目再对尔忠勇灵魂。

（哭介）常言道，孝竭力，忠则尽命。大烈士，真不愧，吾浙全人。叹只叹，白发父，倚门望定。眼睁睁，犹盼你，名利双收。谁知道。你今日，为路殉命。可怜他，百年后，又靠何人。

（哭介）同学生，痛君死，愤愤不平，激起了一个个爱国热忱。感君诚，结成了，团体义气。续君志，还望这，众志士成城。我老朽，虽无才，良心不昧。苟偷生，尽我力，图报君心。众同学，随我来，同施一礼。（众行礼）当灵堂，发誓愿，表白哀情。从今日，一心志，努力抵拒。就把我，千刀剐，万刀剁，也要执争。大烈士，有灵魂，九泉看定。到头来，总有个结果收成。

这是浙江铁路公司总理汤寿潜一段字字痛切、吐属沉重、言语极为朴实本色的唱词，听者和读者——包括书中当时参加追悼会的铁路学校学生们和今天的读者，并不因表露忧愤心声的是一个著名的地方立宪派领袖而削弱感动；也不因他的职务是被委任的铁路监督，带有官方色彩而对他的品格和诚信进行质疑。这位穿着永远像农民一样俭朴的历史人物，在这五十多年的历史学术研究领域，早已看不见他的踪影，没有出版他的变法著作，自然也没有他的评传和有关研究他的论文集。但是如果弄不清吴趼人为什么在1907年、1908年赞美和讴歌一个实有其人、而且是一个站在清末护路反借款风口浪尖上的地方立宪派领袖人物；如果弄不清吴趼人为什么欣赏这个外表和衣冠永远像个乡下人的老头，那么，吴趼人生平与作品的研究也因这个问题的空白，势必产生重大的缺陷和困惑。

汤寿潜（1856—1917），原名震，字蛰先，又作蛰仙，绍兴府山阴县天乐乡（今萧山区进化镇）大汤坞村人；是唯一既与戊戌变法和立宪运动相始终，又在辛亥革命时顺应潮流的一位重要人物，是我国近代著名的思想家、教育家和实业家。

汤寿潜青年时任浙江金华书院山长，后入山东巡抚张曜幕府。1890年，汤寿潜完成著作《危言》。该书就“迁都长安、设宰相制、建立议院、设考试制、任官用人、遣汰冗员、推广学校与西学、鼓励商民开发矿藏以及修筑铁路、加强海军”等方面力陈时弊，提出改革主张，成为“危言”式论著第一人，但该书没有把国会视为立法机关、宪政变法核心。四年后与张謇加入康梁在京变法组织强学会。

1892年，汤中壬辰科进士、授翰林院庶吉士。散馆后授安徽青阳知县。到任三月，不满官场黑暗，乞归。旋却受聘为金华丽正书院山长，后入张之洞幕府。1899年春，汤又受聘为湖州南浔浔溪书院山长，主讲经史，兼论时务。同年，汤在上海参办会文堂书局，从事文化出版工作。由于汤名渐播，曾被邀出任京师大学堂总教习，汤亦未赴任。1902年，汤与张謇在通州自立师范，为当时我国最早单独设立的师范学校。汤氏曾两次上书朝廷，力陈盐政时弊，1903年清政府特赏其道衔，擢两淮盐运使。汤坚辞不赴。而欣然接受上海龙门书院（上海中学前身）院长一职，并改书院为师范学校。1904年，汤寿潜和沈炳德在杭州大东门直街创办了初级师范学堂。

汤寿潜一直信奉实业兴国的主张。1905年二月，汤寿潜与张謇、许鼎霖等在上海创办大达轮船股份有限公司。二月至三月，汤又与张元济、夏曾佑等发动旅沪浙江同乡，倡议集股自办全浙铁路，以抵制英国侵夺苏杭甬铁路修筑权。又与张謇联手，发动“集民股、保路权”的爱国运动。八月，经浙江股东推荐，被清廷委任督造全浙铁路总理。

在此期间，汤寿潜布衣芒鞋（至死时日常犹此着装），与筑路员工同尝艰苦。短短三年时间，杭州至枫泾的160多公里铁路及沿线114座路桥、14处涵洞、113处水管，全部建成，确保了沪杭铁路于1909年8月13日如期接轨通车。在督办浙江段铁路期间，为了培养建筑和机械等方面的人才，又和浙铁公司副总理刘锦藻一起，在杭州谢麻子巷创办了铁路学校（浙江高等工业学校前身），是近代浙江工业技术教育的开端。1909年8月13日，沪杭铁路全线通车。次日，清廷授汤为云南按察使，汤再不受。11月，清廷改授汤为江西提学使，汤再三不为所动。1911年6月，学部接纳汤寿潜为中央教育委员会委员。1914年，民国政府将沪杭铁路收归国有，为补偿汤前后四年督造而不收薪之劳，特犒银20万元，他悉数捐赠浙江教育会，用于新建浙江公共图书馆（即今杭州大学路浙江图书馆）。

汤寿潜是地方立宪派的领袖，1900年庚子事变，曾游说两江总督刘坤一、湖广总督张之洞实行“东南互保”。1904年5月，汤寿潜和张謇、赵凤昌多次与魏光焘、张之洞讨论立宪问题，游说他们奏请立宪，并为他们撰写立宪奏稿。当张之洞、袁世凯在观望不决之时，又转向军机大臣瞿鸿禨。汤寿潜连发二函，使瞿对立宪态度转为积极，甚至对慈禧产生影响。

1906年12月，上海联合江浙闽商绅二百余人成立“预备立宪公会”，郑孝胥为会长，张謇、汤寿潜为副会长。1910年，汤在粤发表演说，向各界呼吁“请开国会”。次年6月，汤、张等联名致函摄政王载沣，要求改组“皇族内阁”，实行真改革，客观上推动反清大联合的形成。

武昌起义不久，汤寿潜顺应革命潮流，被推举为浙江首任都督。任上顺利解决了避免驻杭清军旗兵滥杀无辜和投降革命政府后处置安排的棘手问题。又决定派兵三千，组建江浙联军支持江宁，攻克金陵，为辛亥革命建都金陵多有贡献。1912年在南京革命政府任交通总长，未赴旋改南洋劝募公债总理，出国数月。孙中山辞临时大总统职后，汤即回国与张謇组织统一党，任参事。1917年6月6日，汤寿潜病逝于临浦故宅，终年61岁。遗著主要有《理财百策》《宪法古义》，又有考证巨编《三通考辑要》，计30卷200余万字等。1936年5月，天乐乡建“汤蛰先先生纪念碑”，立于茅山之巅。1994年，当地政府重建了纪念碑，并举办学术讨论会。

上述汤寿潜传记有些简略和评价过时，但下面归纳有汤寿潜与吴趼人七点类似和可比较之处，当然也正是吴趼人首肯汤寿潜之处：

一、以非暴力的维新改良为救亡图存之根本。汤著《危言》，吴趼人有《维新要言》，两者大同小异。汤在戊戌变法期间变法活动不太引人注目，但在后期的立宪运动中十分活跃，与清朝政府上层支持立宪者联系紧密，以民族资产阶级真改革企图迫使清政府放弃假立宪。

二、实业救国。汤身体力行，督造铁路有大功。吴趼人和汤同样在1905年的反美华工禁约运动中，四处呼吁演说，奔走、写信、建言，竭尽全力，汤吴两人贡献有目共睹。

三、教育救国。汤自任金华书院山长始，为教育终生努力不离不弃，创立多间师范，桃李满天下。吴趼人晚年创立广志两等小学，手订章程，聘师建校，不辞劳苦。

四、一生厌恶官场。汤多次坚辞肥缺之官，宁就清水衙门的教育之职。这在晚清官吏中恐怕创纪录；即使光复时选他为浙江都督，千劝万说，仅答应三个月而止。吴趼人亦曾被曾国藩之孙荐经济特科，却不为所动，与李伯元共进退，两人昂首，“夷然不赴”。

五、吴趼人“提倡旧道德”，拯救社会沦丧，世风日下。汤自然成为吴趼人心中之楷模。汤生活整肃，大公无私，衣着简单朴素（土布短褂，一顶箬帽，一双蒲鞋，一把纸伞），坐三等车，外出多次被人视作“乡下老头”。日夜督造铁路四年，无受一文薪金。补薪犒赏20万元，悉数捐赠，以创立浙江公共图书馆，被世人誉为道德“完人”。吴趼人家人为生计左支右绌，为糊口四处奔波，笔耕不辍，手停口停。

六、立宪运动和教育、实业（包括铁路）并举，汤为民众注重实干和实责，做一件成一件。在吴趼人发表此剧本两折之时，江浙铁路即将完工，造福一方，汤拥有比一些纯政治家更广泛的民众基础和更深的民望。

七、汤是一个既和清廷上层（如军机重臣瞿鸿禨）有交往，又与同盟会员有接触的地方社会知名人士，辛亥革命期间“常与民党人士往还，虽未参加革命，行动精神早有默契”。浙江宣布脱离清政府独立后，他之所以被任命为浙江都督，最重要的原因是被革命党人所推荐和各方面“众望所归”。在汤正想推辞之际，这时杭州发生了三千清兵拒不交枪，扬言只有汤寿潜前来见面，才接受谈判，不然，屠城杭州，誓死不降。汤无奈，以救杭州人民为重，声明仅接任浙江都督三个月，乃平息杭州兵乱。吴趼人虽属维新派人士，但与同盟会李葭荣和周桂笙来往并为至交；也与国粹派邓实、黄节等人多有接触；即使尝任端方秘书的沈习之也成好友。1909年3月，吴趼人寻回曾祖吴荣光的《筠清馆法帖》，也邀两江总督端方为之题跋。可见吴趼人亦有清地方政府上层关系，又有同盟会好友，与汤彼此彼此。

通过直接反映现实，政治倾向性极为鲜明的大型时事戏剧，以实有其名歌颂和表彰一个举足轻重的地方人物，在吴趼人所有作品中唯有《邬烈士殉路》。对于吴趼人思想变化来说，此剧重点不在于邬烈士，也不在殉路，而在于吴趼人选择了在晚清立宪和护路拒款运动中均有贡献的汤寿潜先生，把他从社会搬到文学的传播和歌颂中，从现实中搬到理想中。选择的标准和条件就是上述汤氏七条，这是吴趼人后期创作思想变化十分重要的一个方面。但如果说吴趼人晚年全然是保守倒退，那无疑也是对他的严重不公和片面的评价。

自1905年革命党的《民报》和康梁保皇派的《新民丛报》大论战之后，康梁派老调残声，在海外华人中民望大跌，一蹶不振。但是国内却出现立宪运动高涨，各省立宪派壮大的新局面。清政府小心翼翼，手捧着爱新觉罗的鸡蛋家当，三心二意在假立宪的钢线上摇摇晃晃，而全国各地方立宪人士通过掀起反美华工禁约运动和拒款保路的风潮，威逼政府放权立宪，客观上不自觉地为推翻清朝的辛亥革命的总爆发创造了条件和声势。

随着武昌起义和各省纷纷独立，即使马上立宪也无法挽救执迷不悟、死亡已至的清廷，立宪运动无形消解。立宪派头目各人回到地方顺应革命党武昌起义大潮流，各省实现资产阶级两派反清夺权大联合。汤寿潜先生是其中一个有功有绩的佼佼者。

鲁迅在《现今的新文学概观》中曾说过："各种文学，都是应环境而生的……是政治先行，文艺后变。"

吴趼人一边呼吁人们警惕清廷这种假立宪的把戏，一边察觉到了不同寻常的以护路护矿拒款张目的大规模立宪运动风潮，锻炼和教育了民众；这股众志成城、自下而上的力量如何直逼清宫。

吴趼人从汤寿潜领导的江浙地方立宪运动中敏感地观察到不同于以往维新变法运动的新特点和新变化。他观察到以前的戊戌变法维新运动中感受不到的大众冲击力量，现在却可以用心触摸到草根阶层小贩、广大的个体劳动者一角子又一角子攒成的一元又一元，亲手投进中国人铁路股份的跳动脉搏。正是这起于下层青萍之末的护路护矿拒款大风潮，逼使中央放权，以制定宪法、召开国会、推动限制皇权的立宪运动，造成晚清最后几年社会急剧变化的新形势。促使清醒的吴趼人决定创作《邬烈士殉路》，以颂扬一个地方立宪领袖和几个殉路烈士，及时反映这场充满人民爱国反帝热情，与清政府斗争的"大风歌"。

在《邬烈士殉路》第一折《先殉》，吴趼人把1898年戊戌政变、六君子鲜血染红了菜市口以来的教训，至1905年在反美华工禁约运动中参加斗争的历史经验，包括将他洞察到清政府在立宪运动中的三心二意、坚不放权的垂死征兆的远见卓识，都融会到邬刚这一角色对清政府的控诉中：邬刚临死前，穿学生服扶病说："……待我留下遗嘱一封便了。"（写信介唱）：

我国民，压伏在强权之下二百余年。俯首帖耳，唯命是听，从来不敢抗拒。……叹前年，抵美约，虎头蛇尾；志不坚，心不齐，讪笑贻人。今日里，江浙路，风潮猝起。怪只怪盲政府，麻木不仁。……倚北斗，望京华。切齿痛恨。（吐〈血〉介）戴人冠，披人衣，禽兽居心。犹肆口，说大信，天良丧尽。心问口，口问心；一桩桩，一件件，一回回；思前想后，想后思前；哪一年，哪一回，哪一桩，哪一件，可对国民。手捶胸，足跺地，愤恨不平。

在戏剧角色上，上面所引是邬刚临死前吐血时悲愤难抑，和泪写下的给江苏、浙江两省人民的遗书。以作家创作论，这是吴趼人借戏剧中邬刚之口，对清廷自1840年以来所有卖国和欺压百姓，而致面临被瓜分豆剖的罪行——国家悲剧的控诉。这样震撼人心的绝望呼声，毋宁说是吴趼人在立宪运动风暴冲击中的转变和觉醒，毋宁说他个人作为世家子弟思想上破除“皇权即国家”，不惜犯上，与君主专制的“盲政府”决裂，突破旧观念局限，告别经历改良主义极其痛苦的过程。这些既咬牙切齿又深思熟虑的唱词矛头直指昔日寄托的对象——清廷，显示出中国善良的人民以往染血的集体记忆将赋予和写出崭新的意义：是时候抛弃一个腐烂政权的躯壳了。

在《邬烈士殉路》鼓舞民气，足以荡敌的氛围下，还体现出作者在对清政府无药可救的绝望中看到了民众堪可嘱托的伟大精神和力量。吴趼人把以往向上的眼睛逐渐向下，转移到人民大众中，而不是寄托于五大臣、中央预备立宪。更是一字一板、一字一钉的誓言：

我先死，谏同胞，愤时发愤，力抵拒，收成命，还我权宜。未死人，须坚忍，一鼓作气。不争回，切莫要，贪生怕死。

此种一代传一代，“我以我血荐轩辕”的坚毅不屈斗志，实足承传自鸦片战争以来中华民族反帝反封建前仆后继的勇敢精神。此剧本也代表吴趼人晚年创作境界和人生最后的高度。

第十六章

上海三人行

从1909年1月《月月小说》停刊，到1910年10月的一年多，是吴趼人在世最后的日子，他没有专职加盟任何报刊，真正成为自由投稿人意义上的自由职业作家。虽然吴趼人转而忙于办学，口头上讲过一些消极说话，但心中没有忘记“文章知己，海外有人，一纸既出，传抄传诵”[①]的读者，还是保持一个作家最重要的生命力——创作，仍然在社会上取得众多读者的拥戴和支持。正如最后连载吴趼人作品的《舆论时事报》的编者按语所说：

> 此南海吴趼人先生之绝笔也。先生名沃尧，别署我佛山人，长于诗词古文，根底深厚，骎骎乎跻古作者之林。间又出其余技，成小说家言。无论章回札记，皆能摹写社会之状态，针砭国民之性质。积理既富，而笔之恢奇雄肆，又足以达之。近如本报所登之《情变》及《滑稽谈》，在先生犹非经意之作，而已备受阅者欢迎；然则一纸风传，啧啧于众人之口者，洵乎有目共赏，非可幸而致也。[②]

可以说，在即将离世的最后几年中，这个以“我中国一分子”自居，一生对时代形势变化十分敏感的吴趼人，在国土被列强瓜分得四分五裂和社会意识形态正被强大的西学潮流冲击面前，自我感受到民族传统的“道德沦亡”，继而对传统文化的剧变感到痛苦；思想和内心涌起一阵阵无力“补天”、家国将荡然无存的绝望。一方面，吴趼人在几千年的帝制和清朝总崩溃、愤怒的火山总爆发的前夜，在历史急转弯的当刻，急忙地审视涌现出来的各家各派和各种思潮，匆匆地汲取理论营养，不遗余力地寻找政治体制的解决方案；另一方面，又主观上寻找民族传统文化在“临危困局”中的出

① 《最近社会龌龊史·自序》，见魏绍昌：《吴趼人研究资料》，上海古籍出版社1980年版，第194页。

② 《舆论时事报》，见魏绍昌：《吴趼人研究资料》，上海古籍出版社1980年版，第199页。

路，并且用科幻小说《新石头记》的方式和以小说《上海游骖录》讨论的方法宣示世人，像一个对期待已经失望，但还未最后绝望的斗士，在十字街头挥笔言志，踯躅徘徊，浑然不觉自己生命已剩下不多日子，直到生命的最后一刻。

周桂笙和李葭荣是吴趼人在上海的莫逆之交。吴趼人与周桂笙相识十年，几度在小报、杂志密切合作，切磋无间。吴趼人说：“余旅沪二十年，得友一人焉，则周子是也。”可以说，周桂笙是吴趼人一生之中，唯一能够相互对彼此的思想、文字做深入交流的挚友。

周桂笙1873年出生，小趼人7岁，名树奎，字桂笙，号新庵。后以字行，上海南汇人。曾用众多笔名，主要有辛庵、新庵、惺庵、新、辛新、新新子、知新室主人等。

桂笙祖上数代植棉，后经营棉纺业。父维桢，后更名讳耀，字子云。丁卯年（1867年）创建沪北云龙花厂。桂笙幼年曾入上海广方言馆读书（该馆招收14岁以下文童），似与吴趼人在17岁时（1883年）入江南制造局翻译馆做绘图佣书时，（因楼上是翻译馆，楼下是广方言馆）有可能见过面，但擦肩而过，互不相识。后读中法学堂治法文兼治英文。中法学堂初名法文书馆，创于1886年，是法租界公董局所办的中学，实际上把办学权交与在沪天主教会主管，一切按法国校规，尤重视法文。甲午战争前后，周曾任天津电报局领班，继当英商怡太轮船公司买办数年。[①]

1899年秋，27岁的周桂笙经彭伴鱼介绍，与在《采风报》当笔政的吴趼人相识，吴趼人亦邀请周为《采风报》译稿，一时文字相商，过从甚密，渐为至交。

这个挚友对吴趼人的影响，分两方面讲，一是学术，二是思想。

周与吴趼人结交10年，吴趼人成为风靡海内的著名小说家，而周勤耕，

---

① 时萌：《周桂笙与徐念慈》附一，《周桂笙行年及文学活动考略》，见《中国近代文学论稿》，上海古籍出版社1986年版，第235页。

也成为我国近代翻译外国文学的先锋与新星，提倡科学小品、科幻小说，广泛输入西洋文化，倡导成立译书交通公会，组织译家交流活动，学习西洋小说技巧，可谓阵上前锋大有功。

吴趼人对中国传统文学和通俗文学之长，可补周之短；而周认识西洋文学之优，正好弥补吴趼人对西洋文学无知的缺陷。这种长期天作之合和相得益彰，为学习创造性地融会外来的小说新技巧，打下基础。吴趼人因有此至交，受益匪浅，进而在小说现代转型中捷足先登。

1903年，周在横滨《新小说》第八号发表法国鲍福的侦探小说《毒蛇圈》。之前邀吴趼人评点。第一回《逞娇痴佳人选快婿，赴盛会老父别闺娃》，其中开头一段，注意其翻译小说白话语感及其体式，且看吴趼人是否“受益匪浅”：

“爹爹，你的领子怎么穿得全是歪的？”

“儿呀，这都是你的不是呢。你知道没人帮忙，我是从来穿不好的。”

“话虽如此，然而今天晚上，是你自己不要我帮，你的神气慌慌忙忙，好像我一动手，就要耽搁你的好时候似的。”

“没有的话，这都因为你不让我去赴这回席，所以努起了嘴，什么都不高兴了。”

“请教我怎么会不高兴呢？你去赴席，把我一个人丢在家里，所为的不过是几个老同窗吃一顿酒。你今年年纪已五十三了，这些人已有三十五年没有见面了，还有什么意思呢？”

“五十二岁！姑娘，我请你不要把我的年纪来弄错，这不是说短了我的日子，犹如咒我一般吗！至于讲到这顿酒，却是我们同窗的一个纪念会，会中的朋友，差不多还有许多没有见过的呢！然而内中有一个人，是我做相好的。此人与一大臣很知交的，所以我想托他在政府里替我请奖呢，难道我真为的是吃一顿酒吗？”

“嗄！可不是就为那新制的第九十二队团练像吗？这件东西大家都以为好，我却一见了它就要生气。自从你动工以后，我连像馆都不愿意走动了。今天晚上你去赴席，偏偏又为的是它！如今你钱也有了，现成的享用尽够了，还要那政府的功名干什么呢？”

“哼，我们曾有什么钱，这份产业是你母亲的姑母留下的。一年可得六万两银的进益，现在不过为的是你年纪还小，所以替你经营，再等两三年，我就应该交还给你了。要是你对了亲，嫁了人，这份产业就要归你丈夫执掌了。”

“哦，故此你要把我嫁掉吗？”

“你总不能老死不嫁人呀！我要丢开你呢，本来也是舍不得，然而你也总不能说是一定等我死了再去嫁人。因为我还想长长久久地多活上他几年呢！”

“丢开我吗？为什么呢？我也并没有一点意思要丢开你，即使有人要娶我，我自然要同他说明白，商量一个妥当的办法，我们大家总得一块儿过日子呢。这间屋子住三四个人也还住得下去，你老人家应得住楼下一层，才与像馆进出近便，也省得你老人家偌大年纪，在楼梯上上下下的。我们两口子住在第二层。第三层还可以给丽娟表姊做个卧房。她是个年轻力壮的人，再高一二层也不要紧的。”

“好呀，好呀，你已经打算得那么周到了吗？既是这么着，你索性把装修陈设都支配好了吧。可见得古人说的，你们女孩儿家是个天生的奇怪东西，这句话是一点儿都不错的。照这样看来，恐怕谁都要疑心你已经捡着个老公了呢！”[1]

---

① 吴趼人：《吴趼人全集》第九卷，北方文艺出版社1998年版，第3—4页。

周开创当时的白话翻译文学白话书面语言，是何等纯净、质朴和流畅，善于状情各式人等，表述情感又何等委婉细腻。当时自林琴南的《茶花女》一出，万人争购，人皆以为以文言译西洋文学才配称上品，而更有只粗懂白话而不懂文言的市民大众则被排除于阅读西洋文学、开阔世界眼光、渴望进步的受众之外。因而周君放弃古文作为翻译工具，以平易贴切的白话文为叙述、状物、抒情的工具，实在是一种甚为大胆的尝试，为后来译界开创和示范一种带有美感和纯净的白话文作为书面翻译的文学语言体式。其后为徐念慈和伍建光所承继光大，甚至对已熟练使用白话文写作的作家，如周君的好友吴趼人，亦有借鉴和参考之处。郭延礼先生在其著作《中国近代翻译文学概论》评价说："《毒蛇圈》发表的时间为1903年，此时，周氏能使用这样流畅的白话译文，在当时还是不多见的，这比伍光建翻译大仲马的小说《侠隐记》和《法宫秘史》大约要早四五年。"今天看来，非仅"不多见"，可说是开其先河。

当其时，以文言为书面语言的古汉语正受到来自中文传统内部的挑战，白话文理论先驱黄遵宪率先提倡和举起"语文合一"的旗帜，"令天下之工农商贾、妇女幼稚皆能通文字之用"。自1897年11月《演义白话报》在上海诞生，近百种完全采用白话文的报刊已成为白话文的推广大军，并延伸到出版界和教育界，为"五四"文学革命积累了前提和条件。在这个由文言独大再到文言和白话文并行、平分秋色的进化过程中，由周桂笙开始的纯白话文翻译之创举，凸显其翻译语言体式和形式美感因素的重要性，以致被整个译界所认同，成为书面翻译文学的语言体式的主流；不但汇入浩浩荡荡的白话文运动成为一方重镇，而且预示着语言形式的选择到最后清算文言文，成为"五四"文学革命的突破口。

大凡稍微看过一两本晚清文学翻译史，涉猎过一些晚清翻译先驱作家的作品原文，都会承认《毒蛇圈》是一部十分接近现代书面白话的外国翻译作品，并且又是最早的一部直译的小说。正如杨世骥所评价，这本小说"第一回开端，是父女两人的对话，其体式在中国小说界是最早一次的发现"。

不过这个“最早一次的发现”的头一个读者，应是受到周邀请评点《毒蛇圈》，而且受到其白话句式冲击的吴趼人，并且以其译述作品《电术奇淡》和创作《九命奇冤》表明他确实没有辜负周桂笙对他的信任和赞誉。

再回到《毒蛇圈》第一回开头父女间的对话。这段对话就现在来说当然是再普通不过，但是生活在一百年前的周桂笙却不这样看，他恐防时人无法理解小说开头没头没脑的这段对话在小说创作上的意义，特地写了一段“前言”，在第一回之前宣示：

> 译者曰：我国小说体裁，往往先将主人翁之姓氏、来历叙述一番，然后详其事迹于后；或亦有用楔子、引子、词章、言论之属以为冠者。盖非如是则无下手处矣。陈陈相因，几于千篇一律，当为读者所共知。此篇为法国小说巨子鲍福所著。其起笔处即就父母（女）问答之词，凭空落墨。恍如奇峰突兀，从天外飞来；又如燃放花炮，火星乱起。然细察之，皆有条理，自非能手，不敢出此。虽然此亦欧西小说家之常态耳。爰照译之，以介绍于吾国小说界中，幸弗以不健全讥之。[①]

吴趼人反复阅读了中国传统小说布局中从来没有过的、开头突兀而起的这段父女对话和周君对西洋小说这种叙事方式的称许与介绍，心中真如一石激起千层浪。看来，这种没头没脑的对话开篇反而造成读者按捺不住的悬念。但是中国究竟不是西洋，在这个“连发梦都按顺序的国度里”，把洋人小说技巧在“吾国小说界中”运用，谁也不敢保证读者一定有良好反应。吴趼人勇于探索的个性没有容许自己瞻前顾后，相反他下一部长篇小说的开头，早已经按倒叙之法布局谋篇想开去了。

---

① 吴趼人：《吴趼人全集》第九卷，北方文艺出版社1998年版，第3页。

于是近代小说史上一篇叙事模式转变的标志性作品《九命奇冤》，便有了这样一个如天外飞来之峰高潮突起、先声夺人、遍布疑云的开局。吴趼人成竹在胸，把十六回终可能出现的匪徒放火攻打梁家石室的故事高潮，调到第一回，重新设计一段匪徒边放火、边砸门，猖狂进攻时的对话，拉近与读者的距离，作为开头。让故事一展开，读者的心就被悬念抓住，让读者从阅读开始到真相大白的过程中身历其境，事事惊心、步步追魂。下面兹录《九命奇冤》第一回《乱哄哄强盗做先声，慢悠悠闲文标引首》之开头：

> “唅！伙计！到了地头了！你看大门紧闭，用什么法子攻打？”
>
> “呸！蠢材！蠢材！这区区两扇木门，还攻打不开吗？来，来，来，拿我的铁锤来！”
>
> “砰訇！砰訇！好响呀！”……
>
> “好了，好了，头门开了！——呀！这二门是个铁门，怎么处呢？”
>
> “既然这么着，你上去把四面的小窗户，都用柴草塞住了，点上一把火。”①

显然吴趼人创造性地运用周君介绍给他的西洋小说倒叙法，令爱好传统公案小说的读者大开眼界。自己也大获成功。兴奋地在《二十年目睹之怪现状》的荀才故事中再令倒叙法大显身手，让读者“骇其前而必绎其后”，从案情发生之由到案情真相大白的情节时间过程中，不知不觉地步入惊险紧张的游戏，显示出现代小说应具有的现代美学效果。

不过，请不要以为只要会搬弄公案故事，会一两种外来技巧就可以达到

---

① 吴趼人：《九命奇冤》第一回，见《吴趼人全集》第四卷，北方文艺出版社1998年版，第411页。

众口交誉的效果。不！不！试想晚清作家如云，看过新小说《毒蛇圈》的以万千计，两三个月内吴趼人便以骄人的试验实绩呼应反响，实非侥幸所致。若不是吴趼人在小说创作中艺高胆大，多次熟练地交错运用倒叙法，“令读者心痒而无挠处”，收到奇效；若不是吴趼人把西洋小说技法融入中国传统评话“绘声状物”的技巧，两者融会贯通，既让守旧者不觉其难，又符合新市民读者需要刺激的美感要求，即使是吴趼人拾得什么创作秘籍也断无法运用，无补于事。

周君和吴趼人是十年知交。后来他撰文回忆吴趼人说：“趼人性强毅，不欲下人”；又“性好滑稽”，并且“素负大志”。这都是对吴趼人个性、品格、思想三方面十分准确的概括。当周君做豪语：“凡事必审度祸福而后行，则天下无可行之事。”吴趼人深有同感，并在序文激动地说：“呜呼！举此话亦足以略见其为人矣。”周君和吴趼人之所以用此“豪语”相互共鸣，是因为两人的性格元素中都包含有那种不计祸福、勇于前行的探索精神。

吴趼人说周君“是畏友”。这就是说两人既是朋友又不因此放弃在彼此重大问题上的立场。吴趼人在周君的译稿《自由结婚》的评语上说：“余与译者论时事，每格格不相入，盖译者主输入新文明，余则主恢复旧道德也。”这就难免和跟同盟会来往甚密的周君擦出争议的火花。

1907年，同盟会武装起义此起彼伏，声势渐大，革命党人流不完的鲜血与立宪派欲分得政权上的一席位成为鲜明对照。《民报》和《新民丛报》关于革命还是保皇、要不要用革命手段推翻清政府、要不要推翻满洲贵族统治的种族革命等一系列问题进行大辩论，结果是梁启超之立宪派大败，哀求停战，继而《新民丛报》无以为继而宣布停刊。五月，周桂笙在《月月小说》《讥弹》栏目之一署名“新”发表了《革命说与立宪说之评论》，文中以时正话、时反话，嬉笑怒骂，讽刺梁启超在与孙中山公开较量中夹尾而逃，声言“革命之说已腾播全国”，“梁氏排斥革命之说不遗余力，至不惜牺牲其生命以临之，是故忠君爱国之臣，苟欲为大清祈天永命计乎”。这些争议的火花会不会使同在编辑室办公的吴趼人面上不大好看，不得而知。不过《月月小说》却十分多元开放，就说吴趼人、周君共同主编过的《月月小说》第一号至第八号：这边登载讽刺革命党人像公子哥儿的《上海游骖录》，那边讽刺梁启超落败于革命党人；这一边“输入新文明”，另一边刊头却刊登孔圣公七十六代孙孔令仪身穿清官礼服之相片，赞成旧道德。这都显示出《月月小说》主编者的胸襟和文化主张十分多元开放。

李葭荣无疑是吴趼人的挚友，而且他1910年10月在《天铎报》发表的《我佛山人传》无疑是至今所发现吴趼人同辈人中最详尽、最有史料价值的传记。

李怀霜（1874—1950），原名李葭荣，字蒹浦，又字怀江，号装愁庵。1910年改名怀霜，晚年自号不知老翁，广东省信宜县镇隆镇大路街人。1874年李怀霜出生在江西省南昌市父亲家中，祖父以上七代均是清朝贡生。高祖李宜昌中过进士，父亲李逢臣在江西任官十余年，历任南城、峡江县丞，正八品。李怀霜幼年随父居，聪敏好学，尤长于诗文。1901年中试举人。后追随孙中山革命，是同盟会员。后曾任孙中山组织的中华自由党副总裁。加入反清爱国诗歌团体南社，又写下了十八回的小说《炙蛾灯》（已佚）。虽与吴趼人政见有别，但来往密切。

吴趼人在广肇公所（同乡会）对“无益乡人”之事“往往大愤”，葭荣无不支持。1909年，葭荣与吴趼人等另组织两广同乡会，造福乡人，并与吴趼人等人共同创设广志小学，造福乡人子弟。1910年10月21日吴趼人去世。一个月后李葭荣在他所主编的《天铎报》发表《我佛山人传》，高度评价吴趼人磊落的气节和文学成就，也给后人留下了较为全面、生动又十分珍贵的文献资料。

在反袁世凯的窃国斗争中，李葭荣不怕风险写下《宋钝初先生诔并叙》，赞扬被暗杀的宋教仁“君骨可朽，吾头可断，此恨不遂泯也”，“先生往矣，国命如何，茸茸伊发，历历楚歌。吾种不忘，朽腐其芽”，表达了反袁的决心和对国贼无所畏惧。袁下令搜捕并封禁《天铎报》，葭荣被迫亡命海外。

李葭荣在护法斗争中追随孙中山，在广州就任《珠江日刊》总编辑，因揭露政学系李根源勾结桂系军阀莫荣新排斥孙中山、劫夺地盘、把持税收的劣迹，被迫离开广州，出任清远县长。1929年任江西省政府秘书。抗日期间在高州报刊发表抗日声明。1940年任广东省南路行署秘书。1942年任广东省政府秘书。

1943年春，正值国民党反动派发动第三次反共高潮之际，李葭荣公开写下了《吴逸志将军吊清臣曾国藩墓赋诗征和却寄》一诗，批判了某些人制造分裂，破坏团结抗战罪恶行径。1946年，李葭荣到香港定居，四年后病逝于香港，享年76岁。

吴趼人与李君“交垂二十年，与道德文章相切劘，偶形枘凿，曲直未尝面争”[①]。直至去世，都保持着各人的政见和观点，又彼此怀有深厚的个人情谊。这表明了在清廷和帝制行将灭亡的晚清环境下，民间潜在着一个共同站在改革社会和光复民族文化的资产阶级反清统一战线，完全可以求同存异，个人之间亦能友谊长存。

---

① 李葭荣：《我佛山人传》，见魏绍昌：《吴趼人研究资料》，上海古籍出版社1980年版，第10页。

第十七章

国粹下的厌世与救世

第一节　引进"自由结婚"的争论

《月月小说》第十四号（1908年3月出版）刊登周桂笙的四篇同题札记小说《自由结婚》，署名"上海知新至人译述"。其实周氏四篇并非小说，而是外国有关自由结婚新闻四则配上一段按语，当时译文分类混乱，不以为怪（后来收入《新庵译屑》已改正）。吴趼人在《自由结婚》之后有一则点评，比较详尽和正式地表述了他对输入外国"新文明"和"主张恢复旧道德"的见解，尽可一洗"守旧"和对抗外来文化之"恶名"。

这个公案并非吴趼人与周桂笙的对立争辩，他们两人的主张虽表述各有侧重，但出入不大，可以归大同而存小异，殊途同归。真正的争论双方是吴、周二人与匆匆引入"自由"之"新文明"与"公等"（包括不读古书之后生小子）之争。这场论争关系到怎样对待欧风美雨而来的"新文明"，应该怎样引入才能不丧失中华民族优秀的固有传统，丧失自我，两者互补而平衡。先说周氏四则有关自由结婚的新闻。

第一则：

> 据英国《人民报》报道：美国各联邦约计自1887年至1907年，"前后二十年中，各处法堂所发准予离婚之印谕，不下一百万张。此皆怨女旷夫之事业，亦抑自由结婚之效果也。所愿立法之责者及早提议，将离婚律例详加订正，通行各联邦政府，共同遵守，庶几可收全国一致之效欤"？

周氏介绍欧美社会制度，并不是一味赶时髦，"引入新文明"，囫囵吞枣地泛泛有文必译。如欧美自由结婚，只要双方当事人同意即可，丰俭由人，或秘密或公开，形式不限。但离婚，一旦照搬高度自由的"只要一方当事人同意即可"，那不得了，连世界最自由的美国也吃不消。显然，美国各州二十年来一百万个离婚家庭的支离破碎和动荡，影响到社会的安定，引起了社会媒体和美国立法议员的关注，要及早修法限制。

引进外情，要有选择性和针对性引导，这是周氏一百年前的卓识。引进先进国家的自由结婚，但要洞察结婚离婚机制的弊病，防止把别国不成熟的体制，已有危害的东西当成“香饽饽”盲目输入“新文明”。

第二则：

> 美国某氏设宴，遍请有地位之亲友，凡五十人，原因是已获准离婚。当时筵席上所争论的是如何改良结婚现状，一夜所辩，迄无结论。美国各处向来有所谓“出妻俱乐部”及“离婚总会”，亦为社会上由于结婚和离婚过于轻率和自由而产生。

美国向以高度自由而著称，现在遭到了问题，而且引起了民众组织协会研究如何改进。估计看了此条新闻的读者都会产生谨慎之心，不会大声疾呼自由结婚。

第三则：

> 美国纽约三十六街有一教堂，以方便自由结婚而世界闻名。只要循例交费，其他一律不管，其门如市。然易结易离，在此教堂注册之男女，多一拍两散，后为冤家。神甫霍顿有鉴于此，幡然变计，宣告自今之后，“本寺结婚章程，与他寺无异……”自改章以来，一月之短，“因证据不全，不获注册赞美者，凡二百五十五起。”从此办理结婚文件的律师楼减少了一项可观的收入了。

周氏为什么报道了美国一间不用任何证明和限制就可以注册，极度自由结婚的教堂的变化呢？无非证明，若无限制自由，好东西就走向反面了。

第四则：

这是法国巴黎的一桩离婚案。有一丈夫起诉妻子，要求离婚。唯一理由是妻子奢侈无度，一年四季买新帽子花费四千五百金。法官问其妻，妻答：丈夫岁入过万。法官判决不准离婚。理由：从丈夫收入看，妻子添置服饰，殊不为多，而且妻子嫁妆费亦有十万金，丈夫为何如此悭吝！但为人之妇，亦量为限制，以后不得年过三千金。“夫妻依旧和好，不准仳离。”

此则是周氏向国人介绍先进国家法庭和法官是如何对待一方要求离异的案件。显然判决的背后告诉我们：婚姻是一种人生的道德契约，严肃的法律文书，不可以一方说离即离，要条件具备。上述法官判词，甚为妥当。各方改进一步，就可免去劳燕分飞。百年之前周氏能在引进社会观念上有如此程度的正确原则，能分析和鉴别，辩证施用，当代人应汗颜，甘拜下风。

吴趼人在周氏一段按语和四则外国自由结婚新闻的后面，加上一段长篇点评，作为对“余与译者（周氏）论时事，每格格不入，盖译者主张输入新文明，余则主张恢复旧道德也”，对这个永远说不完的命题，做一正面论述和表明态度。兹把吴趼人观点分别阐述如下：

（一）周吴两人以往“论时事，每格格不入”，但这次“周子译此篇，竟来商榷，喜其与余之见同”。[①]

文中谓“每格格不入”，言下即周吴两人初时观点很不相同，经多次讨论，开诚布公，终在引进“自由结婚”问题上达成求大同存小异。如周介绍外国自由结婚在于冲击封建婚姻制度，批判节烈观，解放妇女；而吴则表明可以引进，但关键如何引进，态度要审慎。

（二）吴评论说：我国古代（先秦）道德，本是好的，但中古贱儒（指创立宋代理学的朱熹、二程），附会圣经（指《论语》《孟子》）“偏重臣

① 吴趼人：《新庵译屑》卷下，见《吴趼人全集》第九卷，北方文艺出版社1998年版，第233页。

子之节，而专制之毒愈结而愈深。晚近士者偏重功利之学，道德一途，置焉而弗讲，遂渐沦丧。而恰当此欧风东渐之际，后生小子于祖国古书曾无一斑之见，而先慑于强国，谓其文明所致，于是见异思迁，尽忘其本”[1]。

吴趼人先从他的独特又见识卓越的道德史观切入，说明在外来器物和文化全面冲击下所发生文化危机的内外原因。

一是他对朱熹的宋明理学做出一针见血的批判，“偏重臣子之节，而专制之毒愈结而愈深”。

二是指出本朝官场士子根本不讲道德，甚至腐败沦丧。这是危机之内因之一。

三是国人在“欧风东渐之际”，特别是对传统文化毫无认识的年轻一辈，先慑服于欧美的先进物质文明（包括船坚炮利），随之面对列强在全球文化上先进性和文化霸权地位（包括文化侵略），由缴械投降转为追求。如湖南樊榷等人就主张中国应该变种异族，一切“繁礼细故”，“唯泰西者是效”。这是危机内因之二。

这些“公等”掀起“醉心欧化”的狂热和对欧美精神文明顶礼膜拜，怎么不使吴趼人认识到文化的存亡更比领土的存亡更为重要，是民族性的根本，而痛心不已？怎么不令吴趼人努力从中华民族固有的文化道德（他称为旧道德）为本，去抗衡正在日益高亢传播的欧美文明和正在抬头的民族文化虚无主义？这些正是吴趼人晚年言必倡“旧道德”，言必斥“后生小子不读古书”的文化背景。令人们意想不到的是，当时中学与西学碰撞的情况，所牵涉的矛盾的方方面面，远比一百年后的人们的理论演绎和主观推想的更为错综复杂。“西风”的东侵又确实引致这个老态龙钟的农耕传统的社会政治秩序和文化价值秩序发生连锁的瓦解和崩坍。当吴趼人经常提倡他自定独特含义的“旧道德”，又以先秦孔孟文化来激发民族自尊心、自信心时，实

---

① 吴趼人：《新庵译屑》卷下，见《吴趼人全集》第九卷，北方文艺出版社1998年版，第234页。

有妨碍社会发展和阻挡革命之嫌。又如政治激进往往又与文化激进混合为一体，而且实在吓人。1903年，燕客在白然生译的《无政府主义》的序文中激烈主张“杀尽孔孟教之徒，使人人各现真实性，无复有伪道德者之迹”。

而1905年文化战线上的国粹派、立宪派和孙中山为首的革命党大部分均为尊孔，而随着废除科举，儒学一下失去千百年附于王权制度的依凭，孔子作为精神权威，一落千丈，反传统情绪又一下子滋长，梁启超、章太炎亦从尊孔变为“抑孔”。作为日后五四运动反孔之先声，绝圣于《新世纪》杂志上发表《排孔征言》的檄文。

一时之间，20世纪初中国政治改革风潮和社会文化思潮左起右落，主流、暗流、紊流、激流，冲撞汇聚，波涛汹涌，又五彩缤纷。

而吴趼人的思想复杂性恰恰与俄国列夫·托尔斯泰在“全面反映社会革命的一面镜子”的意义上十分相似，客观上导致后人视野和评价尺度中，难以把握吴趼人的文化面目和政治面目，觉得他时左时右，互相矛盾，十分模糊。这就是为什么历来研究吴趼人的学者意见有重大分歧，至少有封建派、改良派、反帝反封建改良派、洋务派、不断进步派等五种不同看法的标签。[①]

周吴两政治思想上属于不同派别，文化观点上亦“格格不入”，而后来又为什么会在引入新文明如自由结婚离婚的问题上趋于大同而存小异呢?原因是：在资产阶级内部立宪与革命两派的主流和这两个代表人物不仅感受到了列强瓜分下的民族危机，亦对西学东渐下的民族文化的危机有共同的体认，而且最终通过多次讨论认识到两者实质上具有互为表里的一致性。

正如吴趼人同乡、晚清国粹派领军人物邓实所疾呼：列强使之国亡，随之文化亡，天下亡“其亡人国也，必也灭其语言灭其文字以次灭其种姓，务使其种如坠九渊，永永沉沦”[②]。

（三）吴趼人在下面长篇按语，表达了他对引进西方文明的态度和对青

---

① 裴效维主编：《近代文学研究》，北京出版社2001年版，第454页。

② 邓实：《呜呜风雨楼独立书·人种独立》，载《政艺通报》1903年第23期。

年有极大吸引力的“自由”的看法。吴趼人云：

> 彼之于祖国古书曾无一斑之见者，其于他人精华之籍所得几何，从可知矣。舍我之本有而取诸他人，不问精粗美恶，一律提倡，输进之精者美者庶犹可，奈之何并粗恶而进也？虽然此犹曰失于审察耳。
>
> 且夫输进文明者，吾非必欲拒绝而禁遏之，第当善为审择云尔。以之，彼之文明，彼自以为文明耳，而认其为文明与否，其权在我。
>
> 彼谈自由者，徒哓哓然曰“自由”，“自由”，曾未闻有一研究自由之范围，自由之法律者。……是故讲自由者一及于范围、法律，则必有大不自由者在。欧美最重自由，而与人晋接之顷，有未识其姓名者，虽晋接再三，非有介绍，不得率行叩问，此吾国人刻不可耐者也。举此小事，以概其余。公等以自由聒声入耳，而曾不惜一讲范围，法律，公等谓非借此为自私自利计，虽苏张来辩，吾不为屈也。①

对于欧美先进文明，吴趼人郑重地表明了两点态度：第一，不拒不禁，“吾非必欲拒绝而禁遏之”。第二，引入时，态度要审择。即要审察和选择。要站在“我之本”的民族文化立场上。不能一律提倡，一刀切。引进的东西要精美。吴趼人在如何对待清廷立宪和如何对待引进欧美文明上的言论，确实具有一定的前瞻性。他这种坚持民族文化、“以我为主”的正确立场，探索引入西方文明的正确原则的努力，在当时作家中多少有点形单影只、鹤立鸡群。然在今天看来，又确然不乏洞察深刻，真知灼见。吴趼人虽

---

① 吴趼人：《新庵译屑》卷下，见《吴趼人全集》第九卷，北方文艺出版社1998年版，第233—235页。

然曾有心研究“性理之学”（据说吴趼人还有半部研究心性之著作静静地躺在南京图书馆），但命运已经注定，他已不可能成为经学家和哲学家，只是一个优秀的晚清文学家而已。吴趼人思想虽不成系统，但又常三言两语，快刀斩乱麻，分析极为清晰。如分析自由的观念，他立刻给出自由的范围和法律，并举出欧美人认为自由、中国人认为不自由的例子，质之对方，规以限制，以达到“证明自由非绝对自由，是有条件、有范围的，在社会中的自由是有法律束缚，不能盲目引进西方欧美自由制度”，令对方理据上不成立而败下阵来。

辛亥革命前几年的晚清，究竟社会上对引入欧美自由文明的欢迎程度如何呢？是不是正如周桂笙在《自由结婚》（四则）按语开头所说的：

> 近世欧风东渐，自由之潮日盛，奔腾澎湃，骎骎乎灌输及于全国。此亦时势所为，莫可止遏，纵有反抗之人，效力盖亦仅矣。盖反抗者，不过少数老迈守旧者流，而欢迎之者，则通国少年滔滔皆是。

假如真的是接近事实，先进文明对落后文明又真是摧枯拉朽，这些数量惊人的青少年知识分子自然又是拥护推翻清皇朝的主要阶层。又假如他们还未如周桂笙那样认识到对于引入外来先进文明要有正确和辩证的原则，不能“全盘西化”，那吴趼人和“公等”的多次论战，实在是难免如上次“汉口日报收归官办事件”中把吴趼人看作梁鼎芬镇压报人的“帮凶”，又一次发生“误伤”，被“后生小子”看作阻挡“奔腾澎湃，骎骎乎灌输及于全国”自由之潮的“少数老迈守旧者流”。难怪吴趼人气愤地说，你们“必欲毁我所有以从人，公等或优为之，全社会未必尽能为也”，“虽苏、张来辩，吾不为屈也”（你们是否要把民族文化传统全部毁灭掉，得以无碍地全盘输入外来自由文明，当然对你们少数人或者是有利益，但对全社会人民都有利吗？都做得到吗？即使苏秦、张仪这些辩论家再生与我争论，我也绝不屈服）。火药味之浓，争辩之激烈，似难以调和。正如周在按语所慨叹："夫自由之道多矣，有宜于我者，有不宜于我者。其事亦至复杂，断非一二言所能解决。"

由于文献阙如，现在还无法清楚当时吴趼人和"公等"双方论战的规模和具体情况，只知吴趼人一方硝烟弥漫。吴趼人在这篇评点长文最后说："周子译此篇竟，持来商榷，喜其与余之见同也，亟书此归之。此说一出，亦知必多唾骂攻击者，然非所恤。"

在"攻击者"面前，决不悯恤！决不妥协！字里行间，唾骂之声，凸现出活生生一个充满个性血肉、随时再上争论战场的吴趼人。我相信，21世纪的读者，一定会重新发现吴趼人。

第二节　国粹——吴趼人的精神彼岸

凡是一个精神思想健全、上进的人或阶层都必然怀有自己的理想。就晚清爱国知识分子来说，这个资产阶级先进群体的政治理想刚上轨道的时候，就被戊戌政变这场风暴给毁灭了。如果不计洋务新政运动，从吴趼人的政治细胞开始觉醒的甲午之役算起，他经历了公车上书—百日维新—戊戌政变—庚子事变—清末新政—反美华工禁约运动—预备立宪—国粹思潮—护路护矿风潮—立宪运动—国粹思潮等，不下十一次急剧变化，相继涌现的大社会思潮、风潮和政治运动。

最初趼人如梦初醒的是甲午之役；兴奋不已，在士大夫之间奔走欢呼的是百日维新；最后又牵涉自己，慈禧下旨要捉拿各报馆笔政；报界一时白色恐怖的是戊戌政变；继又以极大的精力投入，他在这场反美"商战"——反美华工禁约运动；看清楚这个不可救药的盲政府，把拖延放权灭亡的遮丑布——预备立宪，最后怎样变成自己脖子上的绞索；而声势浩大的保路护矿运动却迫使吴趼人进一步思考：究竟是皇权大于一切，还是人民高于一切？临了，向悄然崛起的知识分子国粹思潮靠拢，却使人心有所属，魂有所归，归来兮，适彼我土——国粹彼岸，落叶归根。这根是什么？——祖国，是深植在中华民族传统土壤，五千年祖国山河大地上的物质文化遗产和非物质文化遗产。其从深层折射出来的工具理论就是民族主义观和文化民族主义观。这两者，一分而二，互为表里，合二为一，浑然一体，成为在20世纪初被吴趼人吸纳为具有独特个性的中西文化观的核心和主要成分。

如以当时一个普通人的眼光来看吴趼人的成功道路：二十几年前，佛山吴趼人世家大族一个破落户的17岁子弟，来到了中国沿海发展最快的港口城市——上海。靠着一些关系，进入了江南制造局，在翻译馆做一个佣书和写生，经过在画图房十年实际的绘图历练，凭着自己刻苦与毅力，成为一名造船工业的机械绘图师。后来进入报界，担任过四五种小报的主笔和编辑。1903年下半年吴趼人离开阻碍自己进步的小报界，转到《汉口日报》担任主笔。一面办报一面写作，终于在《新小说》杂志上三部小说齐发，连续刊载。1904年上半年，又与维新政治领袖、声誉如日中天的梁启超第二次会见和商谈。享誉一时的《二十年目睹之怪现状》和“我佛山人”的署名，在市民之中可以说是无人不晓了。事业的追求、生活的安定，可以说，已渐入佳境。回顾吴趼人上海二十年，总的一句话：奋斗成功！

这份成功感，我们可以在南海霍俪白先生所著《梁任公先生印象记》忆及在1904年在“吴趼人先生座上”与梁启超见面，吴趼人亦插话，涉及当时吴趼人在两人间十分活跃的情态：“趼人先生固淳于髡之流，多方为余揄扬，并谓是君虽少，曾居印度有年，深知印度国情，熟谙梵文等语。”

众所周知，如先秦齐国弄臣淳于髡那样滑稽善辩是吴趼人的个性本色，吴趼人少有地在梁启超的面前显尽本色，揄扬霍氏，不经意地透露出有多少得意的成功感。正是这份来之不易、从心田逸出和情态洋溢的成功感，因日本横滨《新小说》编辑部和印刷厂搬迁，杂志断期，写作压力减少和生病放松之际，把心理深层的逃避人生，一下子从内向外释放为厌世情绪，最后转化为一种六神无主、魂不知所归的空虚。按照生活的逻辑和道理，一个人事业成功之后，这种厌世和逃避根本没有理由发生。但是1904年秋冬之际，吴趼人确确实实陷入了厌世和空虚情绪弥漫的人生困局，这种情绪可以在《二十年目睹之怪现状》吴趼人自评的7条评语都在重复“茫茫大地，无可容身”中显现出来，进入了一个寻找思想出路、内心苦闷彷徨的时期。他的朋友也看出了吴趼人“年四十，浪迹燕齐，既郁郁不得志，乃纵酒自放”。[①]

第三节　文化的痛苦

行色匆匆去山东齐鲁干什么？吴趼人的自报行程告诉我们，“游济南”“登泰岱”“谒孔林”。是否非去不可？也不是。“车马已戎，阻于雪，不果行。”嗣后也没有再去。因为心情郁闷，事后文字上涉及不多，并且留下了一些人生的烟幕和行踪之谜。如“寓青岛十日”，事过百年的今天，仍然不知吴趼人之具体行止。如据说闪电般到黄河河工局任职，三个月后又辞职，后人多疑惑不解。

为什么会事业成功后，思想反而出现不正常的“迷乱”和“错位”行为呢？其实是一个知识分子在政治理想彻底破灭时的常有之事。一个人事业成功的曲线与政治理想实现的曲线往往并不一定重合，吴趼人可以说是正好相反。1903年下半年至1904年上半年，小说创作大获成功。但是，百日维新失败、菜市口六君子就义，严重打击了吴趼人，思想上感到失落之后，并没有如有些人欢呼雀跃，被慈禧的五色新政所迷惑。他以清醒的头脑，洞察其奸，看穿爱新觉罗家族以拖延把戏玩弄人民，非要天塌下来，“水浸眼眉才知死”（广东俗语）。至武昌起义爆发，清廷才认真考虑放权，批准组织国会召开，这一切完全证实了吴趼人的远见卓识。但是，这并不等于吴趼人会热心参加革命党，会放弃非暴力——他一生最后的政治底线。也不等于他这

---

① 杜阶平：《书吴趼人》，见魏绍昌：《吴趼人研究资料》，上海古籍出版社1980年版，第22页。

种如众多的知识分子所担忧的：随着领土逐渐丧失，欧美文明会取代中华文明，实现文化意义上的真正亡国。这种忧患文化亡国的痛苦会消失。总之，自百日维新失败后，吴趼人除了个人在小说创作道路上成功之外，思想上日益严重的三种矛盾心结，一个也没有解决。

第一，对庚子后国土豆剖瓜分、逐步被割让沦丧、中华民族生存岌岌可危感到十分痛切。

第二，欧风东渐，冲击中华民族固有文化，文化道德同样日益沦亡。这种文化危机，吴趼人以为是更深刻和更本质的民族危机。吴趼人主张引入自由文明，需要以我为主、施以辩证的原则却不被社会重视，他感受到焦虑和痛苦。

第三，清廷以不变和微变应内外形势万变，“盲政府”不思改革不知悔改，不知共和危机在即，自取灭亡，令他痛心疾首。

吴趼人这几个问题平时深藏不露，一旦受到刺激，如当其时正在创作自传式小说《二十年目睹之怪现状》，每感怀身世，情不自禁，下笔必曰“茫茫大地，无可容身”。李葭荣曾就其当时的厌世情绪的缘起以好友的身份询问过吴趼人：“《怪现状》盖低回身世之作，根据昭然，读者滋感喟，描画情伪，犹鉴之于物，所过着景。君厌世之思，大率萌蘖于是。余尝持此质君，君曰：‘子知我，虽然，救世之情竭，而后厌世之念生，殆非苟然。’闻者惜之。”①

其实，以吴趼人的顽强个性，补天“救世之情”，远未竭尽，而是思想上出现了新的特点：

其一，边注视急剧变化的立宪运动与保路、拒款、护矿相结合斗争所显现的新形势，广泛收集文献，随时准备揭穿清政府出卖人民利益之骗局。

其二，再以“救世之情”，用文学方式反映和讴歌这个自下而上的群众

---

① 李葭荣：《我佛山人传》，见魏绍昌：《吴趼人研究资料》，上海古籍出版社1980年版，第10页。

斗争风潮涌现的政治领袖和众多人民烈士。

其三，继续以短篇小说揭露那拉氏预备立宪误国欺民的大阴谋；表明吴趼人与盲目地相信清廷放权、企图分一杯羹的立宪派有很大的区别，保持着相当清醒的头脑。

其四，释放心理内部困局而积蓄的能量，并将此精神的力量转化为幻想的乌托邦。以文学的方式商讨中国政制和中华民族的出路，显示吴趼人以我为主，整合西方文化，中西合璧，以制造工业装备海陆空军、立足世界列强之林的"补天"方案；并形象地展现具有强烈吴趼人特色，以先秦孔孟为主的传统育人道德和科技工业强国的社会理想。

其五，吴趼人对"中古贱儒"和近世儒学功利道德观大为深恶痛绝，因而只有在强调汉民族反抗外族，提倡民族独立的前提下，寻求以回归真正的孔孟、道德先秦复古，来抵御外来文明。

其六，最后魂归国粹。思想在自觉与不自觉之间靠拢国粹派。吴趼人不是国粹派学者，但是他晚年的言行多与他两个同乡、国粹学派的主将邓实与黄节所主持的《艺政通报》和《国粹学报》的国粹主张，有不少吻合和相通，但是吴趼人矫枉过正，在多篇文章中讲了不少过头话，甚至发生咒骂革命党人徐锡麟，反对废除科举这样一些言论，这一点在吴趼人晚年的思想变化中十分突出。

第四节　走火入魔

绘画与吴趼人有不少渊源。首先是家族渊源，凡是大树堂吴氏的子孙，很少有人不会绘画，至少也会几笔山水花鸟。其次，藏画是家中投资、增值和资产的一部分。管理资产也意味着要评价绘画，何况吴荣光是南北文物界的鉴赏名家，为吴氏后代做出了榜样。因此，无论吴荣光在世与否，吴氏家族成员若干年就有绘画选册和诗歌选集。因而，诗是吴（吾）家事，可改成诗画是吴（吾）家事。直至今天21世纪，佛山吴氏后代还在举办吴氏画展，画家与鉴赏家的职业还在佛山大树堂吴姓延续。

趼人在周桂笙的译作《自由结婚》的评语透露过：从小学过绘画。虽然他在江南制造局翻译馆担任过写生，但谈画的文章并不多，只有一篇跋文《冬木老人画册跋》。

吴趼人在跋文一开始就指出：为目前油画和摄影对中国传统绘画的冲击，感到担心。转入正题后，再为冬木老人指出他的师徒谱示王椒畦—刘竹溍—秦敏树（冬木），足证秦氏为画技正宗，学有渊源。从中看出，吴趼人即使手低，亦懂行，画论眼界颇高。

秦敏树，晚清著名江南画家，1828年生，宣统年还在世，字林屋，一字散之，又字维梅，号洞庭山人，晚号冬木老人，吴县（今苏州）人。官浙江补候县丞，曾入清末嘉兴知府许光瑶幕。能诗，有《小睡竹寮诗抄》；工山水，五十岁后专用水墨镌一印：五十戒色。以《西湖载酒图》和《灵峰补梅图》知名。

吴趼人在跋文中指出：

> 惟（冬木）老人生当世变至极之际，庸耳俗目，群趋西法一途。虽士夫亦所不免，媚俗之流，遂甘为画侩，渐成画妖。[①]

凡学习西画，吸取有益成分，难道真会成“侩”成“妖”？这是过头话。吴趼人说过不少“中西合璧”的话哪里去了呢？吴趼人又说：

> 老人独守宗法，保此国粹，屹然不为风会所移。千百年后吾国六法之传，不唯此中流砥柱是赖耶！谓今目之鲁灵光，犹浅之乎视

---

① 吴趼人：《冬木老人画册跋》，见《吴趼人全集》第八卷，北方文艺出版社1998年版，第204页。

老人也。[①]

六法不会靠冬木老人一人“独守”，也不等于中国画宗法，也不等于国粹，更不是什么孔孟的灵光，看来吴趼人有点过正，有点走火入魔。

上海，地方很大，也很小。大概是跋文传到了冬木老人那里，老人看到吴趼人如此抬举自己，心中过意不去，决定赐画，作为对吴趼人作跋之答谢。吴趼人得赠画之后，诗兴勃发，挥就四首：《冬木老人赐画，赋此呈谢，并请削正》。

一笑开缄见图画，神交许我拜倪迂。
卧游从此添清兴，敛得林泉入草庐。

舒卷乾坤尺幅宽，层峦叠嶂拥奇观。
云山岂易供驱策，别有神豪在笔端。

秋风秋雨写萧骚，收尽秋声落兔毫。
装入枕函欹枕取，枕边昨夜吼松涛。

曾从书里窥颜色，须发如银望名仙。
知山仁水征乐寿，松凌应垂大椿年。[②]

这四首七绝，诗意平平，但从吴诗可以知道晚年又多一个并未谋面的知

---

① 吴趼人：《冬木老人画册跋》，见《吴趼人全集》第八卷，北方文艺出版社1998年版，第204页。

② 吴趼人：《冬木老人赐画，赋此呈谢，并请削正（四首）》，见《吴趼人全集》第八卷，北方文艺出版社1998年版，第153页。

己“神交”。

上章说到1904年吴趼人所写《红痧》[①]一文，谈到中西医，吴趼人总结说：“西医尽未可诬，吾特恶夫挟西医以诬中医耳。”虽然此说颇同情中医，总的评价还算公允。但过了五年，时至1909年，却蛮横地把学习西法的中国画家打成“画侩”和“画妖”。平心而论，吴趼人确有危言耸听之嫌。当时整个旧中国的画界状况远远不是无人学习六法的地步，相反，却无人通晓西方美术史和西洋画技、画法、画理，中国画陷于原地踏步。即便是吴趼人所忧心失传的“旧道德”也远远未成崩溃瓦解之势，几千年的意识形态大厦，光靠欧风美雨倒不了，何况中国人还要承传其优秀文化遗产部分。

第五节　科举救国

六法不会靠冬木老人一人“独守”，冬木老人的画也不全等于中国画之宗法，也不等于国粹，更不是什么孔孟的灵光，看来吴趼人有点过头，有点“走火入魔”。这些狠话不留一点情面，究竟有没有说错呢？没有！请看吴趼人对《宋宝祐丙辰题名录》的感言。吴趼人对晚清日益发展的革命形势唠唠叨叨，借着看见了一张南宋科举的登科名单，便针对清政府不得不顺大势取消了1300多年历史的科举制度，十分冲动地发表了一番厚古薄今的感想，写成了《宋宝祐丙辰题名录》一文。

1905年9月2日，直隶总督袁世凯、盛京将军赵尔巽、两湖总督张之洞、两江总督周馥、湖南巡抚端方等上呈《奏请废科举折》。奏章承认：“臣等默观大局，熟察时趋，觉现在迫危情形，更甚曩日，竭力振作实同一刻千金……即其他文明之邦，强盛之源，亦孰不基于学校。则以科举不停，学校

① 吴趼人：《趼尘笔记》，见《吴趼人全集》第七卷，北方文艺出版社1998年版，第204页。

不广士心既莫能坚定，民智复无由大开，求其进化日新也难矣。”①

无论这班忠心的大臣出于何种动机，其理由也是迫切而充分。而朝廷亦早有思想准备，是自救，也是无可奈何的认定：只有取消科举一途。因而同日迅速准奏。上谕曰：

> 即东西洋各国富之效，亦无不本于学校。方今时局多艰，储才为急。朝廷以提倡科学为急务，屡降明旨……兹据该督等奏称科举不停，民间相率观望。推广学堂必先停科举等语，所陈不为无见。着即自丙午科为始，所有乡会试一律停止。各省岁课考试亦即停止。……各门科学又皆切实用。是在官绅申明宗旨，闻风兴起，多建学堂，普及教育，国家既获树人之益，即地方亦与有光荣……②

不踢不动，踢一脚动一动，最后踢亦不动，自取灭亡。

这是由1901年到1911年辛亥武昌起义十年来大清皇朝清末新政的真实写照。

自第一次鸦片战争始，外国洋兵两次冲进北京，太平天国起义、义和团的骚乱和革命党起义不断，以及立宪党人的“保路”“保矿”“拒款”的各种逼宫，造成爱新觉罗政权岌岌可危，成为这次取消千年科举制的背后汹涌而强大的动力，也是社会文明进步的结果。社会上的舆论和底层都举双手赞成，连各地民间的说唱、木鱼书都讽刺一辈子只会考试、什么都不会做、形象腐朽搞笑的老书生。可吴趼人已经深迷于国粹之局，眼中只认国粹，一叶障目。于是吴趼人心中“科举”又与国粹等同起来。

---

① 《光绪三十一年八月初四日，袁世凯、赵尔巽、张之洞、周馥、岑春煊、端方等奏清废科举折》，见朱有瓛、高时良主编：《中国近代学制史料》第二辑上册，华东师范大学出版社1993年版，第110页。

② 《光绪三十一年八月初四日上谕》，见朱有瓛、高时良主编：《中国近代学制史料》第二辑上册，华东师范大学出版社1993年版，第113页。

吴趼人所写《宋宝祐丙辰题名录》一开始就指责废除科举不当，原因是“必得一足以治国者而进之”。意为诬新学堂不足以代替科举。这是吴趼人第一个观点。

第二个观点更为离奇。吴趼人把南宋理宗宝祐四年（1256年）至祥兴二年（1279年）23年间所产生的科举第一甲第一名文天祥、第二甲第二人谢枋得、第二甲第二十七人陆秀夫这三个救国保君的烈士事迹摆出来，然后理直气壮地说：“然凛凛烈烈，扶植纲常，有宋一代历史，为此无上光荣，则不得不推此数君之节烈也，此科举中人也。”[①]

以宋朝三个科举名人的抗元事迹来为清末科举不废、科举万岁辩护，真是离题万丈和无理取闹。连朝廷上谕和顽固分子都说不出的话，吴趼人竟然大言不惭。由此吴趼人保守而顽固的名声渐扬，社会上不少人开始针对吴趼人进行反驳、抨击。

下面是吴趼人文章的最后一段话，虽然无证据确认他已与顽固官员、候补内阁中书黄运藩和给事中李灼华这些反对废科举的顽固官员结盟互相呼应，但实际上吴趼人已经成为当时舆论界形成的反对废除科举阵线的不光彩一员。奇文共欣赏，吴趼人之反动言论如下：

> 以视今之唾弃科举，留学异国取法他人，初则昌明种族，高说革命，继则山呼舞蹈，求取功名，且献媚上官，以图利禄者为何如也。此则非科举中人也。[②]

此时吴趼人思维的固执一端已达到丧失理智之程度：科举中人一切品

---

① 吴趼人：《宋宝祐丙辰题名录》，见《吴趼人全集》第七卷，北方文艺出版社1998年版，第153页。

② 吴趼人：《宋宝祐丙辰题名录》，见《吴趼人全集》第七卷，北方文艺出版社1998年版，第153页。

质皆好；非科举中人，一切品质皆坏。可笑的是，吴趼人本人则是非科举中人，平日自己的小说多又是讽刺科举中人，逻辑和文理竟然混乱至如此，实已达到可笑之地步。

最后吴趼人干脆大声呼吁：

> 吾纵极顽固，为何爱于科举而为此言哉？诚以忠孝节义，萃于群经，士人以科举之故，犹知治经，圣经贤传，所持以不绝如缕，赖有此耳，忠节之士，遂或出于其间。
>
> 科举废，新学昌，学堂立，学科既多而治经之功以减，况乎更有唾弃国粹，粪土群经者厕于其间。循此以往，而谓忠孝节义之大经，犹得久驻于两大之间也耶！是则吾心所伤者已。

看来，吴趼人得出了一条朝廷以往用、现被迫不敢再用的治国公式：

科举兴—治经救国—育忠孝节义之士—扶植纲常—忠君孝父—力挽亡清狂澜。

不过吴趼人更看到一个令人伤心的现实：

废科举—新学昌—不治经—留学欧美—唾弃“国粹”—高说革命—无人忠君节烈。

文章最后一句，吴趼人十分老实地说出自己晚年四处碰壁，看见周围冰冷面孔的心境：“自戊申（1908年）以来，不揣浅陋，提倡经学国学，同类（文人、作家、报人）者多加冷齿矣，遂不禁感而出此。”

吴趼人是一个天真而又十分执着的矛盾复合体，我们在他的作品中不但感受到了人民群众与清廷对立的情绪，也看到了他思想中留恋和维护旧制度旧事物、阴暗反动的一面。《宋宝祐丙辰题名录》恰恰证明了这才是革命与反动、保守与进步并存的吴趼人。

第六节　孔孟幽光

1904年秋，吴趼人思想开始被国粹主义思潮所吸引，具体地说，吴趼人并不是如他的同乡邓实、黄节那样，原来就有反清的色彩，或是一个坚定的革命民族主义者，包括所谓“保种”策略性的反满。因此检讨带有吴趼人印记的所谓国粹主义就显得十分有必要。如果吴趼人民族主义离开了反清，文化民族主义又陷入了盲目排斥外来文化，那么，他思想上的国粹会剩下什么呢？那肯定只能是糟粕多于精华。

回到1904年秋天，回到那个病理上令吴趼人身体得上虚怯症，思想上又患上尊孔读经、寻求文化出路、以国粹救国可行不可行的十字路口的时刻。吴趼人不是思想家，他绝不会在无边的符号海洋上做严格的界定和推理。一旦决定了，他就会行动。他在彷徨中决定要到山东，到发出道德灵光的圣地曲阜和养育亚圣孟子的邹县去。但是到了山东后，天意弄人。大雪封山，车马无法成行。但，这一个“情”字却怎生了得，怎生释怀呢？

1907年2月27日发行的《月月小说》第一年第五号，刊首图画栏登载了四幅尊孔尊孟的摄影照片。

以20世纪80年代初上海书店影印研究晚清小说最重要之五种期刊而论，除了《新新小说》和《绣像小说》无照片外，其余《新小说》《月月小说》和《小说林》三种小说期刊上的图片都很新潮，如登载世界一流作家托尔斯泰、拜伦、歌德、嚣俄（雨果）的图片，法国统帅拿破仑像，以及风景、名胜、外国明星、非洲原始部落等图片。最有革命意味的是，《小说林》刊登了一幅法国皇帝路易十六被巴黎市民逮捕的照片（可能是拍摄自绘画）。只有《月月小说》出奇地刊登了一次这类保守的、与晚清小说主流杂志气氛严重不符，格格不入的照片。

第一幅：孔子七十六代孙衍圣公［名令贻（仪），字燕庭］像。

双眼花翎顶戴红帽子，脚穿锦绣官靴，一身极品清廷官服，威仪万千，据说衍圣公依例是文官之首，享文武百官之享，一身天王贵胄之气。

孔令贻（1872—1919），字谷孙，号燕庭，山东曲阜人，孔子七十六代孙。五岁，光绪帝准袭衍圣公。1907年《月月小说》刊登这位孔圣后裔照片，他奉旨稽查山东学务，开始掌握管理教育之实权。袁世凯阴谋复辟帝制，成立筹安会时，孔令贻被邀担任“名誉理事”；袁称帝后封为“郡王”。1919年，不顾背生恶疮之苦，进京为废帝溥仪祝寿。同年十一月八日在北京太仆寺之衍圣公府病死。这个人的一生由孔贵血统而涉政治，身不由己注定成为维护封建制度和封建精神的一个行尸走肉的政治符号。

第二幅：阙里（曲阜，进入孔子故乡的牌坊、孔道）。对比《新石头记》的“文明境界”牌坊下之“孔道”，读者才明白，原来小说是有实境照片做参考。

第三幅：亚圣孟母断机处（山东邹县）。灰暗模糊。

第四幅：孟亚圣三迁故址。唯见黑压压的一大堆牌坊。

此两处均为孟子成长时之典故遗址，孔子爱“仁”，孟子取“义”，旧时代儿童无人不晓，与吴趼人在《新石头记》描绘“补天”之良方——从小“普及德育”，十分吻合。

这组摄影照片确实令人顿生疑问，这究竟是不是晚清著名的四大小说期刊？这实与《月月小说》对清皇朝尖锐的批判精神和成立杂志以来的进步气氛相忤逆。不用说百年后今天的读者永远也弄不明，即便是当时的读者也弄不明白。具有进步影响力和痛恨“贱儒”理学的吴趼人主编，情之所钟却是这位孔圣人后代，而且市民们翻开《月月小说》目录后第一页，就看见这位世袭贵族奉旨稽查山东学界的大官威严肃杀的面孔，真叫人大煞风景！不妨猜度和想象一下，编辑部的好友、富有朝气的周桂笙一定会坚决不同意！

先秦孔孟学说最宝贵和精华之处，就是这两个先贤最早和最善于总结和教导学生和大众，把人性最美的和社会性最善的结合起来，获得了一种延续两千多年的穿透力和跨越不同社会制度的包容性，成为中国人的思维方式和普遍道德的核心范畴，使不同时期的人不断创造出各自的时代性。但是，如果被反动的政治所利用，最后就一定会变成被世人唾弃的、腐朽的精神枷锁。

如果要问这一组四张照片有什么特点，一是，用吴趼人曾批判近世儒家学说的话来说“功利性”太重，官气和皇气太浓。满眼都是皇帝嘉赏、封赐、世袭，令人窒息。二是，与同类照片相比方能看出不同之处。恰好第五幅是泰山风景，人潮涌动，上山下山，络绎不绝。于是分析出第二个特点：那四张照片冷清无人，只有一个独夫：孔令贻。

几年来，吴趼人因未能如愿去朝拜万世师表圣迹而耿耿于怀。

初，有谢子修君，被吴趼人誉为多年“壮游海外，眼界恢张。既归国，经营实业，务为商界伟人”。平日见客，好谈名山巨流，风景名胜。

“既而游山左，登岱宗，观日出，遍览林泉岩壑之胜，以为壮绝寰海——以西洋摄影法留其图。”与之一起览胜的友人胡茂卿君，更是将所拍照片送归子修留念。

子修视为珍宝，精心辑为一册，命之曰《东鲁灵光》。庚戌年（1910年）初，子修把《东鲁灵光》带来上海，造访吴趼人。吴趼人展看之后，不觉感而叹曰：“此吾宗国礼乐，山川之代表也，《泰山道里记》《阙里志》诸书得所辅翼矣！”谢子修便郑重请吴趼人作跋文。

在国粹问题讨论上，与吴趼人意见全然合拍合扣，然又有幽默者少，现在知我者子修就在眼前，怎能不兴奋异常？于是在1910年5月18日撰写《东鲁灵光·跋》。在最后的一段，罕有地对子修赞曰：

> 忽有子修其人也。知山灵毓秀之宜景仰，摄之以供卧游也。不宁唯是，且一一着以西文。使吾宗国山川名胜，圣哲遗徽，得以流传海外，而播我国光也。子修之爱国，其视今之士夫为何如也。此则吾所敢言者矣。
>
> 宣统庚戌仲春，南海吴沃尧趼人读毕跋

这篇《东鲁灵光·跋》，大概是吴趼人对国粹问题最后一次表明态度。无论任何，“国粹”都是表现一定社会经济、政治的文化，都有糟粕和精华之分，但是往往都是毒药和蜜糖混在一起的，如果是精华部分那就发扬光大，古为今用；如果是糟粕那就保存起来，留着写文化史之用，或送到博物馆，让人们见识，因为糟粕也是历史。

吴趼人担心在半殖民的状态下中华文化的沦丧是有理由的，但在半封建和帝制还未铲除的状态下，这种担心却有虚夸的成分。在“去其糟粕，取其精华”和“古为今用，洋为中用”等正确原则未提出并得到公认和民族独立还未确立之时，执其一端是不能不受到历史的局限，也是难免的。指出吴的历史行为和状态，不苛求他在那个时代所无法做到的言和行。

第十八章

晚清过渡时期的一面镜子

第一节　君生新旧蜕嬗之世

吴趼人是中国整个封建王朝制度最后总崩溃时期的前十年中最著名的文学家。这个时期在各种政治斗争和文化思潮的激烈性和复杂性的背景下，产生了吴趼人最重要的文学作品和吴趼人思想个性的一切特点。吴趼人是晚清社会革命过渡时期的一面镜子。

作为职业作家和报人，吴趼人是近代第一批独立的社会知识分子，从来没有参加过任何一个政治组织，对复杂政治只限于天赋的直观，也不想做官；他对革命党人的了解，到去世前只停留在小说《上海游骖录》的花花公子和《嘲革命党》这样的打油诗的水平上。不错，吴趼人的小说并没有如李劼人的《大波》，反映了四川惊天动地和波澜壮阔的保路运动和革命党人起义。就他的思想水平而言，也不可能写出这样的小说。他的成名作长篇小说《二十年目睹之怪现状》，只能作为二百个故事串联之一，从侧面描写到兴中会在1895年失败的广州起义，反映了吴趼人对自己的“非暴力改良”的政治底线，曾尝试努力地冲击过。不过仅是一次不成功的冲击。但是，他的作品毕竟有过同情革命党起义的情节和构思。

到了1907年下半年，晚清形势更加迫近它的崩溃临界点，其复杂性也面临一个眼花缭乱的新高度。它的复杂性不表现在《辛丑条约》后加速了列强瓜分中国的危局，而在于广大人民开始考虑对清政府与共和之间做出新选择，不似十年前稍闻“革命”二字，如见豺狼虎豹那样战战悚悚、避之则吉。民间立宪派所掀起的保路风潮和国会请愿运动，上演一轮又一轮的逼宫戏，政局每日翻新。麻烦在于朝廷半真半假地推出一茬又一茬的新政和未来立宪的许诺。不管动机是真心还是假意，出于自救还是花招，这些新政实绩已远远超过不少人为它抛头颅、洒热血的“百日维新”。无论如何，这显然是有利于形成人民的觉醒和促使辛亥革命的到来。不过，临了新政才显出爱新觉罗一族料想不到的自掘坟墓的后果。

吴趼人以先觉者的慧眼，写了四篇以清廷宣布立宪为题材的短篇小说，让人们看穿了慈禧政权马戏团的假把戏，明白了紫禁城的皇族不配有自救的胸襟与智慧，不配有比倒台更好的命运。

吴趼人在其短篇小说《大改革》中写道：（面对清政府）如同面对一个嫖、赌、毒多年，积重难返，无可救药，又自欺欺人要大改革的二世祖。难怪他“一面气恼，一面落泪，一面冷笑”[①]，其心境难言。革命党人周桂笙在篇末评曰：“怅怀时局，无限伤心。诙诡之文耶？忧时之作也。”[②]周用“无限伤心”四个字，点穿了吴趼人对清政府“哀其不争”的立场和对清廷“哀莫大于心死”的绝望心境。

原先星散而蛰伏的地方资产阶级改良派的资本和力量又重新聚集和活跃起来，逐渐变得强大。他们换了一个更直接的名字——立宪派。他们掀起的立宪运动，总结了以往自上而下的教训，双管齐下。一面自上策动慈禧身边的重臣和各地重要督抚，意图成立国会；一面又自下掀起符合自身利益的反美华工禁约运动和各省保矿保路拒款运动，把立宪运动巧妙地和这些包括千百万市民的利益和反帝爱国的政治热情衔接起来。正因为如此顺民而聚民，因而张謇、汤寿潜等领袖人物的步伐常挟万道风雷，有声有色地上演了一场旷日持久的护路、拒款等种种逼宫戏。而反映这场民间“逼宫戏”——吴趼人的新剧戏曲《邬烈士殉路》，以直视民众抗议浪潮、直描群情汹涌场面、直面以血救国的残酷人生，凸现资产阶级领袖人物汤寿潜在这次江浙路案中不屈不挠的斗争精神。可惜，这出充满战斗性的新剧，不知为何原因，也许是过早逝去，吴趼人只留给世人浸满鲜血和充斥火药味未完成的两折新剧而已。

大概在1904年前后，吴趼人开始以挽救民族道德文化为己任，逐渐靠拢国粹思潮，包括老同乡邓实和黄节所开办的国粹派刊物《政艺通报》和

---

① 《月月小说》第一年第三号短篇小说——《大改革》。

② 《月月小说》第一年第三号短篇小说——《大改革》篇末评语，署名：新。

《国粹学报》。李葭荣谈到过他国粹之思的缘起："君生新旧蜕嬗之世，恫夫国势积弱，民力寖衰，赞翊更革，数见于所为文辞。唯方寸取舍，分际綦严，亡时流盲从之患。近十年间保持国粹之思，如怒芽暴潮。"[①]从李之言可知，吴趼人之心境虽在晚年归皈国粹，外表十分平静，但内里还是禁不住心头逐浪，如"怒芽暴潮"，与晚清现实各种政治和文化思潮的相互呼应激荡。希望最终是解决中国民族文化在西潮冲击下何去何从的终极问题。

第二节　三重过渡色彩

梁启超在1901年感受到中国这种过渡时代的特殊现状和氛围而写了一篇《过渡时代论》：

> 故今日中国之现状，实始驾一扁舟，初离海岸线，而放于中流，即俗语所谓两头不到岸之时也。语其大者，则人民既愤独夫民贼愚民专制之政，而未能组织新政体以代之，是政治上之过渡时代也；士子既鄙考据词章庸恶陋劣之学，而未能开辟新学界以代之，是学问上的过渡时代也；社会上既厌三纲压抑虚文缛节之俗，而未能研究新道得以代之，是理想风俗上之过渡时期也。语其小者，则例案已烧矣，而无新法典；科举议变矣，而无新教育；元凶处刑矣，而无新人才；北京残歧矣，而无新都城。

梁启超一段话最能揭示"过渡"本质而又最形象者是"放于中流，即俗语所谓两头不到岸"之句。吴趼人正是身处于庚子年（1900年）后社会加速

---

① 李葭荣：《我佛山人传》，见魏绍昌：《吴趼人研究资料》，上海古籍出版社1980年版，第10页。

过渡的政治和文化诸种思潮相互激荡中；而他的作品则是反映了旧皇朝的加速崩溃和瓦解，而新的共和政府尚未诞生，社会新旧“两头不到岸”的过渡状况。

概括吴趼人一生，包括他的全部文字和作品，几乎都呈现出三重相互联系又具有时代特征的过渡色彩。

（一）晚清小说向近代小说的过渡

晚清小说并不仅是向“五四”发展的过渡物，也是具有强烈叛逆性、创造性和自身的特殊价值——“诸神解放”后千姿百态的新小说时代。如果我们把它看作中国小说向前漫长演变链条平等之一环，不必计孰轻孰重，那么吴趼人肯定是晚清文学“这一环”的代表人物。

第一，吴趼人的创作观是一个开放性系统。

第二，从响应梁启超投稿横滨《新小说》始，不断向欧美小说学习，大胆实践和创新。可以说是晚清小说新观念、新技巧的创新集大成者。

第三，吴趼人对小说的贡献不仅是单纯的借鉴技巧，如把隐藏在小说背后，时不时说句“看官”，隐形的全能说书人驱出晚清小说等。与几个翻译家共同创造了基本上脱离古典小说旧文体，能够表现都市现代生活的现代白话小说文体。如在译述外国小说《电述奇谈》时，无论在人称叙事、叙述、描写，还是在词汇、句子、句群、语式、都市语感、语句逻辑、心理语言空间，动作描述、人物新型关系话语……都和当时的白话翻泽小说文体（周桂笙）有共汇一炉互相学习的关系。

（二）从帝制向共和过渡

其过渡的复杂性分四个层次。

其一，时当帝国主义全面瓜分中国领土的危机深化，而引发资产阶级不同派别在不同时期对封建政体发起的三种冲击——戊戌变法、立宪运动和革命党人不断的武装起义，以及被冲击的皇朝在腐败烂池塘中逐渐下沉而企图自拔的前后两种自救运动——洋务运动和清末新政。

吴趼人一面在多个反帝反封建大是大非关键的问题上，顺应革命潮流。先是批判洋务运动，后是举双手欢呼戊戌变法，提出一套带有民本主义色彩的改良变法方案；继是旗帜鲜明地支持和投身上海反美拒约运动；他著名的长篇《二十年目睹之怪现状》揭示身边的官场腐败、伦理丑剧，社会溃烂已达到了常态化，无药可救。稍后则又以戏剧歌颂江浙保路运动群众之伟力和地方立宪领袖汤寿潜，揭露清廷出卖国家权益；在《月月小说》杂志，又以短篇小说为投枪，嬉笑怒骂的手法，让老百姓在阳光下层层剥见皇族假立宪的丑恶面目。从反帝反封杀伤力而言，实无愧为革命潮流的吹鼓手和马前卒。

但是，与此同时，吴趼人又在文章和小说中丑化革命党人斥责革命，反对取消科举，推销孔孟道德救国论……日渐顽固保守，维护清廷的立场。晚年，各种沉渣意念泛起，以致思想内多种矛盾互缠其中，如爱国与忠君，保民与忠君，立宪与皇权……爱恨交加，怒其不争，也哀其不幸。吴趼人把朝廷指斥为“盲政府”，就有“盲人骑瞎马，夜半临深池”，无可救药，自取灭亡的含义。但他又却在最阴暗的小说《剖心记》中咒骂革命起义者徐锡麟，处处显出仗义维护清政府督抚大员，把立足点从人民又移到清政府一边……

从上述我们可以清晰看到，在20世纪初年政治格局变动和各种文化思潮激荡的背景下，吴趼人本人及其作品不仅具有时代的过渡性和复杂性，即思想上出现多组互相矛盾的两极现象，甚至同一关键立场秋千式的波动竟可以同时出现，无疑这是吴趼人思想具有复杂性的一个十分重要的特点，也是晚清过渡时代典型人物的一个突出特点（梁启超自嘲为“善变”）。由于吴趼人的社会知名度和在近代小说启蒙和起步中的重要性，因而，后世评价的对立和分歧更显瞩目。

其二，“爱国与忠君”可以说是吴荣光留给吴趼人思想遗产的重要部分。在近代，爱国可以表现为对外帝国列强侵略的反抗；对内又可以指向保卫皇朝的“忠君”，但问题远不止这么简单（有时内涵又可交叉重叠）。

从吴趼人曾祖父道光时领导民团在鸦片战争中抗英，咸丰时英法联军犯京家族三代在京师被辱、第四代趼人愤书《纪痛》，到家藏讽刺伍诏荣小品和讥斥两广总督叶名琛的《叶中堂乐府三章》家抄本……上述的家世、劫难、族争、破落，两次鸦片战争的国恨家仇，都点点滴滴存贮在吴趼人童年和少年记忆信息的神经分支，并且铭刻在他青年时培育成的性格和思上坚定的反帝基因中。这种忠君—爱国—反帝的意义逻辑之所以成立，只是近代半殖民条件下忠君多面的其中一面。

吴荣光给予其曾孙趼人最为错综复杂的思想遗产——是中古君臣意义上的“忠君”。这种家族政治情感遗传的背后是巩固贵族阶层的利益。大树堂吴趼人家族的每一个成员，都感受到整个家族几代人的显赫和荣华富贵都来自嘉道两代皇帝对吴姓祖宗的信任和恩赐，而且这种类似君臣感戴之情从小渗入到第四代吴趼人的心理上的深层潜意识中，进而积淀成“清皇朝有恩于我族”“忠君”的历史认定。虽然作为吴趼人后代不至于誓言对皇朝“涌泉相报”和达到“每饭不忘君恩”的程度，但祖上吴荣光官迁数省，仍委以封疆大臣，并多次得到皇帝召见、题匾、赏赐……亲切问候，族内代代相传的种种细节，对于从小生活在皇恩浩荡的佛山吴趼人大树堂中的吴趼人，事实上无法不刻骨铭心。

其三，吴趼人对同盟会暴力革命的观点和文化组织向来从不认同和交往，莫说主动靠近。唯一例外是大概在1904年前后，吴趼人痛定思痛，开始以挽救民族道德文化为己任、为人生的终极目标。逐渐靠拢深具反满革命色彩的国粹思潮，包括同盟会员老同乡邓实和黄节所开办的国粹派刊物《政艺通报》和《国粹学报》，从中寻找精神支柱和抵挡西潮的思想武器，最终是解决中国和民族传统文化在内忧外患下何去何从的终极答案。

吴趼人晚年爱国的忧虑焦点，从以往的经济层面的批判洋务—参与反美拒约运动—保路风潮扩展到文化道德领域；其个人“补天”的使命观和主题，也从最初的救亡图存，变法维新，进而深化为“中国传统文化何去何从”；从最初在制造局对泰西文化的崇拜，逐渐对非科技类型的外来文化是否适合本土，充满警惕和疑虑，并以新颖的科幻文学的形式，设计以中国先秦孔孟道德为治国最高观念，建构以西方科技用于百姓和用于抵御列强的大国梦蓝图。

吴趼人这种传统文化危机的痛苦心结和在文学领域上的顽强挣扎，来自鸦片战争后，西方文化伴随着列强的大炮、商品和传教士向中国两千多年的儒家文化和传统的普世道德猛烈冲击。就在这种文化侵略冲击的屈辱洗礼中，吴趼人成为一个怀有强烈传统文化激情的文化民族主义者。

吴趼人不是国粹派组织的成员，也并非国粹保存会同人，这与他一生从不参加政治或文化组织是一致的。但重要的是，他也认同国粹派成员相同的文化痛苦——意识到传统文化被欧风美雨日渐侵蚀和摧残，传统文化有被灭绝和同化从而加速民族灭亡的危险。吴趼人与国粹派的实力派邓实和黄节是同属于珠三角地区、同说广州话语系的同乡，而且吴趼人与邓实两人都同时担任过两广同乡会的会长，吴趼人在最后几年投入极大的精力所奔劳建立的广志小学，是同乡会主要会务，自然也离不开邓实和黄节的支持（邓、黄两人担任广志小学的义务教师）。吴趼人将一些诗作和记录曾祖吴荣光事迹的《游踪图》，都送到邓实、黄节主编的《国粹学报》上发表①。这些钩沉出来的蛛丝马迹表明，吴、邓、黄三人的接近既有交往和乡谊，也有思想接近的因素。

从广义的泛国粹文化观回到个案的严格区分。吴趼人的“国粹之思”与邓实、黄节的国粹主张，实质上有很大区别。当时喊着国粹口号的人很多，而参加国粹组织的人却很少，而且绝大部分是坚定的民族主义者，都参加了反清革命组织。可以说晚清国粹派是资产阶级革命阵营内部的一个派别和同盟会反清文化战线之一翼。至于无法在思想立场上与清廷划清界线，无法赞成暴力革命，无法冲破官僚家族政治思想传统束缚的吴趼人，看来只有从

---

① 《国粹学报》第四十八期，1908年12月13日出版。

国粹派的理论武器库寻找几件抵挡欧风美雨的心灵盾牌，与邓实、黄节引为“同志”。至于吴趼人夸大国粹的作用，妄以国粹救国，读经救国，道德救国，科举救国……企图阻挠历史前进的洪流，只能导致自己大踏步倒退，心灵无以自适。

其四，吴趼人个人与天下时势相逆，对清廷绝望，又无力补天，而对唯一能左右形势的革命党人，只见树木不见森林。于是内心挣扎而产悲观，又常常转化为文学上的败笔（见《上海游骖录》《剖心记》）。吴趼人历见洋务运动的破产、戊戌变法的失败，以及看穿清廷新政的虚伪性而渐产生厌世之情。一则在保路运动中对人民力量，时而惊叹，时而漠视。二则讴歌江浙保路，批判清廷之戏剧力作《邬烈士殉路》，由于对形势信心不足，缺乏预见和穿透历史的洞察力，无法预见皇朝倒台的结局，激情宣泄后而产生悲观，无方向感又无所适从；二折而终，无法再续。吴趼人自马关一役至公车上书，与千百万个封建阶级的知识分子一样，在这两千年一大变局的关键历史时刻，彻夜失眠过，诚心诚意地欢呼过，雀跃过，举起双手拥护过。吴趼人更是奉献出一部《政治维新要言》，出谋划策，思想上、笔墨上卷入戊戌变法的程度比一般同清分子要深广得多。自然，随着政变失败、捉拿康梁维新党、六君子血洒街头就义，他也短暂地消沉、苦闷和反省过，但很快地他又从《清议报》和《新民丛报》中汲取力量，认准文化上维新变革的方向。特别是梁启超《新小说》的出版指导纲领《论小说与群治的关系》，为吴趼人无法解决、处于困局的关于新小说的改革、价值、地位和任务与救国、新民的关系等资产阶级文学上的重大理论问题，指出正确的方向，成为支撑和指引吴趼人创作，一发而不可收的巨大精神力量。

晚年吴趼人的社会观点并不全然来自康梁，往往来自清醒的现实主义和个人独特的观察。如他在《无理取闹之西游记》，用寓言的方式来讽刺清政府出卖祖国大好山河。值得注意的是，他把康梁比作“做梦的庄生”，显然作者已认识到了无论是康梁们的真立宪或紫禁城的假立宪，早已无力挽回分崩离析的结局。联系到同盟会各地的革命起义规模渐大、数量日增，社会同情之声四起，总崩溃的时刻随时而至，吴趼人心头阵阵涌起大地沉沦的绝望之情，是毫不奇怪的。

当然这种厌世的诱发点是自小身世的悲凉和家族的没落，以及来上海二十几年的沧桑。深知吴趼人的李葭荣曾分析过其厌世之社会根源，他说：“《怪现状》盖低回身世之作，根据昭然，读者滋感喟，描画情伪，犹鉴之于物，所过着景。君厌世之思，大率萌蘖于是。”

他又曾就“厌世之思”的缘由问过趼人，答：“子知我，虽然，救世之情竭，而后厌世之念生。”透露出了吴趼人在晚清补天“救世之情”被残酷的现实撞得头破血流的无奈，道出了内心所铭刻的“救世—补天”“情竭—厌世”“魂归—国粹”，人生奋斗和挣扎的轨迹。

（三）中国传统社会向近代社会过渡

这种社会近代化的演进，并不完全等同是西化和工业化；重要的是不断将传统的经济、社会、政治和文化经过创新推向近代社会全方位的转型，其包含了一个民族在其冲撞和变迁的过程中文明结构的重新塑造。

吴趼人的一生亲历、至少涉足或见证中国近代化起步过程中的五个的要素：1. 西学传入；2. 民族工业的发轫；3. 早期资产阶级代表人物；4. 现代独立知识分子出现；5. 近代都市报业崛起。

这五个要素，可视作近代化起步向吴趼人的人生发起的挑战和过程。

其过渡时期环境的要素与吴趼人人生的交融互动，交织成典型“过渡性”的独特人生，折射在其作品中。

1. 西学传入。

吴趼人人生第一个重大转变就是在上海接受了西学。十七岁到上海制造局传播西学的翻译局刊板处做绘图和抄写员，再是在制造局工科学校性质的画图房半工半读，成为一个船舶设计绘图师。这种命运和偶然际遇使吴趼人具有儒学与西学、文科与理工的知识，中西合璧的结构，而且这种数理化诸学科的基础训练使吴趼人的文化素质和推理分析能力整体得到提高，更重要的是从原来的排斥外来文化、封闭和残缺的儒家知识观，发展为中西兼蓄、具有开放性的文化观。当然，吴趼人并不理解青年时所学习西方文化对其后从事小说创作在一定条件下可以起着点石成金的作用。

2. 民族工业的发轫。

吴趼人一踏入上海滩，便涉足中国传统农业社会向近代社会经济过渡的两个起步点：一、中国最大的军事制造工业——洋务运动中产生的江南制造总局；二、与中国第一间私营造船企业发昌厂主方逸侣结识为友，惺惺相惜。在同一时期不同空间场景，见证了无论是国营或私营机械工业在半封建半殖民的历史环境下备受摧残和抗争的过程。这种近代作家十分罕有的经历和体验，就足以说明日后吴趼人为什么对反对烈强的护矿、护路、拒约的中外商战誓死捍卫、奔走呼号，激奋不已。

3. 民族资产阶级代表人物——方逸侣、曾铸、汤寿潜。

在吴趼人人生不同时期的经历中，先后出现过上述这三个早期民族资产阶级代表人物，反映了这个新生阶级被列强包围下在工业近代化起步中的困局的挣扎和成长的艰辛过程。

方逸侣是中国第一家民族资本企业——发昌号铜机器车房厂主，甲午战争后破产。吴趼人对这位业务精明、懂英文、敢做大船、年龄相仿的青年，相见恨晚；逸侣（小说称方佚庐）也对这位会船舶设计和绘图的记录同乡无话不谈，惺惺相惜。从《二十年目睹之怪现状》所记录相会时两人以民间激进改革者自居，敢于指名道姓，挥斥方遒，意气激昂地臧否洋务当局的失败政策的历史场面来看，其思想上叛逆性因素对吴趼人后来在百日维新中所发表的《维新要言》直斥内阁大员犯上的言说是重要的影响。

曾铸是上海滩有名的资本家，一生反帝爱国色彩浓厚，两次被推为上海商务总会总理，在全国反美拒约风云中成为领导商界和市民，凛然举旗的统帅。曾铸敢于面对美领事柔克义，大义凛然，直斥其奸，是吴趼人一生中少有敬佩的人物之一。而吴趼人则策划拒美货于沪、宁、杭基层，在社团、市民中，奔走呼号，甘当“马前卒”。曾铸鉴于美方、上海买办、清廷三方接连放言雇凶杀他，愤然发表《留别天下同胞书》，中途退出，功败垂成。吴趼人受刺激极深，在后来时事新剧《邬烈士殉路》中重提此事，长歌当哭，愤恨不已。

运动稍后出版的反美拒约运动文献集《山钟集》（苏绍炳编），就收入了吴趼人就抵制美货、决不妥协、提出具体建议而写给曾铸的三封信，可见吴趼人卷入之深。

汤寿潜（1856—1917），原名震，字蛰先，萧山城山大汤坞村人。清末民初实业家和政治活动家，是晚清立宪派的领袖人物，因争路权、修铁路而名重一时。而汤寿潜作为百姓罕有信得过和拥护的苏浙拒款保路领袖，以为民利尽义、为国权尽忠、清廉仁厚和爱国的形象，罕有进入吴趼人发表在《月月小说》的时事新剧——《邬烈士殉路》之中。虽然把现实生活之人物写入晚清小说和戏剧成一时之风气，但可以肯定，除了方佚庐外，这是吴趼人笔下第一个非官方的政治人物首次以与中外恶势力斗争的英雄姿态，并且以与现实同步新闻时事剧的形式亮相。《邬烈士殉路》以烈士殉路所激发的血泪的愤恨，预示吴趼人对地方立宪派和它所发起的维护国权的护矿护路开始有了新的考虑。可能是吴趼人晚年“绝望中的希望”。

4．现代独立知识分子和近代报业。

吴趼人最初成为近代独立知识分子并不是在制造局的十余年期间，而是从1897年三十二岁第一次“破茧”离开制造局进入办报生涯才开始的。在中国早期近代化进程中起步的晚清最后十年，就知识分子作为一个群体来观察，他们当中在晚清至少曾经先后形成过六个知识分子群体：“报人集团”“出版集团”“教育集团”“新式医学集团”“新式军官集团”，掌握新式技术的“技师和科学家集团”。吴趼人至少涉及或属于其中四个集团。自吴趼人在百日维新期间发表在报刊的《维新要言》，公开拥护变法的政治纲领性宣言始；与李伯元同拒朝廷经济特科之诱惑；至变法失败后以小报滑稽诡谲的手法与西花厅老佛爷封杀报刊，玩抗命斗智，继用短篇之诙谐揭其假立宪虚伪；在《汉口日报》为独立办报与端方和梁鼎芬的官方势力对峙；

至晚年以长篇科幻小说的形式完成新儒家理想国家乌托邦之设计，一生救亡图存和新民之奋斗，无不显示追求自由、平等，与封建势力抗争的独立精神。一个顽强执着坚持改良价值观知识分子的形象，就矗立在近代化过渡时代的人物长廊之中。

第三节　吴趼人的品格

什么是品格？简言之就是政治和文化的人格和性格上的品德。当然，就吴趼人这种性格个案，其内心的自我与外在的自我，完全可以分裂为两个世界：无为和有为——人生的虚无和以天下为己任；进取和退隐——像王维和诸葛武侯一样，两者既对立又相互结合。以外部性格品德而论，吴趼人正是在强毅而狂傲、诙谐而不屈、忧患而激愤，富于进取精神特征的外衣掩映下，潜藏着一种隐性的悲观性格。

第一，傲俗违世，孤岸狷介，特立独行。

吴趼人自来上海以后，特别是甲午一役大梦初醒后，与大多数随波逐流者比较，表现出“傲骨何嶙峋，惯与世人忤”；志存高尚，独顶外界压力；不惜违俗独苦，表现出傲俗违世、孤岸狷介、特立独行的品格。吴君“早岁食贫，岸然自异，无寒酸卑琐之气”，又“崇尚气谊，与世不能苟合，寻常一言，必超然自成识解”。但内心又不时因为现实不如意，无力“补天”，内心徘徊、苦闷、彷徨、忧郁而纵酒。

第二，忠诚信仰，横戈立马，严守捍卫。

在吴趼人最后“近十年间，保持国粹之思，如怒芽暴潮，有故轩他族以轻我者，至起而批其颊，其人始而怒，继而惭，终且涕出而陈悔”[①]。这种

① 李葭荣：《我佛山人传》，见魏绍昌：《吴趼人研究资料》，上海古籍出版社1980年版，第10页。

十年一贯的过度忧患和过分焦虑、敏感之思，有时陷入了片面夸大、“走火入魔”，物极必反的程度。如为保护国粹，变成保护群经，进而又变成反对废除科举。但他坚持国粹的文化取向，十年枕戈待旦，词锋披靡，未随流媚俗，历久弥坚。

第三，敢于承担、勇于献身文化危亡的使命感。

吴趼人从小是以吴荣光曾孙身怀使命而自居。自经历“茧人—趼人”脱胎换骨式的过程和思想变化，在民族危机的感召下，自觉地成为一个民间拥护维新变法的坚定卫士，毅然著成《维新要言》60篇，献言变法大计。这是吴趼人第一次自觉承担“中国一分子”救亡图存的历史责任。

另外，是以“重建中国文化”为历史使命。以政治科幻小说《新石头记》的特殊形式，以孔孟之道为灵魂中枢，西方科学和物质与中国传统的普世道德相结合，在形象思维的精神平台上构建了一个“文明境界国”。这是吴趼人晚年“道德救国”的一个补天方案。这个理想国“共二百万区，每区一百方里，分东西南北中五个大部（道德区域），每部统辖四十万区，用一个斗做符识：中央是‘礼、乐、文、章’四个字；东方是‘仁、义、礼、智’四个字；南方是‘友、慈、恭、信’四个字；西方是‘刚、强、勇、毅’四个字；北方是‘忠、孝、廉、节’四个字”[①]。

这样设置是将道德作为国家精神天网，笼罩一切。高度体现吴趼人把道德视作天理，把人的价值纳入20个儒家道德范畴，企图重构新的儒家道德法典，把道德抬到高于经济生产和凌驾于科学实验的无上地位，重蹈道德决定一切的天命权威；让道德再次代替“圣人之言”，扼杀学术的民主，让“新二十经”占领原来“旧十三经”的纲常地位，又重新推演一次将道德哲理化、法典化、科举化、世俗化、神学化的过程。吴趼人可能意想不到，这样的道德理想国只会让所谓“道德”最终作为精神枷锁，钳制国民的思想，制

① 吴趼人：《新石头记》，见《吴趼人全集》第六卷，北方文艺出版社1998年版，第179页。

造奴性，把人民引向愚昧、落后、无知。吴趼人晚年为什么会激烈反对废除科举制度呢？根源就在他设计的道德理想国。只有把道德科举化，培养更多以道德为性命、为纲常、为天命、为奴性的奴才，才会增加实现道德理想国的可能。

第四，一生讽官、刺官、厌官，不做官，重义轻利。

吴趼人在公案笔记中拥护清官，在徐锡麟案中处处为巡抚大官辩护，其实心中是不反“好官”，联系他的精神偶像吴荣光，实质上是维护反动的封建“清官”“好官”制度。

第五，一生坚定反帝，同时又反对暴力革命。

从不言反清，慎言革命，痛恨太平天国和广东洪兵起义。对同盟会、革命党认识肤浅，止于视之为纨绔子弟、花花公子。这是吴趼人一生不能自拔的人生误区，是晚年一步三回头的原因之一。

第六，积极和消极、保守和进取并存。

就吴趼人1900年后精神的隐性心理而言——悲凉而厌世，绝望而冷寂。内心试图逸向一个无人烟、无社会、无压力、无痛苦的虚幻世界。这种内与外、深层与表层，在政治、文化多层次的二元的选择中徘徊、游移和矛盾双方共存的状态，使他个人和他的小说成为反映晚清革命过渡时期的一面镜子。

第四节　最后的岁月

吴趼人无不良嗜好和恶习，但每餐必饮酒，患咳喘（吴自称“虚怯之症”）多年，1904年游山东前曾十分严重，咳时“闻声则惊”，这是以酒当饭，以及长期的夜间写作和晚上编辑值班熬出来的。他曾自述改任《月月小说》编辑后的劳顿之苦：“近来日夜更苦有编辑之役，辄不得睡，而夜来功课，势难荒废，乃改为中夜即起，酉戌之间即睡，而劳顿更甚，休息之时更少。”

在生命最后一个春天，他写了一篇《吴牛喘月》，自嘲无月而苦喘，叹道：“吴趼人咳喘经年，或作或辍而不瘥……”[①]

但严重而致命的肺气肿，并没有使吴趼人搁笔，大概是“著书只为稻粮谋”，“笔停口停”，为生计之故。

生命最后一年的5月，吴趼人为《广益丛报》写了《东鲁灵光·跋》[②]，在文章最后承认：所提倡的经学国学，“同类多加冷齿”，罕有赞同。

7月为母亲生日，写了一篇《还我魂灵记》[③]的广告文，收金三百，惹来身后意见纷纷。

8月19日与沈敦和、沈漫云等人在张园举行上海自治公所董事姚白欣先生追悼会。趼人在悼词中赞扬姚君在新闻报主笔政时“国民颇受其益”。

9月18日前，上海广益书局通知趼人将在18日出版《二十年目睹之怪现状》庚卷（第八十一回至九十回）。

9月16日，以普慈（Willis H.Booth）团长为首的美国实业代表团共计23人一行，从日本横滨乘“高丽号”到达上海。临去南京参观前的22日，上海市南北商务总会和各分会商董联合盛意邀请美国实业代表团到新舞台看新剧——改编自吴趼人小说的新时装京剧《黑籍冤魂》。吴趼人的原创小说《黑籍冤魂》借鸦片表达了当时中国民族跨世纪的深远忧虑思想和客观所“具有世界性的话题”，在近代跨文化交流中起到应有的作用。按礼貌和惯例，应有戏票送与趼人，何况吴趼人已是社会知名人士。

10月11日写作《滑稽谈》最后一篇，即第一百七十二篇《凑寿礼》[④]。

---

① 吴趼人：《滑稽谈·吴牛喘月》，见《吴趼人全集》第七卷，北方文艺出版社1998年版，第419页。

② 吴趼人：《东鲁灵光·跋》，见《吴趼人全集》第八卷，北方文艺出版社1998年版，第203页。

③ 吴趼人：《还我魂灵记》，见《吴趼人全集》第八卷，北方文艺出版社1998年版，第203页。

④ 李葭荣：《我佛山人传》，见魏绍昌：《吴趼人研究资料》，上海古籍出版社1980年版。

自3月22日，吴趼人日撰《滑稽谈》一则，与带病继续撰写的小说《情变》，俱在《舆论时事报》[1]发表，不料，竟成为这个晚清最著名的小说家最后之绝唱。

吴趼人浑然不知自己已处于大限的“最后岁月”，还在继续亲力亲为参与广志学堂一砖一瓦的最后完善工作。另外，为自家乔迁而亲自搬运图书器物，十分劳累。多病之身，透支之躯，大限将至。正如本年初春，李葭荣与吴趼人促膝夜话，趼人谈及星相观人之术，以本人寿数为例，竟言及自己“今岁十二晦朔，于法必不免”。[2]真真假假，又不幸言中。从年少好扶鸾之间，到青年喜术数六甲之术，至中年染指星命术，神秘主义和宿命论在他思想中一直没有褪去。

1909年10月21日（农历九月十九日），吴趼人全家从乍浦路多寿里迁居海里路鸿安里315号。上午进宅，亲友相集来贺，席间饮酒谈笑甚欢。晚宴方散，其妻劝其早歇，不料刚上床，喘疾发作，医生来救时，已经回天乏术，享年43岁。[3]

卒之日，家无余财，治丧皆赖朋旧各以资助。

越月，于吴趼人所创立的广志学堂集会追悼，远近凭吊者数百人，心丧之士亦数百，竞述君行谊，相与唏嘘雪涕。

12月，李葭荣在《天铎报》发表《我佛山人传》。

揭开晚清文学波涛汹涌而又变幻万千的一页页历史，打开梁启超揭开“小说界革命”那一页；轻轻推动“新小说”那一块多米诺骨牌……就会看到：作品数量最多的是吴趼人；能涉猎小说、诗歌、寓言、笑话、戏曲、笔记、政说、文论乃至广告等各种文体的是吴趼人；开拓短篇小说和科幻小说、尝试各种西方小说技法、最富于探索创新精神的是吴趼人；身非革命党

---

① 李葭荣：《我佛山人传》，见魏绍昌：《吴趼人研究资料》，上海古籍出版社1980年版。
② 李葭荣：《我佛山人传》，见魏绍昌：《吴趼人研究资料》，上海古籍出版社1980年版。
③ 李葭荣：《我佛山人传》，见魏绍昌：《吴趼人研究资料》，上海古籍出版社1980年版。

人阵营而以文学为利器，向清廷及其走狗实施最猛烈进攻的是吴趼人；声言忠于维新立宪而预言清朝皇朝必然分崩离析的是吴趼人；疾恶如仇，性情率直，真诚认为立宪会给人民带来好生活的是吴趼人……即使印记着他个人一切特点的思想和文学作品所显示的过渡性、激烈性和复杂性，也是中国近代文学的财富。

吴趼人在文学上最大的成就和贡献，在于他留给后人的17部中长篇小说（其中6部未完）、13篇短篇小说、笔记6种、笑话3种、寓言1种、诗集1种、文集2种、戏曲2种（均未完）共300多万字的文学作品。吴趼人以一支春秋诙谐之笔，多层次、广角度、多色彩、宽领域、全方位地反映总崩溃前夕，晚清社会的垂死面貌和疯狂丑陋的众生相，表达了各个时期人民大众对清皇朝的愤怒情绪。其中也包括从破败和夹缝中生长起来新生的第一个民族资产阶级企业家，以及这个新生阶级的政治家和立宪领袖；表达了一个报人作家笔下在戊戌变法—戊戌政变—庚子事变—晚清新政—立宪运动，各个历史事件阶段紧贴时代的心声，以全景式的视野和方位构成了一部晚清最后十年的社会百科全书。

自然，作为岭南人吴趼人贡献了一定数量反映家乡风土人情（包括香港）和华侨苦难生活的作品，如故事发生地点在南海县岗边乡、全书16回的《劫余灰》的最后一回，集中反映了读书人被拐骗当"猪仔"的惨状，以及在南洋侨居的生活。后被阿英收入《反美华工禁约文学集》。

另外，我们没有忘记他在寓言创作上的卓越成就。综观其全部寓言，无论思想性还是形式的生动性不愧是中国近代寓言史上的一块丰碑，吴趼人无疑是中国近代寓言史上最重要和成就最高的寓言作家。

这是一段海洋般深邃丰富的文学形态的晚清历史，后来者的评价和观点可以有多种多样，而他创作的文字形态的文学生命却永远长留在人类历史的文学遗产和不同历史时期读者的诠释之中。

无论动机如何，他的作品所洋溢的爱国主义始终把矛头对准帝国主义和封建王朝，然而有轻有重，也有失手之时。虽然吴趼人声言站在立宪改良的立场上，事实上，他又成为中小市民和中小资产阶级利益的代言人。这就促使他的笔锋不时突破了改良思想的偏见和束缚，使读者感受到了他所“怒其不争”的清廷，不配有比灭亡更好的命运，因而有时所呈现的文字杀伤力等同或仅次于革命党人。

从晚清文化启蒙的角度看，梁启超以伯乐的慧眼，为吴趼人的文学才华提供了《新小说》的出版舞台，使他日后和一班志同道合具有改良思想的文学家，比肩为“新民”和“群治”，共同绘画了一幅伟大的晚清社会人间变革风云的文学长卷，掀起了雄踞社会十年的资产阶级“新小说”的文学运动旋风，弥补了革命党文化上的疏失和不足，这是吴趼人和谴责小说家们对资产阶级文化启蒙运动极其重要的贡献。

吴趼人的贡献，最突出的是在文学上的创新性。从中国古代小说过渡到近代小说，无论是借鉴欧美技巧，在短篇小说的创新，还是长篇小说语言技巧和叙事方式，传统叙事格局的突围，吴趼人从来都是一马当先、勇于革新和探索，甚至创新出如《查功课》这样极具近代色彩的前沿作品，令人感叹。

终其一生，吴趼人由于家族因素和种种局限，思想上最终不能在辛亥革命风暴来临之前，与时代同步前进，甚至晚年某些方面，还有所倒退。

无论如何，吴先生不仅能用如椽的大笔勾勒出一幅呈现半封建半殖民地社会最后解体的生动过程——以阴森森而又血迹斑斑付出历史进步代价的人间全景长卷，而且能够在民族忧患和人生价值定位的交织中深刻反省和在小说写作艺术上不断探索。吴趼人晚年以对祖国和民族的真诚，以科幻乌托邦长篇小说的方式，渴望祖国在列强环峙中，出现强大高科技的海军、空军和陆军，以及探索出一套完整的新儒家道德救国的“补天”方案。在他的科幻作品中涂上千年王国的哲理色彩和插上大同理想的翅膀，从而使吴趼人在晚清时代的作家之林中，放射出跨越时代的独特光芒。

第十九章

吴趼人作品论

第一节　《二十年目睹之怪现状》的家国情怀

《二十年目睹之怪现状》是吴趼人第一部著名的代表作，处处潜隐着吴趼人之家庭观、社会观和国家观。

吴趼人17岁进江南制造局，43岁中年早逝，在上海目睹怪现状近三十年，因而先有《二十年目睹之怪现状》，后又有《近十年之怪现状》，这两本书再加上《新石头记》的前二十回，所展现的都是吴趼人心目中的“野蛮世界”“怪现状”。用他的话来说：

“这充满怪现状的社会始终闹得贫者愈贫，富者愈富，所以又搅出一个均贫富党出来，又是什么社会主义，终非长久太平之局。不信你放长眼睛去看，他们总有分崩离析的一天。”

这是吴趼人身处清政府倒台前夕，对晚清社会的家与国以及社会思潮相当准确的一个总概括。分崩离析，国已不国；牛鬼蛇神横行，偷诈拐骗，租界为冒险家天堂。社会早成弱肉强食之世界，家庭呢？小说《二十年目睹之怪现状》开篇便有一个平淡而熟识、亲切而顺手拈来的切入点，无时不在的——家庭。首先切入“我”“九死一生”之家庭，影射“我”（趼人）的家族各家庭；再辐射和切入书中呈现怪现状之家庭。

《二十年目睹之怪现状》之所以深入市民人心，蜚声海内，无他，或使读者堕入身边人情家常，顿生亲和之感，如换影随形，渐生追踪人物之意。书之宗旨潜萌于心，或发芽成大局；倾覆之观，或酿成改良之意，这些都归旨于小说之功。

于是，出发点和分析点又回到为何“茫茫大地，无可容身”？而作者又自答得极为清楚：“家庭不能处，故园不可居，所谓茫茫大地，无可容身者，非此之谓耶？”

本书无意将吴趼人和贾宝玉做一番“比较文学意义上”详尽的比较，其实，早比较过了，不过是吴趼人自己和贾氏比较。《新石头记》就是吴趼人将自己和曹雪芹二人与“九死一生”和贾宝玉，进行过两种两个不同层面之比较。《新石头记》就是把两个处于不同现实环境的作者和两个不相同的自传小说的传主相比较而交融产生的新文学作品。

贾氏家族辉煌过，皇上南巡，不止一次住在贾府，花银子像倒水一样哗哗响；吴氏家族亦幸赖吴荣光之荣光。吴荣光作为一省之大吏奉旨回乡探亲，船人未至，佛山百姓和官员闻风而动，天未亮，即在佛山天字码头以官方仪式迎拜，汾江两岸人潮如海，万人空巷，顶礼膜拜，其声势观者皆为之震撼动容。

疏浚佛山汾江河涌，吴荣光开口，官商一呼百应；乡人编撰《佛山忠义乡志》，公推荣光主持，荣光再三推辞，乡人宁愿虚主编之位十数年以待，直至吴荣光承乡志事赴位之时。鸦片战争炮声在粤打响，林则徐特邀荣光公赴广州共商大局。至是时，荣光公在故乡之威信，在清晚期佛山籍封建官僚中，实前无古人，后无来者。无可争辩，海陵吴趼人在佛山这一支派，以两百年之历史，与地方势力融合，终于被推上佛山上层第一姓氏和第一豪族之地位。

吴趼人一门之内，更是甲第联翩，群从弟兄几乎人人有集，号称“簪缨之族，诗礼之家”，粗计吴趼人家族有四十余种诗文著作，有二十多人善画。

佛山观音铺吴趼人族居之大树堂正门有嘉庆亲书“大树堂”之题匾，内堂又有嘉庆二度亲笔“五世同堂”，一时显赫，佛山无两。入夜堂园之内，不论花圃、池塘、柳岸，还是祠堂、别墅、望楼、“赐书楼”等，皆红灯高挂，粤腔锣鼓土调之喧闹、江南昆腔之幽悠，响彻汾江两岸。

莫说宝玉对四大家族和落日的缅怀，如福楼拜笔下的包法利夫人可回想殿堂舞会盛景而“不可即”的冷枕热梦，而吴趼人在儿时醉心八十多岁的祖叔的夸耀，像倾听宫中老太监回忆天宝年间玄宗辉煌的往事，长大只能边长叹边追寻曾祖父的字画，钩沉荣光公藏书法帖的散失。

焦大不是悻悻地说过，除了大观园门口的两只石狮子，没有一个人是干净的。就《二十年目睹之怪现状》书中吴趼人的族长、叔伯来说，都是吝啬成性，欺诈弱小，每日想法子敛钱，族情亲情全无。在趼人笔下，绘画出各家各房族人活脱脱的丑剧。

《二十年目睹之怪现状》中“九死一生”的叔父是一个性情古怪的人物，自幼随父亲和祖父宦居京师。监生出身，自直隶任候补典史、巡检后，从不与家人兄弟通报消息，一生至死也未曾回故里。死后，“诸姬卷财以逸”，偷掠一空，只留下双雏一对，处寠人间。“我”接到叔父死讯，电报伯父处置，三封电报，石沉大海。逾月之后，才得书信曰：

> 自从汝祖父过后，我兄弟三人久已分炊，东西南北，各自投奔，福祸自当，隆替无涉。我不暇过问，汝欲如何便如何。据我之见，以不必多事为妙。（第一〇七回）

兄弟间形同路人，绝情如此，还怪侄儿多事。怪不得这个书中“我”的伯父被吴趼人选为家庭人伦道德的第一个在阳光下剖析的典型。

先是这个伯父处心积虑，乘弟亡之机，如狼似虎扑向趼人父亲遗下的八千两银和十条金条，还假惺惺写了一封搪塞之信。兹录小说一段：

> 母亲取出一封信，及一大纸包，递给我看。我接着手里一看，是伯父的信，却从武昌寄来的。看那信上时，说的是王俎香现在湖南办捐局差事，前回借去的三千两银子，已经写信托他代我捐了一个监生，又捐了一个不论双单月的候选通判，统共用了三千二百多两银子，连利息算上，已经差不多。……再看那大纸包的是一张监照，一张通判的官照，上面还填上我的名字。（第五十回）

强夺自家兄长死后的钱财，到时胡乱塞给孤儿寡母没有人要的官照。诈骗最易是从亲戚下手。应了一句老话，叫作：不熟不食。

后来伯父的一位姨娘与人私奔，卷走了一批衣物箱笼，不料事情败露，财物又被那人拐走，只好跳河自尽。余波未了，另一位姨娘因承受不了伯母每天毒骂，吞鸦片自寻短见；而伯母继而又怨恨伯父背着她，把剩下的首饰做了姨娘的陪葬，以致一气身亡。不到百日，人命三条。常言一波接一波。更匪夷所思的是，伯父的继室陈氏以为“我”挣下大笔家财，竟用过继给伯父做儿子的损招，以图谋家产，弄得丑态百出，街知巷闻。

家乡族长之流，更是黑心无赖一名，平日装疯卖傻，偷鸡摸狗，乘机索赔几文酒钱，对人丁单薄的孤儿寡母，除了白眼就是恫吓。他以修缮祠堂为名，向弱势的房氏大肆敲诈，先是狼虎般索要一百两银子，但转眼私下说妥，交二十两孝敬费，再交七两份子钱便了事。

从吴荣光死后一百年，三四代败家子已经把一个百十亩偌大的园林式的大树堂宅地和内中家族传统文化精华，瓜分割卖得四分五裂，一部分沦亡流入外间大族之手，一部分流出海外。荣光公一生官宦中千挑百选的古玩、金石、善本、孤版、青铜器皿、名字画等，在二世、三世、四世祖的鸦片床上、赌桌上、花酒的排场上……流失殆尽，怪不得趼人一连七八条批语，重复又重复：“家庭不能处，故园不可居，所谓茫茫大地，无可容身者，非此之谓耶？”

《红楼梦》中的贾府大观园既自败又被奉旨籍没，而吴氏家族既自败，又有外因。在太平天国领导下，1854年，广东天地会首领陈开在佛山起义。是时，商会与起义之师，因赋税之事谈判破裂，佛山十几条商业大街和官宦大户多为兵火所焚掠。吴氏家族自此更一蹶不振。十多年后趼人在京师出世，三年后随父回故乡佛山，吴趼人一族早成沙滩浪沫。大树堂萧条冷落，各顾谋生。吴趼人一族颓势见底，只有极少数人在官场担任中低级官吏，即使有吴趼人公产田地早已被变卖和侵吞，几代人只识读书做官，又不懂经商，一旦势单力薄，仕途无望，哪有不堕落之道理。

最后，吴趼人一族在辛亥革命后，星云四散，除了一两宅吴氏公寓回光返照，每日饮酒写诗，结社论道，嗟叹天地反复、大地沉沦之外，大部分人转为手工业者，以劳动手作为生。也有几房远赴海外，亦未见有大成就。佛山吴趼人大树堂变成一片茫茫大地，吴趼人一荣一枯，仿佛只为印证“君子之泽，五世而斩”的一句名言。

这就是《二十年目睹之怪现状》的作者通过小说多次的批语。作为小说中“家—国”社会图像的文化解码，而向世人发出最后的沉痛警告。

吴趼人的性格和他的思想一样，既简单又复杂。说简单：磊落不羁，侠义而豪爽，慷慨激昂，洒脱倜傥，“殆洪钟之能发下声，挺击则动，动则闻于遐迩”。说复杂：强毅而狂傲、诙谐而不阿、忧患而悲愤，可作为吴趼人性格个性表面的三原色。而“忧患而悲愤”，似乎更不着重个性，而更着重吴趼人与这个皇朝制度总崩溃之“前十年”，这个过渡时期的个人与时代的互动。

吴趼人牵挂国事，对清廷订立中俄密约，假立宪，在反美拒约中威吓商界，出卖铁路权等桩桩件件，丧尽天良之行为，产生了对清廷最后极其悲愤的失望。从吴趼人最后几年的作品中可以看出，在怒其之不争的字字句句中，吐哺之沉痛、用情之伤哀、哀绝之心死，达到杜鹃啼血的程度。

《二十年目睹之怪现状》也反映了一些时代新气息。

新型人物。近代洋务运动最大的军事工业基地是江南制造局，《二十年目睹之怪现状》描写的第一个新型人物，是在江南制造局画图房绘工程图的技术员赵小云。他制造的小轮船模型能在水中前进倒车，与大船一模一样，工艺齐全，只是尺寸缩小而已。

第二个新型人物故事，是造船技术胜过洋人的新型工人技师——梁桂生。（第三十回）

梁桂生属于中国新生工人阶级中第一代产业工人核心的成员，工人技师，是自学成才的工人知识分子。书中说他是广东人，那么极有可能是鸦片战争前后，在广州外国船厂工作过的中国第一批技工。那时在上海早期从事机器业有经验的工人师傅中，大都是广东珠江三角洲来的，发昌机器厂的老东家便是最早又能自立门户的一个。

梁桂生造船的经验丰富，水平高，一眼就看出了洋人设计的“保民号”船舵有问题，并提出警告。但委员和总办听不进，还大声训斥他。试航时，小小一段路走了六七个钟头，又不能转弯，只能倒车。弄得总办请来的高官要坐小火轮上岸，面子也丢尽了。回去洋人怎么也修不好，只好低声下气去请梁桂生。最后换了舵，改了一段龙骨才能转弯和正常航行。

这是一个赞颂中国人不比洋人差的故事类型，但却透露出一个新阶层——技术人才正在成长的信息。

第三个新型人物故事属于新民族资产阶级：发昌机器厂厂长，少东家——方佚庐。这个少东家虽继承父亲方赞举的产业，但是从性格气质上完全是一代资产阶级新人。他会英文，懂技术，能设计和领导造大船；他有伯乐眼光，赞扬赵小云是个绘图人才；他有才能、有理想，把父亲的造船厂发展壮大，推至极盛时期。在社交上，交游广阔，潇洒干练，极为精明。有几个冒充李鸿章手下来买火轮的骗子，见面两次便能识破，最后与租界巡捕里应外合，一举识破骗局。他极有志气与抱负，不甘心只能造百多吨的小火轮，对制造局的腐败和管理失当，自己有一套理论，言称可担任江南制造局的总办，总比那些不懂造船的草包要好。可惜，船厂在外国资本压迫下，即使有浑身本领，也无法避免发昌船厂破产和盘给外商船厂的命运。

在跨入20世纪的第一个十年，中国文学迈开艰难的脚步走向现代的历史过程中，做过贡献的文学家如满天星斗，但能勇于探索，并一以贯之，毕竟少数。吴趼人在四大小说家当中，若论对整个官场的剥露之深入，在官场刻画喜剧化的艺术效果和整体深度上，不如李伯元；若以作者有意识地构思现代历史小说，着意描绘成全面反映晚清同光两朝上层的风俗画、政治军事斗争的鸟瞰图、社会思想文化的演变史，恐不如曾朴的《孽海花》；又如比较写作艺术高超，写景之高明，白描的传神丰满和真实感，心理描写的层次感和情味浓醇，四家之中，佼佼者当是塑造老残的刘鹗为最；但若以在小说实践上借鉴西方多种技巧和各种手法并不懈地尝试而论，则非不停探索的吴趼人莫属。

假如我们从中国近代小说百年转型的视野来切入吴趼人在《新小说》杂志首发的三部小说，除了感受到吴趼人是属于20世纪初自觉地背负沉重苦困的爱国情怀的第一批文学家外，也感知到吴趼人也是属于勇敢地尝试古为今用、洋为中用、洋溢着中国文学近代性首创精神的第一批文学家。

正如苏联学人通过三次发现巴赫金，才重新认识和评价巴赫金，那么，我们期待年轻的文史家以不同的界面、不同的角度、不同的境界，重新认识和发现吴趼人。

第二节　小说及历史之间

《痛史》是吴趼人首发在《新小说》的一部长篇历史小说，从第八号连载至第二十四号，因《新小说》停刊而中断。由于情节相对完整，上海广智书局于1911年出版单行本，仍为27回，后续未完璧，也未见眉批及回评。

吴趼人自《痛史》始发以后，在《月月小说》第一号至第十号还发表过标称历史小说的《两晋演义》共23回，未完而辍，有眉批者计四回；继又在《月月小说》第十一、十二、十四号发表标称历史小说的《云南野乘》共3回，未完而辍，各回皆有眉批。

三部长篇历史小说，皆未完结，不正常。吴趼人有写作历史小说的计划吗？有。首先他在1906年《月月小说》（第一号）序说：

> 吾人于此道德沦亡之时会，亦思所以挽此浇风耶，则当自小说始。是故吾发大誓愿，将遍撰译历史小说，以为教科之助。历史云者，非徒记其事实之谓也，旌善惩恶之意实寓焉。旧史之繁重，读之固不易矣，而新辑教科书，又适嫌其略。吾于是欲持此小说，窃分教员一席焉。他日吾穷十年累百月而幸得杀青也，读者不终岁而可以毕业；即吾今日之月出如干页也，读者亦收月有记忆之功，是

则吾不敢以雕虫小技，妄自菲薄也。……吾既欲持此小说以分教员之一席，则不敢不审慎以出之。……庶几借小说之趣味，之感情，为德育之一助云尔。[①]

1906年的吴趼人对梁启超新小说的理论，不仅是亦步亦趋，抬高小说之地位和放大小说的各种社会动能，而且还有个人的创造发明——挽救社会之“道德沦亡”。于是把历史小说等同于二十三史的平民历史教科书，以解平民“读正史而不得入者”。当然，言下之意，官方的正史所宣传的旧道德自然是挽救末代世风日下、“道德沦亡”之根本所在。“文死谏，武死战”，万千贞女立牌坊，这就是二十朝正史之精华。即使拿康梁的变法理论衡量，也绝不相符。这就是吴趼人虽相继开写三部历史小说，发大誓愿，亦难以写下去而陷于死胡同的原因之一。

之所以写不下去，更重要的原因是违背了新小说的宗旨：改良社会、促进新民和群治之进化。这三点全赖于新知识，即新观点、新价值观、新理论的输入。吴趼人自己也多次强调：“读小说者，其专注在寻绎趣味，而新知识实即暗寓于趣味之中，故随趣味而输入之而不自觉也。”[②]

那么，假使吴趼人还没有弄明白什么是解释二十三史的新观点，该输入什么新知识作为指导，以什么新原则来重新编撰各朝通俗历史演义，那么到头来岂不是牌子是新小说，但内里还是旧小说。这是吴趼人历史小说写不下去而陷于死胡同的原因之二。

事实上，这个问题需要历史唯物观的不断发展，长期的探索和经验的积淀，绝不是吴趼人这一两代人所能够解决。虽然20世纪30年代掀起过以蔡东

---

① 吴趼人：《月月小说》序，原载1906年《月月小说》第一号，见魏绍昌：《吴趼人研究资料》，上海古籍出版社1980年版。

② 吴趼人：《月月小说》序，原载1906年《月月小说》第一号，见魏绍昌：《吴趼人研究资料》，上海古籍出版社1980年版。

藩所写《中国历代通俗演义》为首的历史小说热潮，但只能算作经验的积累和清代中期高潮的余响。直至20世纪60年代姚雪垠的《李自成》（第一卷）和20世纪90年代初二月河所著《康熙大帝》《雍正皇帝》《乾隆皇帝》三部曲诞生后所掀起的历史小说创作高潮，才真正开启历史小说创作的新篇章。

据佛山大树堂吴氏家族后人传说，吴趼人从小爱 “讲古”，在观音诞听木鱼书。稍长，又喜爱民间艺术：戏曲、小说、稗史、说唱和传奇、历史演义……吴趼人出生前十年，吴荣光的大儿子尚忠还从苏州带回来一个昆曲戏班，夜夜笙歌，弄得吴趼人大树堂像个《红楼梦》里的小大观园。而离佛山不远的石湾陶师庙却有些民间“讲古佬”在那里说书。可见吴趼人撰写历史演义颇有些民间渊源。

中国的历史小说自脱胎下地始，就离不开民间艺人的“说话”（说话、说书，吴趼人家乡佛山称“讲古”）的营养和灌溉。说话从唐代发轫，有俗讲，有俚语小说，有斋会说话，故事名目有《一支花》和《韩擒虎话本》；北宋有“古话”；南宋更有“说话四家”：小说、谈经、讲史书、合生（《都城纪胜·瓦舍众伎》条）。讲史则相当于历史长篇。今天剩下的仅有七八种了。明清讲史以元明之际的罗贯中所著《三国志通俗演义》为最高峰，但无奈今天流行的却是毛氏父子的修改本《三国演义》，罗氏本反而不彰。

吴趼人谈到《三国演义》时曾说过：

> 无他，趣味为之也。是故，中外前史，浩如烟海，号称学子者，未必都能记忆之，独至于三国史，则几于尽识字之人皆能言其大略，则《三国演义》功不可泯也。虽间不免有为附会所惑者，然既能忆其梗概，无难指点而匡正之也。此其助记忆力之能力也。[①]

① 吴趼人：《月月小说》序，原载1906年《月月小说》第一号，见魏绍昌：《吴趼人研究资料》，上海古籍出版社1980年版。

上述一番话，无非把《三国演义》贬低到作为陈寿《三国志》的附庸，仅适用于增进学习正史的记忆力，倒退到明人把历史小说作为“正史之补”的老路上去。

纵观吴趼人三部历史小说，先是发誓愿，《痛史》开首之局亦颇有气势，但后劲不继；再开二部《云南野乘》和《两晋演义》，更笔力平平，光彩暗淡。即使自己也感到大为不妥，受欢迎程度，大不如前。反思之下，发觉自己内心已陷于一种前所未遇之困惑和力不从心的写作状态。实际上不解决这个问题，恐怕难以为继，这是自知之明。

历史小说是一个特别的门类，《三国演义》《水浒》之所以写得好，除作者以外，还有数个朝代说书艺人说书底本的艺术积累和历史的积淀等因素。吴趼人向来对写作颇为自负，偏是这一次就犯了眼高手低的毛病，何况是珠玉在前。吴趼人的历史小说，总的来说缺乏历史感，只重历史脉络，史实交代，英雄人物如文天祥或反面人物贾似道等重要人物的形象不够鲜明，缺乏现代小说技巧上的深入内心的描绘、细节烘托等手段，难免看后只觉像图解正史的“通俗历史读物”，与吴趼人其他小说相差甚远。

由于吴趼人将历史小说当作正史教科书，怀旧而无旧兴味，追新而无新境界，因而虽有三部始，却无一部终，始终停留在平庸的历史读物上，再无法前进一步。这是吴趼人历史小说写不下去，而陷于死胡同的一个重要原因，也成为历史小说自清中期以来一个时代的绝响，一曲广陵散，也值得我们一代人作为创作历史小说的历史经验和借鉴而载入史册。

第三节 从小说到新剧、话剧和电影

吴趼人小说的思想和艺术成就是多方面的，一百多年以来不乏中肯和精彩的评论。但是，他的小说在生前和身后被改编成戏曲、话剧、电影的情况，却较少人谈及。

我们首先从曾经被多次改编的《黑籍冤魂》谈起。这篇小说发表在《月月小说》第四号上，1907年1月28日印行，署名“趼”，全文6000余字。内容是讲某人因吸食鸦片，断送了包括自己一家六口性命的故事。小说前面有一小序，把鸦片祸害的源头指向英国控制的东印度公司。通过一个丧失人性和逐渐毁灭家庭的悲剧过程，劝诫国人反省自重，警惕鸦片对家庭和社会的毒害。

1908年初，爱国进步演剧同人夏月珊等根据这篇短篇小说改编同名京剧《黑籍冤魂》，于同年6月29日在上海的丹桂茶园（今湖北路和广东路转角）首演，用当时报上的话说“连演数月而上座不衰”。这是吴趼人的小说第一次被改编成当时“不中不洋、京剧和话剧混合”的新时装京剧。

剧情与小说差别不大，写一个富家子曾伯稼的父亲，因怕儿子出外游玩，竟逼他吸食鸦片。伯稼上瘾后，父亲懊恨而去世。不久，伯稼的儿子误吞鸦片至死，老母亲又伤心过度死去。这时妻子苦劝伯稼戒烟，反屡遭毒打，终于饮恨吞生鸦片而自尽。最后剩下的一个小女儿，又因还债被骗入娼门。这时伯稼流落街头，以拉洋车度日。一天，恰在路上父女相见，又被鸨母拆散而羞辱。伯稼伤痛悔恨已极，便窃街上测字摊的纸笔，历数家破人亡的始末，控诉鸦片之害，书毕而亡。

《黑籍冤魂》首演时，吴趼人还未去世，当时吴趼人除了继续为《月月小说》杂志撰述外，大部分精力集中在创办粤人广志学堂的学务上。按道理丹桂茶园是上海少数有名的大戏园，吴趼人没理由不知道要上演的剧目是改编自他本人小说的消息，但是至今还未找到吴趼人对改编（为戏剧）的态度或到剧场看戏的文字记录。这篇反鸦片毒害的小说发表了一年多就被进步演剧人士选中看好，可以说是民众自觉宣传禁烟新浪潮的一朵小浪花。正是群众这种自发的反鸦片浪潮，促使晚清政府在立宪改革和世界各国趋向禁烟的形势下，掀起由上至下的禁吸禁种鸦片运动，取得了意想不到的成效。

第二年（1909年），各国商定，2月1日至26日在上海新建的汇中饭店召开第一次万国禁烟会，世界上大多数国家有代表出席，端方作为清政府的代表参加禁烟大会。

就在同年，新剧家郑正秋将夏月珊演出的新时装京剧《黑籍冤魂》整理为戏文提纲，发表于《图画日报》。自此，这出戏成为日后众多新剧社演出的保留剧目。过了两年（1911年9月），又出版演出单行本，题“夏月珊编、郑正秋录”。

1910年9月16日，以普慈团长为首的美国实业代表团共计23人一行，从日本横滨乘“高丽号”到达上海。临去南京前的22日，上海市南北商务总会和各分会商董联合盛意邀请美国实业代表团到新舞台看新剧——改编自吴趼人小说的新时装京剧《黑籍冤魂》。无论从哪个角度来看本次邀请、演出和观看，都是一件有重要意义的事情。吴趼人的原创小说《黑籍冤魂》借鸦片表达了当时中国民族跨世纪深远忧虑的思想和客观上所“具有的世界性话题”，在这次无意与有意的中美民间文化交流中，起着不可或缺的核心作用。

众所周知，当年在反美拒约运动中冲锋陷阵的吴趼人与上海工商人士的渊源确非一般，但究竟有没有受到邀请和到场看戏呢？可惜到目前为止还没有任何有关的文字被发现。

大概是由于题材切合民众与时代的需要和万国禁烟会的推波助澜，改编和演出《黑籍冤魂》还在不断继续。

这回是搬上银幕。1912年，上海南洋人寿保险公司经理依什尔和美国人隆弗，用低价买入布拉斯基快要破产的亚细亚影戏公司。虽说是购入了电影公司的名义和器材，却还是未能生产影片。因为两个美国人要先看一看刚刚成立的民国政府的风头，况且，布拉斯基拍了不少短片却无观众光顾的教训犹在眼前。1913年，民国一统天下的大势尘埃落定，亚细亚影戏公司又重新开拍影片。这次聘请美华洋行广告部买办张石川为公司顾问。张石川与新剧界的朋友郑正秋等一班演剧同人商量，便组织了一个新民公司，承包了亚细亚公司的编剧、导演、拍摄等全部工作。最初，这两个美国人首先选择郑正秋等演出过几个月、连续卖座的《黑籍冤魂》，但又发觉这出舞台剧矛头指向西人贩运鸦片，兼且新民公司索价太高，只好作罢。

1913年，由于美国电影胶片的输入，上海停顿了一时的摄制影片的活动得以复苏。这回张石川不依赖外国人，找来新剧家管海峰合作，在徐家汇创办了一家幻仙影片公司。第一部影片自然是当时新舞台连续演出、卖座不衰的《黑籍冤魂》。班底除张石川为导演外，还是原套人马：许复民编剧，夏月珊、潘月樵、七盏灯等担任主角。其他演员有查天影、徐寒梅、黄小雅等，大部分是民鸣演剧社的成员。影片制成后，曾先后在上海及各个建有影院的城镇放影。七年之后，当年上海的当权者竟然宣布鸦片可以公开售卖时，上海新爱伦影院马上又重映《黑籍冤魂》，自1923年5月10日起，连续放映四天。有一份报纸别出心裁，以诗为广告：

> 鸦片流毒实非浅，到我中华已百年。
> 英雄埋没知多少，耗费金钱真可怜。
> 烟禁虽严如儿戏，如今公卖将出现。
> 贻笑外人尚小事，害我同胞何堪言。
> ……

这就是一篇小说变成一出新剧、再变成一部电影在社会上所起到的种种作用和过程。

我们把视野开阔一些，远眺到一衣带水的日本列岛上。目光关注在当时中国留日学生尹昌衡和陈朴为演剧而组织的阳春社，就会发现这个戏剧团体在1909年下半年演出过根据吴趼人的长篇小说改编的同名新派话剧《电术奇谈》。

说来话长，英国小说杂志以300英镑悬赏优秀小说，《电术奇谈》就是其中选拔出来的无名氏作品。经日本小说家菊池幽芳翻译成日文，发表在1897年元旦的《大阪每日新闻》上，1897年3月25日连载完毕。不久，由日本大阪的出版社骎骎堂分前后两篇发行单行本。当时日本的报纸经常刊登如《电术奇谈》这类“恋爱幻想侦探小说”文学作品作为卖点（日本人称作“新闻卖子”）。菊池幽芳翻译这本书时改动很大，将作品中的地名、人名除英国、印度、巴黎、伦敦外，全部改为日本当地用语，并插入日本明治时的风俗。当时有一个广东东莞人，是光绪二十三年（1897年）到日本入高等师范学校的自费留学生，也从事翻译外国文学的工作，他把这篇二手日本文学的译作又翻译成中文。吴趼人一看，题材与内容还可以，可惜是文言文，而且压缩成六回。于是就把它创作和演义成白话文小说24回，并连载在《新小说》第一年第八号（1903年9月）至第二年第六号（1904年9月）上。不久，广智书局也出了单行本。虽然，书中所写的喜仲达和林凤美悲欢离合的爱情故事，今天看来没有什么意义，但吴趼人所创造的清新、流畅、通达和超前于时代的白话文的叙述风格，至今给人留下深刻的印象。

今人不爱古人爱，那时候，无论是中国还是日本观众，最欢迎的是那些“言情+科幻+侦探”、新鲜而刺激的三料题材，况且第一次发表连载《电术奇谈》是由梁启超主编的杂志、风靡东京一万多个中国留日学生的《新小说》，因此，设在东京的阳春社演剧同人改编吴趼人的《电术奇谈》，就一点儿也不奇怪。在该剧中，吴我尊演催眠博士；女主角林凤美由马绛士担任。后来成为著名戏剧家、当时在东京酷爱演戏的欧阳予倩那年才20岁，他在回忆录中写道：“好像是阳春社要演《电术奇谈》，也来找我们加入。”在剧中，“我为他们演了一个小小的角色”。

现在查到，最后演出的京剧连台本戏《电术奇谈》，是1914年3月19日在上海新舞台演出[1]，但剧团不详。

《恨海》是改编自吴趼人同名小说的一出话剧。原小说是作者41岁（1906年10月）时发表，由广智书局仅出版10回的中篇小说。此书以八国联军侵华的庚子事变为背景，叙写青年男女离散的爱情故事，当时获得了社会上和评论家“写情细腻熨帖”的好评。

1910年冬，任天知在上海成立了中国第一个职业话剧团——进化团，辛

① 胡晓明主编：《近代上海戏曲系年初篇》，上海教育出版社2003年版，第254页。

亥革命前后在长江中下游地区展开了具有革命色彩的爱国演剧活动，在社会上影响很大。1911年初，进化团副团长钱逢辛在演剧、创作、改编与反清起义策划的兼顾中，将吴趼人的小说改编成同名七幕话剧《恨海》。剧情写京官陈綮有两子，长子伯和与张棣华订婚，次子仲蔼与陈娟娟订婚。四人未及成婚，发生了义和团之变，三家离散。伯和偶得财物，到上海抽烟嫖赌，成瘾君子。虽经棣华悉心照料，仍早早死去，棣华出家。娟娟父母皆丧，沦入风尘，仲蔼被迫出家。

此剧于1914年4月在安徽芜湖首演，卖座长盛不衰。《恨海》一剧因以家庭男女的悲情而动人，知名度实不亚于《黑籍冤魂》，是进化团的代表作，也是上海的一些著名新剧团体如新民社、民鸣社经常上演的保留剧目。从另一角度反映出广大群众在民国前后各种战乱的动荡中，心理和情感上的深刻创伤。《恨海》继新民、民鸣两社在话剧发祥地上海长期作为各剧团常备剧目演出，随之又掀起电影高潮。1931年6月，六马路新中央大戏院上演由郑亚秋和高倩萍主演的同名电影《恨海》。

这是明星影片公司第九十二次出品，由郑正秋监制、谭志远和高梨痕导演。戏单上用大号字做招徕宣传：根据新剧兴盛时之冠军名剧，当年新民剧社之大杰作。广告上有两副对联：

纸醉金迷空叫恋人长相思，烽火连天恸绝慈母伤征途。

交友不慎一失足成千古恨，弥留忏悔嗟命薄遁迹空门。

最令今人捧腹的是有一不甚高明的“警告语”：请观客各带手帕免悲戚时湿襟袖，写怨偶如泣如诉遽遭遇处处恃悲。放映时间：（日）三时/五时半；（夜）九时一刻。票价，日场：三角、五角、七角；夜场：四角、六角、八角。

这些广告和票价的历史细节把我们带往那个一百年之前、不算遥远还可以丰富想象的年代。

参考书目

（一）文学部分

1. 魏绍昌：《吴趼人研究资料》《李伯元研究资料》，上海古籍出版社1980年版。

2. 卢叔度主编：《我佛山人文集》，花城出版社1980年版。

3. 吴趼人：《吴趼人全集》，北方文艺出版社1980年版。

4. 阿英：《晚清文学丛抄》《反美华工禁约文学集》，中华书局1960年版；《晚清文学史》《小说闲谈四种》，上海人民出版社。

5. 洪炳文：《洪炳文集》，上海社会科学院出版社2004年版。

6. 范泉主编：《中国近代文学大系》，上海书店出版社1994年版。

7. 董文成、李勤学主编：《中国近代珍稀本小说》，春风文艺出版社1997年版。

8. 《中国近代孤本小说精品大系》，内蒙古人民出版社1998年版。

9. 于润琦主编：《清末民初小说书系》，中国文联出版公司1997年版。

10. 章培恒、王继权等主编：《中国近代小说大系》，百花洲文艺出版社、江西人民出版社，1988年—1996年版。

11. 陈文新主编：《中国文学编年史》，湖南人民出版社2006年版。

12. 陈大康：《近代中国小说编年》，华东师范大学出版社2002年版。

13. 郑方泽：《中国近代文学史事编年》，吉林人民出版社1983年版。

14. 鲁迅：《中国小说史》，人民文学出版社1973年版。

15. 田根胜：《近代戏剧的传承与开拓》，上海三联书店2005年版。

16. 王志伟编：《老上海电影》，文汇出版社1998年版。

17. 〔美〕韩南：《中国近代小说的兴起》，上海教育出版社2004年版。

18. 〔美〕王德威：《想象中国的方法》，生活·读书·新知三联书店1998年版；《被压抑的现代性》，北京大学出版社2005年版。

19. 时萌：《中国近代文学论稿》，上海古籍出版社1986年版。

20. 王立兴：《中国近代文学考论》，南京大学出版社1992年版。

21. 杨联芬：《晚清至五四：中国文学现代性的发生》，北京大学出版社2003年版。

22. 〔日〕樽本照雄：《清末小说研究集稿》，齐鲁书社2006年版。

23. 程文超：《前夜的涌动》，山东教育出版社1998年版。

24. 袁进：《中国文学的近代变革》，上海社会科学院出版社1996年版；《近代文学的突围》，上海人民出版社2001年版。

25. 夏晓虹：《觉世与传世》，中华书局2006年版；《晚清社会与文化》，湖北教育出版社2001年版。

26. 薛正兴：《李伯元全集》，江苏古籍出版社1997年版。

27. 陈平原：《中国小说叙事模式的转变》，上海人民出版社1988年版。

28. 陈平原、夏晓虹：《二十世纪中国小说理论资料》，北京大学出版社1989年版。

29. 郭延礼：《近代西学与中国文学》，百花洲文艺出版社2000年版；《中国近代文学发展史》，山东教育出版社1990年版；《中国近代翻译文学概论》，湖北教育出版社1998年版。

30. 范伯群：《中国近现代通俗文学史》，江苏教育出版社2000年版。

31. 陈伯海、袁进主编：《上海文学史》，上海人民出版社1988年版。

32. 邱明正：《上海文学通史》，复旦大学出版社2005年版。

33. 张正吾主编：《晚清民国文学研究集刊》，漓江出版社1995年版。

34. 《明清小说研究》，江苏省社会科学院文学研究所、明清小说研究中心。

（二）近代报业、杂志部分

35. 孟兆臣：《中国近代小报史》，社科文献出版社2005年版。

36. 李楠：《晚清民国时期上海小报史》，人民文学出版社2006年版。

37. 冯并：《中国文艺副刊史》，华文出版社2001年版。

38. 郭浩帆：《中国近代四大小说杂志研究》，当代中国出版社2003年版。

39. 王燕：《晚清小说期刊史论》，吉林人民出版社2002年版。

40. 马光仁主编：《上海新闻史》，复旦大学出版社1996年版。

41. 胡太春：《中国近代新闻思想史》，山西人民出版社1987年版。

42. 阿英：《晚清文艺报刊述略》，古典文学出版社1958年版。

43. 赖光临：《中国近代报人与报业》，台湾商务印书馆1987年版。

44. 顾长声：《从马礼逊到司徒雷登——来华新教教士传》，上海书店2001年版。

（三）历史文献部分

45. 《中国近代史资料丛书》：《洋务运动》，上海人民出版社1961年版；《戊戌变法》，上海人民出版社1957年版。

46. 廖宗麟：《中法战争史》，天津古籍出版社2002年版。

47. 《上海民族机器厂》，中华书局1979年版。

48. 《上海地方文史资料》，上海社会科学院出版社1982年版。

49. 刘惠吾：《上海近代史》，华东师范大学出版社1987年版。

50. 丁守和主编：《辛亥革命时期期刊介绍》，人民出版社1982年版。

51. 姜鸣：《中国近代海军史事日志（1850—1911）》，生活·读书·新知三联书店1994年版。

52. 汤志钧：《近代上海大事记》，上海辞书出版社1989年版。

53. 郑师渠：《思潮与学派——中国近代思想文化研究》，北京师范大学出版社2000年版。

54. 龚书铎：《中国近代文化探索》，北京师范大学出版社1988年版。

55. 故宫博物院明清档案部：《清末筹备立宪档案史料》，中华书局1980年版。

56. 徐鼎新、钱小明：《上海总商会史》，上海社会科学院出版社1997年版。

57. 张玉法：《清季的立宪团体》，北京大学出版社2011年版。

58. 韦庆远等：《清末宪政史》，中国人民大学出版社1993年版。

59. 丁文江、赵丰田：《梁启超年谱长编》，上海人民出版社1983年版。

60. 朱有主编：《中国近代学制史料》，华东师范大学出版社1988年版。

61. 夏东元：《洋务运动史》，华东师范大学出版社1992年版；《郑观应》《郑观应集》，上海人民出版社1982年版。

62. 上海社会科学院经济研究所：《江南造船厂厂史（1865—1949）》，江苏人民出版社1985年版。

63. 石泉：《甲午战争前后之晚清政局》，生活·读书·新知三联书店2003年版。

后 记

20世纪80年代初，我从南海县调回佛山市城区工作，宿舍就在新文街，左边不远是祖庙，右边是人民路，和田心里的吴氏大树堂旧址遥遥相对。我的书不少，足有一卡车，但单位只分配给我一间房，十平方米。于是我给这立锥之地起了一个雅号：十方堂。既实指十平方米，又有思维视野指向十面十方，当然也是广州话谐音“甚（为）荒唐”之意。

这时候有两件事促使我改变研究社会的方向。一是1983年我在杭州买到了一本谭正璧、谭寻父女所著的《木鱼歌潮州歌叙录》，遂把我以后数十年的业余兴趣的一半留在木鱼书之中；二是1981年，在广州北京路新华书店工作的朋友唐均衡给我拿来了两本魏绍昌著的书：《李伯元研究资料》和《吴趼人研究资料》。我暗地吃了一惊：吴趼人不是佛山吴氏大树堂最出色的后人，后来跑到上海去办小报，写小说；而李伯元不是和吴趼人齐名的报人和小说家吗？做学问需要敲门砖，上述三本书就是我研究学问的“敲门砖”。

不久，中山大学黄天骥先生写了一封私人信件，介绍我认识从20世纪30年代就开始研究吴趼人的卢叔度老师。他见面看完信件，第一句话是：“哈哈，你与你祖父太像了。”“嗯、嗯，十分像任医生。”我也笑起来，大家相视而笑。

此后我的吴氏研究生涯有了第一位导师。由于他的观点和性格与我甚为相投，于是卢教授又多了一位古代师徒相授式的弟子和一位彼此无话不说的忘年交。一年后，师徒投契至极，真有“执子（弟）之手，与子神游”之感。后来，我个人业余研讨吴趼人的圈子多了一位高龄的李育中先生。有趣的事情越来越多，两位老人曾为吴趼人儿时究竟多少岁离开北京回佛山，一岁、两岁或三岁，争拗得面红耳赤，各不相让……

卢老师提议我到北京文学研究所走一趟，开眼界，见世面，有“转益多师是吾师”之意。我受到了年长的王俊年和年轻的林岗的热情款待，特别是得到刚离休不久的许觉民（洁泯）先生的教诲。许先生虽为副部级干部，并不因我是南方水乡而来的布衣而冷拒，待人甚为随和可亲。许先生之前所写的现当代文学评论，我大半用心看过，因此，不但有共同话题，而且讨论甚为“入港”。老一辈革命知识分子的风范令人敬佩，其音容笑貌，至今深刻铭记。回禅之后，更觉得在研究吴趼人和晚清整个社会时代的道路上，愈加坚定和倍增信心。

每天晚上，我坐在十方堂的窗口，遥望着吴氏大树堂的旧址，思吴氏大宅院古之幽情——想象着两百多年前吴氏大树堂在道光年间吴荣光时代的全盛日子……

回忆终于完成《吴趼人评传》这个宏愿，感慨我所走过的崎岖道路和所遇见的人和事，是永远写不尽道不完的。记忆之门稍开，思绪纷至沓来，上面所写只不过是其中一滴水而已。

此书能成功出版，首先，要感谢我的夫人冼丽联。二人同心，其利断金。她操持一切家务，付出了无数精力，使我写作无后顾之忧。其次，是友人曾国城夫妇，二十年来，打字、校订、整理文稿，不计其利，不计其数。再次，是佛山文化广电新闻局公孙宁等领导多方关怀，经济上给予大力支持。最后，是佛山博物馆副馆长刘建乐先生，华女、黄虹等众位同仁，对我多方支持，照顾备至。若没有上述京、佛、广三地各方有识人士之帮助，此书稿断无成册出版之日。

佛山任百强于佛山兰台里

《佛山历史文化丛书》已出版书目

第一辑

01.《佛山状元文化》

02.《佛山古村落》

03.《佛山商道文化》

04.《佛山家训》

05.《佛山中医药文化》

06.《佛山明清冶铸》

07.《佛山历史人物录》

08.《佛山传统建筑》

09.《佛山祖庙》

10.《佛山粤剧》

第二辑

01.《西樵山与岭南理学的传承》

02.《佛山北帝文化与社会》

03.《佛山历代诗歌三百首》

04.《明清佛山地方治理研究》

05.《石湾窑研究》

06.《佛山木版年画历史与文化》

07.《佛山彩灯》

08.《佛山纺织史》

09.《佛山武术史略》

10.《佛山古今桥梁掠影》

第三辑

01.《詹天佑：从南海幼童到中国铁路之父》

02.《陈启沅传》

03.《骆秉章传》

04.《冼冠生和冠生园》

05.《佛山古代铸造工匠技艺》

06.《李待问传》

07.《佛山龙舟文化》

08.《大绅与通儒：李文田传》

09.《中国机械名师温子绍》

10.《吴趼人评传》